V&R

Psychologische Diskurse

Herausgegeben von Jürgen Straub

Barbara Zielke

Sozialer Konstruktionismus

Vandenhoeck & Ruprecht

Für meinen Sohn Adrian Luis

Bibliografische Information Der Deutschen Bibliothek

Die Deutsche Bibliothek verzeichnet diese Publikation in der Deutschen Nationalbibliografie; detaillierte bibliografische Daten sind im Internet über <http://dnb.ddb.de> abrufbar.

ISBN 978-3-525-45031-4

Printed in Germany.
Satz: Text & Form, Garbsen.
Druck und Bindung: ⊛ Hubert & Co, Göttingen.

Gedruckt auf alterungsbeständigem Papier.

Inhalt

Vorwort

Der soziale Konstruktionismus wirbt für eine neue Psychologie. In seiner kritischen Reflexion des wissenschaftlich-psychologischen Mainstreams weist er nach, dass vermeintlich objektives Wissen historisch und sprachbedingt kontingent ist. Er zeigt im Zeitalter der Globalisierung, was es heißen kann, kulturzentrische »Universalismen« aufzugeben und psychische Phänomene und Funktionen in ihrer Abhängigkeit von stets kulturell bedingten Bedeutungen zu verstehen. Zugleich setzt er sich zum Anspruch, Fragen sozialer Ungleichheit oder Macht nicht aus den Augen zu verlieren.

Dieses Buch soll eine inhaltlich anspruchsvolle, grundlegende Einführung in die metatheoretischen Prämissen, die zentralen Theorien und in einschlägige Forschungsschwerpunkte dieser Psychologie bieten. Dabei werden aktuelle Vertreter und Vertreterinnen und ihre jeweiligen Varianten einer konstruktionistischen Psychologie sowie die zentralen Kontroversen vorgestellt. Trotz des einführenden Charakters soll das Buch auch denjenigen dienlich sein, denen der soziale Konstruktionismus nicht mehr ganz fremd ist.

Für Kommentare und Anregungen während der Arbeit an diesem Buch danke ich insbesondere Ken Gergen, der nicht nur spontan für ein Interview zur Verfügung stand, sondern auch zahlreiche Fragen und kritische Einwände mit mir diskutiert hat. Jürgen Straub danke ich für die Aufnahme des Bandes in die Reihe »Psychologische Diskurse«. An Rosemarie Landleiter geht mein Dank für die Hilfe bei der Fertigstellung des Manuskripts.

Kapitel I: Einleitung

1 Sprache und Kultur als Herausforderung für die Psychologie

Die soziale Grundlage des Wissens

Wissen gilt heute als problematische Kategorie. Nicht nur das Wissen des einzelnen Individuums steht im Verdacht, grundsätzlich perspektivisch oder interessengebunden zu sein. Auch für das wissenschaftliche Wissen sind soziokulturelle Konventionen und soziale Prozesse konstitutiv. Bereits in den 1920er und 1930er Jahren haben Vertreter der klassischen Wissenssoziologie und Wissenschaftskritik, wie etwa Karl Mannheim (1929) oder Ludwig Fleck (1935), in folgenreichen Arbeiten den zeitlosen und universalen Wahrheitscharakter wissenschaftlichen Wissens und dessen Sonderstellung gegenüber anderen Wissensformen kritisiert. Einige Jahrzehnte später wurden – etwa in Thomas S. Kuhns »Struktur wissenschaftlicher Revolutionen« (1962) sowie in Peter Bergers und Thomas Luckmanns »Gesellschaftlicher Konstruktion der Wirklichkeit« (1966) – die wissenschaftstheoretischen Implikationen dieser Einwände wieder aufgegriffen und im Kontext wissenschaftskritischer Bewegungen entfaltet. Die zentrale Aussage der modernen Wissenschaftssoziologie – dass alles Wissen »sozial konstruiert« sei – hat nicht zuletzt durch die Auswirkungen der »kognitiven Wende« auch in der Psychologie viele Vertreter gefunden. Die Kuhn'schen Begrifflichkeiten wie scientific community oder Paradigmenwechsel sind mittlerweile gängige Standardtermini in vielen (Selbst-)Beschreibungen wissenschaftlichen Handelns. Speziell für die Psychologie gilt darüber hinaus, dass sie seit jeher in Schulen und Strömungen zerfällt, die tatsächlich so grundlegend in Konkurrenz zu stehen scheinen, dass man ganz unbekümmert von unterschiedlichen »Paradigmen« und von »Konstrukten« zu sprechen gewohnt ist.

Die methodologische und forschungspraktische Umsetzung der von Kuhn erhobenen Einwände gegen einen kumulativen, repräsentationalistischen, »positiven« Wissensbegriff sowie der wissenssoziologisch begründeten Bedenken gegen eine objektivistische Gegenstandsauffassung ist in der Psychologie allerdings bis auf wenige Ausnahmen recht halbherzig geblieben: Die Suche nach der neutralen Beschreibung und universalen Erklärung psychischer Phänomene und die Unterstellung des kumulativen Charakters wissenschaftlichen Wissens sind für die Mehrheit der akademischen Psychologinnen und Psychologen nach wie vor bindend. Auch die selbstverständlich gewordene Rede von der kognitiven Konstruktion der Welt verliert, recht besehen, an Durchschlagskraft, sofern die Prinzipien wissenschaftlich-psychologischer Wissensbildung einem empiristischen Weltbild verpflichtet bleiben und die Forschungspraxis nomologisch und am experimentellen Paradigma ausgerichtet ist.

Nimmt man die Auffassung von der grundsätzlichen Perspektivität des Wissens ernst, so hat dies speziell für die Psychologie zwei Seiten: Die soziale Genese des wissenschaftlich-psychologischen Wissens anzuerkennen heißt zugleich auch, den Gegenstand des psychologischen Wissens, etwa die kognitiven Strukturen, affektiven Prozesse und andere psychische Funktionsbereiche, deren Art und Beschaffenheit man analysieren will, als sozial konstruiert anzusehen. Ein Beispiel, an dem sich die soziale Konstruiertheit psychischer Phänomene zeigt, ist der historische Wandel von psychischen Störungen oder Krankheitsbildern.

Psychologische Erkenntnis und historischer Wandel

Bestimmte Diagnosen psychischer Störungs- oder Krankheitsbilder, die früher häufig waren – etwa die Hysterie als »Frauenleiden« im Wien Sigmund Freuds –, werden heute nicht mehr oder kaum noch gestellt; andererseits »entstehen« neue Störungen, etwa die

»Multiple Persönlichkeitsstörung«, mittlerweile umgetauft in »Dissoziative Identitätsstörung«. Hauptmerkmal der im Klassifikationssytem der American Psychiatric Association (DSM) aufgeführten Symptomatik dieser Störung ist bekanntlich die »Existenz zweier oder mehr verschiedener Persönlichkeiten innerhalb eines Individuums« (nach Davidson u. Neale 1998/2002). Es sind zwar durchaus zahlreiche Vorschläge in der Diskussion, was denn objektive Entstehungshintergründe sein könnten, allen voran schwerer und wiederholter Kindesmissbrauch und andere traumatische Erfahrungen in der (frühen) Kindheit. Der rapide Ab- und Anstieg im Vorkommen des »Phänomens« beziehungsweise seiner Diagnose innerhalb des vergangenen Jahrhunderts ist damit allerdings nicht zu erklären. Fand sich die erste Erwähnung der Multiplen Persönlichkeit bereits im 19. Jahrhundert (vgl. Sutcliffe u. Jones 1962), nahm die Zahl der Berichte danach deutlich ab, und die Diagnose fand sich lange Zeit gar nicht in den modernen psychiatrischen Diagnosemanualen. Einige Jahrzehnte später stieg die Zahl der diagnostizierten Fälle jedoch wieder stark an: Während man in den 1970er Jahren noch im Zweifel war, ob es sich überhaupt um so etwas wie eine »Störung« handelt, waren im Jahre 1992 in jeder größeren nordamerikanischen Stadt »Multiple« in Behandlung (vgl. Hacking 2001, S. 15), so dass die »Multiple Persönlichkeitsstörung« – in das amerikanische DSM und in das ICD, das Diagnosesystem der Weltgesundheitsorganisation, aufgenommen wurde. Wie soll man diese Entwicklung interpretieren? Handelt es sich bei der dissoziativen Identitätsstörung um ein therapeutisches Artefakt (wie manche klinische Psychologinnen und Psychiater heute noch meinen)? Haben sich die in einer Gesellschaft und in der scientific community möglichen und anerkannten Diagnosekategorien und -kriterien so verändert, dass eine solche Diagnose möglich oder sogar nötig geworden ist? Manche Argumentationen gehen in diese Richtung: »Nur eine Gesellschaft, die anzuerkennen bereit ist, dass familiäre Gewalt überall vorkommt, konnte überall multiple Persönlichkeiten finden«, schreibt der Philosoph Ian Hacking (2001, S. 16) über die Entwicklung dieser klinischen Diagnose und der entsprechenden wissenschaftlichen und gesellschaftlichen Diskurse. Noch einen Schritt weiter geht die Behauptung einiger konstruktionistischer Autoren, dass die Existenz und Verbreitung einer solchen »Diagnose« erst dazu führt, die Vielfalt unterschiedlicher, sich widersprechender Selbstdefinitionen und Handlungsweisen einer Person als unterschiedliche »Identitäten« und dies dann als Störung wahrzunehmen. Damit wird, so die konstruktionistische Sichtweise, das »Phänomen« selbst konstruiert, nicht nur eine weitere Möglichkeit seiner Interpretation. Diese Betrachtungsweise stellt solche Erklärungsansätze für »gesunde« oder aber »pathologische« Formen des Selbst in den Vordergrund, die sich auf soziale oder kulturelle Entwicklungen beziehen: Was ist, kann man nun etwa fragen, die soziale Funktion »multipler« Identitäten? Welche Handlungsweisen oder sogar Institutionen werden durch ihre Pathologisierung gefördert, erleichtert oder aufrechterhalten (z. B. die Zuschreibung der Täterschaft krimineller Handlungen)? Viele Aspekte des Wandels unseres Wissens über psychische Phänomene lassen sich mit Blick auf die Veränderung ihres soziokulturellen Kontextes besser verstehen als auf der Basis eines kumulativen Wissensbegriffs.

Auch das psychologische Wissen über Sexualität hat sich historisch stark verändert. Augenscheinlich bestimmen sozial ausgehandelte Bedeutungen, was der eine gesund, sogar notwendig oder zumindest erotisch, die andere abstoßend oder gar pathologisch finden mag. Und wenngleich Homosexualität nicht mehr als pathologische Form der Sexualität gilt (bis 1973 war sie im DSM als solche aufgeführt), so legten bis vor einigen Jahren die Formulierungen in klinisch-psychologischen Fachbüchern nahe, die Heterosexualität als »normal« zu verstehen und sich gegenüber »abweichenden« Formen der Sexualität »tolerant« zu verhalten (vgl. etwa Davidson u. Neale 1998/2002, S. 412). Andererseits ist das Thema Homosexualität durch Sprachregelungen wie die Rede von »schwul-lesbischer Politik«, »Queer-Clubs« oder Paraden am »Christopher Street Day«, durch die Sichtbarmachung nichtheterosexueller Normalität in Spielfilmen und Fernsehserien, durch das »Outen« bekannter Persönlichkeiten in der Medienöffentlichkeit sowie durch die (langsam beginnende) juristische Anerkennung gleichgeschlechtlicher Partnerschaften zu einer gesellschaftlichen, praktisch-moralischen Frage geworden. Die sich verändernden »Befunde« und theoretischen Abstraktionen zum Thema Sexualität oder Geschlechtsidentität in der wissenschaftlich-psychologischen

Literatur illustrieren sehr anschaulich, wie psychologische Konzepte mit sich historisch verändernden sozialen Praktiken verflochten sind.

Die Hinwendung zur Sprache in den Kultur- und Sozialwissenschaften

Zur Herausforderung für die Psychologie wird all dies, wenn man die Auffassung, dass psychische »Phänomene« sowie psychologische »Diagnosen« und wissenschaftliche »Befunde« kultur- und gesellschaftsgebunden sind, methodologisch und theoretisch konsequent weiter denkt: Dann verändert sich nämlich ihre Gegenstandsauffassung dahin gehend, dass nicht in erster Linie die »Phänomene« (Emotionen, Kognitionen usw.) an sich zu erforschen sind, sondern deren soziale Konstruktion und Transformation im alltäglichen Handeln. Eine in diesem Sinne kulturwissenschaftlich ausgerichtete Psychologie wird sich zwar weiterhin für das Denken, Fühlen und Handeln von Individuen interessieren – befassen wird sie sich jedoch mit den interaktiven Prozessen, in denen die psychologische Relevanz dieses Handelns erst konstituiert wird: Sei es mit der Alltagssprache und dem Sprechen, mit Witzen, Redeweisen und Briefen, sei es mit Literatur, Architektur und Kunst oder Formen der räumlichen Sozialordnung, die als »Objektivationen« dieser Praxis gelten. Sie wird sich alltäglichen Konversationen, Geschichten und Ritualen der Alltagkultur ebenso zuwenden wie Institutionen, Organisationen, politischen Machtverhältnissen und sozialen Machtbeziehungen. Im Zentrum des wissenschaftlich-psychologischen Interesses stehen dann die mundanen, lebensweltlichen Praktiken, die den Umgang von Individuen miteinander und mit Dingen regeln.

Denn die Diskurse und die soziale Praxis unseres Alltags, so das Argument, sind in fundamentalerer Weise konstitutiv für den Gegenstand der Psychologie, als es selbst interaktionistische Ansätze (in Psychologie und Nachbardisziplinen) zugestehen: In Diskursen und symbolischen Alltagspraktiken wird nicht etwa nur eine Art Konsens über die soziale und kulturelle Bewertung schon vorliegender psychischer Phänomene ausgehandelt. Vielmehr entsteht die

Identität jener Phänomene, Prozesse, Funktionen und Zustände, deren Genese die Psychologie irrtümlicherweise »in« das Individuum verlegt, zu einem erheblichen Teil erst in den Diskursen, in die das kollektive Wissen einer Sprach- und Kulturgemeinschaft eingeht. Die Sprache und andere kulturelle Symbolsysteme sind konstitutiv für das, was Menschen denken und fühlen, und die Praxis ihres Sprechens zu analysieren ist der Weg, sich die Bedeutung psychischer Zustände, Funktionen und Prozesse dort zu erschließen, wo sie sich bildet.

Das abendländische Denken des 20. Jahrhunderts war von Entwicklungen geprägt, die zur allgemeinen Anerkennung der Tatsache führten, dass Sprache als unhintergehbare Bedingung des Denkens zu verstehen ist, nicht aber als neutrales Medium zur Erfassung, Beschreibung und Kommunikation von Wirklichkeit. Menschliche Erkenntnis, Erfahrungen und Erlebnisse sind durch Sprache strukturiert, eine »sinnfreie« Wirklichkeit jenseits von Sprache ist für das »Sinnwesen« Mensch unerreichbar. Für die Psychologie, wie für alle sozial- und kulturwissenschaftlichen Disziplinen, ist es eine der größten aktuellen Herausforderungen, an dieser Entwicklung teilzuhaben und die epistemologischen und theoretischen Einsichten des *linguistic* und des *cultural turn* auf ihren Gegenstandsbezug und ihre Methoden zu übertragen. Die für die Psychologie wichtigste Konsequenz des *linguistic turn* ist, kurz gesagt, dass die Erforschung des Denkens, Erlebens und Handelns (immer auch) zur Reflexion der symbolischen Praxis und der Sprache einer Kultur wird. Diese Herausforderung nimmt der soziale Konstruktionismus an.

Die unbefriedigende Situation des psychologischen Kognitivismus

Bekanntlich spricht man seit der so genannten kognitiven Wende wieder von unterschiedlichen »Bedeutungen« und »Inhalten« psychologischer Konstrukte (Bruner 1990). Kognitivistische Modelle haben es möglich gemacht, nach der Wissensbasis unseres Handelns und damit auch nach der Grundlage unseres Alltagslebens als sozial konstruierter Wirklichkeit zu fragen. Allerdings wurde schon im Zuge der Etablierung des Kognitivismus dezidierte Kritik an diesem neuen Paradigma laut, deren radikale und konsequente Umsetzung bis heute noch aussteht.

Die informationstheoretische Engführung kognitiver Prozesse, so ein maßgeblicher Kritikpunkt, hat etwa dazu geführt, dass die wissens- und kognitionspsychologische Auffassung unseres Denkens und Handelns gerade im Kognitivismus handlungs- und alltagsfern geraten ist. Weil sie bis heute oft an die computationale Modellierung des Wissens gebunden sind, die (abgesehen von konnektionistischen Ansätzen) auf explizite, formale Regeln angewiesen bleibt, verpflichten die meisten psychologischen Modelle zur exakten und formalen Beschreibung der Wissensbasis unseres Handelns – Vagheit oder Mehrdeutigkeit des kulturellen Alltagswissens bleiben hierbei oft auf der Strecke. Wie sollte es möglich sein, exakt angeben können, wann ich »weiß«, dass ich in jemanden verliebt bin oder bis zu welchem Punkt ich eine Schraube zudrehen muss, bis sie »fest« sitzt? Solche Aspekte des für die Menschen im Alltag relevanten nicht vollständig formalisierbaren Umgangswissens werden in der kognitivistischen Psychologie bis heute an den Rand gedrängt. Da dieses Umgangswissen an eine soziale, semantische Handlungspraxis gebunden ist, in der es sich bildet und verändert, beklagen viele darüber hinaus eine »Degradierung der Praktiken« in der kognitivistischen Psychologie (Potter 2000). Eine gründliche Revision der psychologischen Fassung des Alltagswissens mit besonderer Betonung seines sozialen, praktischen Charakters steht für viele konstruktionistische Theoretikerinnen am Anfang ihrer Argumentation (z. B. Edwards u. Potter 1992; Gergen 1994; vgl. Zielke 2004, 2006d, 2006e).

Kritisiert wird am Kognitivismus auch der offensichtliche Widerspruch zwischen der kognitivistischen psychologischen Theorie, die den Menschen als Konstrukteur der Wirklichkeit zeichnet, und dem nach wie vor neopositivistischen Wissenschaftsverständnis, das die Basis der psychologischen Methoden darstellt. Recht besehen legt der Kognitivismus durch die Betonung konzeptgetriebener Informationsverarbeitung oder der Eigengesetzlichkeit der Wahrnehmung, etwa bei der Dissonanzreduktion, ein eher konstruktivistisches Menschenbild nahe. Die von den kognitivistischen Psychologen favorisierten Methoden aber implizieren ein am empiristischen Weltbild ausgerichtetes Modell des Psychischen, demzufolge

Individuen durch Beobachtung akkurates Wissen einer von ihnen selbst unabhängigen Außenwelt erlangen und dann auf der Basis dieser Information handeln.

Das Hauptproblem der kognitivistischen Psychologie aber besteht darin, menschliches Erleben und Handeln allein über die kognitiven Zustände und Funktionen einzelner, in ihrem kognitiven Prozessieren autonomer und damit auch isolierter Individuen erklären zu wollen. Dabei gerät aus dem Blick, dass alles, was ein Individuum weiß, denkt oder tut, sich erst aus seiner Einbindung in soziale Diskurse und Praktiken ergibt (vgl. Gergen 1997, S. 26). Es muss wohl kaum erwähnt werden, dass gerade die neuropsychologische »Fundierung« der Erklärungskraft kognitiver individueller mentaler Prozesse dieses Problem eher verschärft: Wenn wir heute Zusammenhänge von Funktionen und Strukturen im Gehirn besser erkennen, wenn wir die motorischen Aktionspotenziale, welche Bedingung einer Handlung sind (oder jedenfalls ihrer körperlichen Komponente), experimentell provozieren, mittels bildgebender Verfahren sichtbar machen und elektrophysiologisch messen können, so bezieht sich das dadurch gewonnene Wissen auf physikalische Größen und die kausalen Beziehungen zwischen ihnen – nicht aber auf das, was den Sinn einer Handlung oder des Gefühls, das man einem geliebten Menschen entgegenbringt, ausmacht (vgl. Laucken 2003, S. 19, Renn u. Zielke 2006). Dieser für uns zum Teil selbstverständlich aufscheinende »Sinn« einer Handlung (der sie und die begleitenden Kognitionen etwa als Aggression ausweist) bleibt daran gebunden, dass die »kognizierenden« Individuen an der Sprache und kollektiven Praxis einer Kultur teilhaben. Die Kulturspezifität psychischer Phänomene stellt nicht zuletzt aufgrund der wachsenden Bedeutung von kultureller Differenz und interkulturellem Verstehen in der globalisierten Weltgesellschaft eine überaus aktuelle Herausforderung für die Psychologie dar.

Globalisierung und cultural turn: Der Umgang mit Differenz

In einer immer stärker durch interne Differenzierung und Pluralisierung gekennzeichneten Weltgesellschaft wird jede sozialwissenschaftliche Disziplin darauf gestoßen, dass nicht Universalien, sondern Differenzen ihren genuinen Gegenstand bilden. Moderne Gesellschaften verändern sich nicht zuletzt, weil Globalisierungsprozesse Menschen mit sehr unterschiedlichen kulturellen Lebensformen in enge Beziehung zueinander bringen. In einem 1998 erschienenen Aufsatz haben die Psychologen Hubert H. Hermans und Harry J. G. Kempen verdeutlicht, wie mit der Globalisierung verbundene Prozesse und Entwicklungen und der daraus resultierende Einfluss interkultureller Verbindungen den dynamischen und »hybriden« Charakter sozialer und psychischer Phänomene offenbaren. Definitionen psychischer Gesundheit, geschlechtlicher Identität oder der kognitiven Entwicklung sind nicht mehr als universelle Größen zu bestimmen, sondern nur im Verhältnis zu kulturell differenten Erscheinungen des jeweiligen »Phänomens«. Psychologische Konstrukte erscheinen damit grundsätzlich polyvalent, mehrdeutig und variabel.

Mittlerweile gibt es eine Vielzahl an kulturpsychologischen Befunden, die eine solche Aussage stützen. Von Emotionswörtern, die in bestimmten Kulturen existieren, für die andere Kulturen oder Sprachen aber kein Äquivalent haben, ist häufig die Rede. Ein prominentes Beispiel stellen etwa die Untersuchungen des japanische Gefühlsworts »amae« dar, das für ein »ein aus der Gewissheit einer sicheren Bindung resultierendes Gefühl von Geborgenheit« (so Weber 2000, S. 142) steht, das in der Sprache typisch »westlicher« Kulturen kaum adäquat ausgedrückt werden kann, für das Verstehen des Zusammenlebens in der japanischen Kultur jedoch elementar ist (vgl. Doi 1982; Laucken 2003). Aber auch die Universalität vermeintlicher »Standards« der Informationsverarbeitung steht aus kulturvergleichender Perspektive durchaus in Frage, so etwa die als »fundamentaler Attributionsfehler« bekannte Tendenz, Handlungen anderer eher auf Personen und ihre Dispositionen zurückzuführen als auf situative Faktoren (Ross 1977). Diese bis vor kurzem als »allgemeine Tendenz« anerkannte Eigenheit der interpersonalen Wahrnehmung gilt heute immer häufiger als Effekt des für westliche Gesellschaften spezifischen Bewusstseins, demzufolge Personen autonom und kontrolliert handeln (vgl. etwa Miller 1984; Hewstone u. Augoustinos 1995).

Für alle hier genannten Phänomene – ob es nun um die Qualität von Emotionen oder um die Struktur kognitiver Prozesse, wie etwa Attributionen, geht – scheint zweierlei zu gelten: Erstens sind sie, wenn überhaupt, nur relativ zu den Besonderheiten einer Kultur oder Lebensform zu beschreiben. Zweitens ist jede Beschreibung, auch jene, die nach universellen Bestimmungsstücken sucht, selbst durch das Denken der entsprechenden »Wissenschaftskultur« geprägt. Das Streben nach derart kulturrelativen beziehungsweise »relationalen« Beschreibungen (vgl. Matthes 1992; Straub u. Shimada 1999) psychischer Phänomene und Prozesse fordert mittlerweile über den direkten Kulturvergleich hinaus von allen in Wissenschaft und Forschung tätigen Psychologen, dass sie sich weniger auf die Fokussierung »interner« psychischer Prozesse (die vermeintlich kulturfrei ablaufen) verlassen. Vielmehr sollten sie sich auf die Beschreibung und Analyse derjenigen sozialen Gebilde verlegen, in denen sich die gesellschaftliche oder kulturelle Besonderheit des fraglichen Phänomens zeigt. Gefordert ist also grundsätzlich die Erforschung der Kultur im Sinne eines kollektiven Zeichen-, Wissens- und Orientierungssystems (z. B. Boesch 1991). Auch damit rückt die Sprache als wichtigstes kulturelles Symbolsystem in den Vordergrund, genauer: die Diskurse und interaktiven Praktiken, mit und in denen die Mitglieder einer Kultur ihr tägliches Leben bestreiten.

2 Perspektiven konstruktionistischer Psychologien

Ich habe nun einige jener Veränderungen der traditionellen Wissenschafts- und Gegenstandsauffassung genauer ausgeführt, die für eine konstruktionistische Sichtweise innerhalb der Psychologie sprechen. Nun werde ich eine positive Beschreibung dieser Perspektive und der daraus resultierenden Psychologie versuchen: Was zeichnet die sozialkonstruktionistischen Psychologien aus, gibt es übergreifende Elemente sozialkonstruktionistischen Denkens? Was bieten die konstruktionistischen Selbstbeschreibungen an Bestimmungsstücken einer alternativen Psychologiekonzeption an?

Für die Beantwortung dieser Fragen nach einer zugleich prägnanten und umfassenden Definition zu suchen, würde allerdings dem Variantenreichtum der unter der Bezeichnung *sozialer Kon-*

struktionismus versammelten Positionen nicht gerecht. Konstruktionistisch orientierte Psychologinnen und Psychologen folgen durchaus unterschiedlichen Leitmotiven, formulieren ihre Grundthesen verschieden und leiten unterschiedliche forschungspraktische Konsequenzen aus diesen Leitgedanken ab. Die konstruktionistisch orientierte Sozialpsychologin Vivien Burr beschreibt die Verbindung zwischen den verschiedenen Konstruktionismen in der Psychologie daher als Familienähnlichkeit im Wittgenstein'schen Sinne (2003, S. 2).

Ich werde im Folgenden zunächst versuchen, Grundintentionen sozialkonstruktionistischen Denkens aufzuführen, mit denen sich die (meisten) unterschiedlichen Repräsentanten dieser wissenschaftlichen Richtung anfreunden können. Sich unterscheidende und miteinander konfligierende Lesarten dieser Grundthesen werden in den nachfolgenden Kapiteln diskutiert. Danach folgt ein Überblick darüber, welche Positionen und welche konkreten Personen, seien es einzelne Autorinnen oder größere Arbeitsgruppen, den aktuellen Diskurs des sozialen Konstruktionismus bestimmen und worin sie sich unterscheiden.

Verbindende Elemente

Der Terminus sozialer Konstruktionismus wird heute fast ausschließlich von Psychologinnen und Psychologen gebraucht. Das ist auch deshalb von Bedeutung, weil grundlegende Annahmen dieses Ansatzes soziologischen und sozialphilosophischen Theorien entstammen, insbesondere der Wissenssoziologie und interaktionistischen Ansätzen, die sich schon seit den 1960er Jahren unter dem Oberbegriff »Sozialkonstruktivismus« etabliert haben (Berger u. Luckmann 1966, vgl. Zielke, 2006f). Viele Prinzipien und Motive sozialkonstruktionistischen Denkens haben in der Soziologie daher schon eine lange Tradition. Ihre Übertragung auf den psychologischen Gegenstandsbereich gehört zum Horizont konstruktionistischer Psychologien. Ich spreche von nun an ganz bewusst von den konstruktionistischen Psychologien und nicht von der konstruktionistischen Psychologie. Denn im Folgenden werden zwar verbindende Elemente gesucht, es geht jedoch nicht um die Rekonstruktion (oder Konstruktion) einer einheitlichen disziplinären Entwicklung, die in einen gemeinsamen Gegen- oder Neuentwurf münden könnte. Es geht vielmehr um theoretische und praktische Interventionsweisen, die als vielleicht wichtigste Gemeinsamkeit gerade verbindet, dass sie sich gegen die vereinheitlichende, monolithische Setzung ihres Gegenstandes wenden. Das wird deutlich, sobald man versucht, den Beginn der sozialkonstruktionistischen Bestrebungen historisch festzumachen.

Innerhalb der Psychologie wird dafür heute oft der 1973 von dem US-amerikanischen Sozialpsychologen Kenneth Gergen publizierte Aufsatz mit dem Titel »Social psychology as history« genannt, gleichsam als Fixpunkt für die Entstehung des sozialen Konstruktionismus als einer wissenschaftlich-psychologischen Ausrichtung oder Bewegung. Das Hauptargument dieses Aufsatzes besteht darin, dass alles psychologische Wissen historisch wie kulturell spezifisches Wissen ist und dass die Psychologie ihre Fragestellungen und Forschungsbemühungen daher über individuelle Prozesse hinaus auf die Untersuchung der Gesellschaft, Politik, Historie und Kultur ausdehnen müsse. Psychologische Beschreibungen und Erklärungen, so der zweite maßgebliche Argumentationsstrang in Gergens Text, verlieren aus dieser Sicht ihren Anspruch auf Verallgemeinerbarkeit und zeitlich-überdauernde Geltung. Allenfalls könnten sozialpsychologische Theorien Aufschluss darüber geben, welche psychischen und sozialen Prozesse zu einer bestimmten Zeit und in einer bestimmten Kultur auf die eine oder andere Art relevant erscheinen. Wenngleich Gergen zunächst als Sozial- und Persönlichkeitspsychologe arbeitete, ist es für seinen Ansatz charakteristisch, dass die Beschreibungen der konstruktionistischen Perspektiven und Herausforderungen auf die Psychologie im Ganzen (ihre Einheit, ihre Methoden, ihren Gegenstand, ihre Theorien und Anwendungen) zielen. In Großbritannien dagegen haben sich sozialkonstruktionistische Gegenstandsentwürfe ebenfalls schon früh spezifischer als Alternative zur *Social-Cognition*-Sozialpsychologie verstanden (vgl. z. B. Harré u. Secord 1972). Letztere geht davon aus, man könne menschliches Zusammenleben dadurch erforschen, dass man die internen psychischen Prozesse der einzelnen Interaktionsteilnehmerinnen analysiert und so deren Kognitionen erfasst. Sozialkonstruktionistisch orientierte Psychologen plädieren dagegen für eine Psychologie, die nach der Soziogenese psychischer Phänomene fragt. Sie wenden sich gegen die individuozentrische Auffassung der kognitivistischen Psychologie im Allgemeinen und der *Social-Cognition*-Forschung im Besonderen (vgl. Potter u. Wetherell 1987; Potter u. Edwards 2001).

Eine kritische Haltung gegenüber in der Mainstream-Psychologie etablierter Auffassungen ist insgesamt charakteristisch für konstruktionistische Ansätze und bildet in vielen Selbstbeschreibungen den Ausgangspunkt der theoretischen und empirischen Bemühungen. In der Kritik steht die positivistische und empiristische Wissenschaftsauffassung der Psychologie und der ihr zugeschriebene Individuozentrismus. Viele Aspekte des konstruktionistischen Programms werden daher über den Gestus der Abgrenzung bestimmt, etwa in Form von Bezeichnungen wie »antiessenzialistisch«, »non-individualistic« oder »Repräsentationskritik«. Diese kritische Attitüde kommt aber auch im generell gegen soziale Ungleichheit und Unterdrückung gerichteten Anspruch sozialkonstruktionistischer Forschungs- und Theoriebildung zum Ausdruck (vgl. Cromby u. Nightingale 1999; Gergen 2001a; Burr 2003; Potter 2003a).

Sozialkonstruktionistische Psychologiekonzeptionen hegen häufig ein prinzipielles Misstrauen gegenüber jeder Art von Allgemeingültigkeit beanspruchendem Wissen. Dies wird zwar besonders relevant, sobald es um die Geltungsansprüche wissenschaftlichen Wissens geht. Hier sieht man sich in Opposition zu einer positivistischen und empiristischen Wissenschaftsauffassung. Die sozialkonstruktionistische Kritik richtet sich aber auch mit Bezug auf die Wissensbildung im Alltag gegen jede Betrachtung des Wissens als objektive oder über Vernunftansprüche gesicherte Erkenntnis. Gerade dasjenige Wissen, das uns in unzweideutiger Weise Aufschluss darüber zu geben scheint, was in der Welt der Fall ist, sollten wir mit besonderem Misstrauen betrachten und immer wieder aufs Neue evaluieren. Für die Psychologie wird hier beispielhaft die Gewissheit über private psychische Zustände: Das Erleben bestimmter affektiver Zustände, wie etwa »Ärger«, oder die scheinbar zwingende und eindeutige Bewertung eines Ereignisses als »frustrierend« oder aber »erfreulich« gilt gemeinhin als dem Individuum direkt zugängliche, innere, private Realität. Gerade die Bedeutung dieser Zustände – Angst, Aggression, Freude – ist aber, so die sozialkonstruktionistische Auffassung, zu einem viel stärkeren Grad, als allgemein angenommen wird, von sozialen Prozessen der Bedeutungskonstitution abhängig.

Mit der Hervorhebung eines nichtempiristischen, nichtindividualistischen und nichtrationalistischen Wissensbegriffs ist auch die Abkehr von einer bestimmten Sprachauffassung verbunden. Sprache soll nicht mehr in einem abbildtheoretischen Sinn verstanden werden, sondern jede sprachlich-symbolische Form des Gegenstandsbezugs ist zugleich auch konstitutiv für diesen Gegenstand. Unser Sprechen über die Welt und über uns selbst prägt die Welt, in der wir leben, und auch unser Selbstverhältnis zutiefst. Die Kritik des Abbild-Realismus und formal-logischer Sprachideale verbindet alle sozialkonstruktionistischen Theorien. Damit kommt den konstruktionistischen Psychologien die Aufgabe zu, jene philosophisch-erkenntnistheoretischen Neuerungen, die durch den *linguistic turn* in den Sozial- und Kulturwissenschaften sprach- und texttheoretische Entwicklungen angestoßen haben, endlich auch auf psychologische Konstrukte anzuwenden. Hervorgehoben wird insbesondere der Einfluss der *Ordinary Language Philosophy* sowie der Sprachpragmatik Wittgensteins, Austins und Searles und die mit diesen Ansätzen verbundene Auffassung, dass Sprechen Handlungscharakter habe und dass Sprachhandlungen eine performative Wirkung entfalten.

Nicht zuletzt weil unsere Sprachpraxis grundsätzlich kollektiv ist, genießt die soziale Dimension Vorrang vor der Binnenperspektive des Subjekts. Einen der wichtigsten Ausgangspunkte des konstruktionistischen Denkens bildet daher die Kritik an der Zentrierung psychologischer Forschungsinteressen auf das Individuum. Der generelle Individuozentrismusvorwurf erhält in der Regel noch einen spezifischen kognitivismuskritischen Zuschnitt. Denn die »allgemeine Tendenz« der wissenschaftlichen Psychologie, individuelle Verarbeitungsmechanismen und -prozesse sowie »interne« Zustände des Individuums in den Vordergrund zu rücken, konnte sich in jenen empirischen Erkenntnissen und theoretischen Neuerungen besonders niederschlagen, die charakteristisch für die »kognitive Wende« der 1950er und 1960er Jahre waren (Gergen 1994, S. 4f.). Im Zuge des Kognitivismus wurden kognitive Prozesse und Strukturen zum Hauptgegenstand psychologischer Diskurse und Forschungen erklärt, und zwar als intrapsychische Prozesse. Auch darin liegt, auf den zweiten Blick, eine Gemeinsamkeit vieler konstruktionistischer Entwürfe: Sie stellen – mehr oder minder explizit – eine psychologieinterne Kritik und Verarbeitung des computerfunktionalistischen Kognitivismus dar (vgl. Zielke 2004, 2006d).

Wenn konstruktionistische Psychologien behaupten, dass Menschen die Bedeutung psychischer Phänomene konstruieren, so heißt das, dass diese Phänomene – etwa ein emotionaler Zustand wie Ärger – nicht in »den Köpfen«, also beispielsweise im kognitiven Bewertungssystem der einzelnen Interaktanden entstehen, sondern zwischen ihnen ausgehandelt beziehungsweise im Rahmen der kulturellen oder sozialen Praxis, an denen die Subjekte nolens volens teilhaben, gebildet und in diesem Sinne »hergestellt« werden. Die Bedeutung dieser sozialen Praxis oder der interaktiven Prozesse, die im Alltag eine Rolle spielen, ist dabei methodologisch wie theoretisch primär. Prozesse der sozialen Bedeutungskonstitution sind zwar häufig sprachliche Prozesse, Konversationen oder Kommunikationen. Sprechen muss aber als eine Spezialform des Handelns betrachtet werden. Darüber, wie man sich interaktive Aushandlungsprozesse vorzustellen hat, und wie diese zu analysieren sein könnten, geben unterschiedliche interaktionistische (Handlungs-)Theorien und Ansätze aus der Wissenssoziologie Aufschluss (vgl. Schütz u. Luckmann 1979; Mead 1995; Berger u. Luckmann 1966; Knorr-Cetina 1984; Latour u. Woolgar 1979). All diese Ansätze erläutern, wie die konstruktive Sozialgenese von Bedeutung vor sich gehen könnte, und ihre Vorschläge werden in der konstruktionistischen Theoriebildung diskutiert.

Einige Positionen im heterogenen Feld der sozialkonstruktionistischen Psychologien orientieren sich allerdings eher an textwissenschaftlichen, diskurstheoretischen und dekonstruktivistischen Positionen. Die psychologische Lektüre der Arbeiten von Michel Foucault, Jacques Derrida oder Michail Bachtin und anderen bringt ebenfalls die »rhetorische« Kraft der sozialen Sprachen und Praktiken ins Spiel, kraft derer Wirklichkeiten »produziert« beziehungsweise das, was bezeichnet werden soll, durch den Akt des Bezeichnens performativ »hervorgebracht« wird – das interaktionistische Element der oben aufgezählten mikrosoziologischen Positionen geht jedoch dabei zuweilen unter.

Und last but not least: Wenngleich wohl bis heute kaum von einer sozialkonstruktionistischen Methodologie gesprochen werden kann, legt doch die Hervorhebung der Sprache als Ort der Genese mentaler Prozesse und die Fokussierung sozialer Interaktions- und Kommunikationsprozesse auf der einen, die erkenntnistheoretische Kritik der Möglichkeit »gesicherten«, »objektiven« Wissens auf der anderen Seite eine bestimmte methodologische Grundeinstellung nahe. Diese verpflichtet zur Abwendung von der positivistischen Position der nomologischen Psychologie und zur Diskussion, Ausarbeitung und Anwendung entsprechender Forschungsmethoden, die hermeneutisch oder diskursanalytisch ausgerichtet sein können.

Varianten

Das heterogene Feld konstruktionistischer Theoriebildung und Forschung bietet so viele Gemeinsamkeiten und Differenzen, dass es äußerst schwierig ist, kohärente Typen oder Richtungen innerhalb des sozialen Konstruktionismus klar zu spezifizieren. Der Versuch einer Einteilung muss sich daher weitgehend an bestimmten Wissenschaftlern oder Wissenschaftlergruppen orientieren, die in den letzten beiden Jahrzehnten in den einschlägigen Debatten präsent waren.

Kenneth Gergen

Der US-amerikanische Sozialpsychologe Kenneth Gergen gilt innerhalb des sozialen Konstruktionismus zu Recht als herausragende Gestalt. Seit beinahe drei Jahrzehnten ist er bekannt als Vorreiter einer reflexiven Sozialpsychologie, die sich ihrer sozialen, historisch-kontingenten Grundlagen bewusst ist und die eine Alternative zum dominierenden *Social-Cognition*-Paradigma darstellt. In den 1980er Jahren hat Gergen für seinen Ansatz die Bezeichnung »sozialer Konstruktionismus« geprägt. Neben dem erwähnten Aufsatz »Social psychology as history« (1973) ist ein zweiter wichtiger Artikel zu nennen, der in der Zeitschrift »American Psychologist« erschien und den sozialen Konstruktionismus als kritische Bewegung in der Psychologie bekannt machte: »The social constructionist movement in modern psychology« (1985). Spätestens damit hatte sich der Begriff »constructionism« als Bezeichnung für die psychologische Variante des Sozialkonstruktivismus eingebürgert.[1]

Die von Gergen zusammen mit John Shotter in den 1990er Jahren herausgegebene Buchreihe »Inquiries in Social Construction« reflektierte sogleich die Breite der Ansätze, die sich unter dieser Etikettierung versammelten: Die in verschiedenen Bänden vorgestellten Positionen entwickeln ihre jeweilige Variante des sozialen Konstruktionismus aus so unterschiedlichen theoretischen Hintergründen wie der kritischen Anthropologie (Nencel u. Pels 1991), der Wissenssoziologie und interpretativen Soziologie (Gergen u. Semin 1990; Sarbin u. Kitsuse 1994), dem radikalen, systemtheoretischen Konstruktivismus (Steier 1991), der Konversations- und Diskursanalyse (Edwards u. Potter 1992; Shotter 1994), der dekonstruktivistischen Literaturwissenschaft und den Cultural Studies (Kvale 1992; Simons u. Billig 1994). Konstruktionistische Forschungen beziehen sich aber auch auf unterschiedlichste Bereiche der angewandten Psychologie, von Psychotherapie (McNamee u. Gergen 1992) oder psychischen Störungen und Krankheiten (Hepworth 1999) bis zur (post-)feministischen Geschlechterforschung (Radtke u. Stam 1992) und der Medienpsychologie (Grodin u. Lindlof 1996).

Im deutschsprachigen Raum ist Gergen zuerst hauptsächlich durch seine umstrittene, postmoderne Identitätstheorie bekannt geworden, die er am ausführlichsten in seinem 1991 in den USA erschienenen Buch »The Saturated Self« (dt. 1996) beschreibt (Gergen 1996; s. Kap. IV, 1). Bereits seit den 1960er und 1970er Jahren befasst er sich mit Fragen des Selbst(-konzepts) und der Persönlichkeitstheorie und ist bis heute davon überzeugt, dass für das Verständnis der meisten psychologischen Begriffe wie Motivation, Wahrnehmung, Emotion und Gedächtnis die Analyse der wissenschaftlichen und gesellschaftlichen Konzeptualisierung des Selbst

1 Allerdings grenzt sich Gergen, wie die meisten konstruktionistisch orientierten Psychologen, gegen sozialkonstruktivistische Handlungstheorien im Sinne von Berger und Luckmann (1966) sowie gegen psychologische Konstruktivismen, etwa im Sinne Piagets (1954), ab (vgl. Gergen 1994; Shotter 1994; Potter 1996).

und des Anderen unerlässlich ist. Erst in den nach »The Saturated Self« veröffentlichten Monographien Gergens, »Realities and Relationships« (1994) und »An Invitation to Social Construction« (1999, dt. 2002), tritt der soziale Konstruktionismus als umfassendes wissenschaftliches Projekt in Erscheinung. Manche der identitätstheoretischen Einsichten werden radikalisiert und auf das Wesen psychologischer Konstrukte überhaupt übertragen. Damit kommt dem Begriff des Selbst zwar nach wie vor eine wichtige Rolle zu. Im Vordergrund steht jedoch der Anspruch einer Neubestimmung der wissenschaftlichen Psychologie (und einiger Anwendungsgebiete) aus sozialkonstruktionistischer Sicht. Während »Realities and Relationships« entsprechend umfangreich ist und sich an eine wissenschaftliche Leserschaft wendet, sollte »An Invitation to Social Construction« Gergens Ansatz Themen einem breiteren Publikum zugänglich machen. Das Buch ist in einem sehr persönlichen Stil verfasst und mit Anekdoten oder Beispielen aus der Literatur durchsetzt. Es ist nach »The Saturated Self« das zweite ins Deutsche übersetzte Buch Gergens.

Gergens grundlegende Affinität zu postmodernen oder poststrukturalistischen Arbeiten prägt seine Gegenstandsbestimmung und Wissenschaftsauffassung. Die Absage an die Illusion des intentional sinnstiftenden Autors oder des rational und selbstbestimmt handelnden Akteurs, der Handlungen plant und ihren Verlauf kontrolliert, zugunsten der Eigendynamik sozialer Diskurse und Praktiken ist maßgeblich für viele dekonstruktivistische Argumentationsgänge Gergens und für seine Variante einer psychologischen Diskursanalyse (vgl. z. B. Gergen 1987). Die postmodernistische Ausrichtung trägt auch dazu bei, dass insbesondere Gergens Variante des *social constructionism* von vielen Beobachtern als radikal relativistische Variante bezeichnet und kritisiert wird. Nichtsdestotrotz stellt gerade diese Spielart wohl das lebendigste Beispiel eines »micro social constructionism« (Burr 2003) dar, der sich nicht allein auf überindividuelle Diskursysteme konzentriert. Für Gergen und ihm in dieser Hinsicht verwandte Autoren stehen vielmehr die alltäglichen, interaktiven, auf der »Mikroebene« des tatsächlichen Tuns beschreibbaren Prozesse im Zentrum. Sie bilden den »meaning-making-process«, in dem psychische Phänomene ihren Sinn erhalten. Es geht in Gergens Variante einer konstruktionistischen Psychologie nicht um eine systemische Sicht der Sprache. Vielmehr fokussiert er die soziale oder diskursive Konstruktion des Psychischen im alltäglichen Sprechhandeln, in der sozialen Alltagspraxis. Dies gilt auch für viele Vertreter der *diskursiven Psychologie*. Gergen spricht in diesem Zusammenhang gerne von »social pragmatics« oder »social practice« (Gergen 1994), John Shotters von »conversation« (Shotter 1994), wobei auch er die »joint action« in den Vordergrund rückt: dynamische, interaktive und pragmatische Konstruktionsprozesse. Diese Wertschätzung der mikrosoziologischen Perspektive verbindet Gergens und Shotters Auffassung mit der diskursiven Psychologie (Edwards u. Potter 1992).

Gergen muss über seine Vorreiterrolle hinaus bis heute zugute gehalten werden, dass er die Auseinandersetzung mit den vielfältigen theoretischen Perspektiven und den metatheoretischen Grundlagen der konstruktionistischen Psychologien in den Vordergrund gerückt hat. Gleichwohl fehlt in seinen Publikationen seit den 1990er Jahren nie der Blick in diverse Anwendungsbereiche, denen die sozialkonstruktionistische Psychologieauffassung relevante Einsichten anbieten kann, von der Psychotherapie über die pädagogische Psychologie bis zur Organisationspsychologie.

Diskursive Psychologie

Unter der Bezeichnung diskursive Psychologie hat sich etwa seit den 1980er Jahren eine Ausrichtung sozialkonstruktionistischer Psychologie formiert, die besonders unter englischen Sozialpsychologen, mittlerweile aber auch international bekannt und populär ist. Zu verdanken ist dies insbesondere den Arbeiten der an der University of Loughborough ansässigen Arbeitsgruppe um Michael Billig, Jonathan Potter, Derek Edwards und Charles Antaki sowie den einflussreichen Arbeiten von John Shotter oder Rom Harré (Potter u. Wetherell 1987; Billig 1991; Edwards u. Potter 1992; Shotter 1994; Potter 1996; Harré u. Gillet 1994; Edwards 1997).

Auch die diskursive Psychologie betont die Einbettung kognitiver Prozesse in soziale und kommunikative Zusammenhänge. Für sie weist die »diskursive« Rekonstruktion des kognitivistischen Forschungsprogramms der Sozialpsychologie den Weg zum häufig negativ formulierten Ziel, das auch hier in der Überwindung des Individuozentrismus der Psychologie besteht: »The aim is certainly not to replace one psychology of the individual with another« (Potter et. al. 1993, S. 384). Die diskursive Psychologie fordert insbesondere, dass die Psychologie den scheinbar neutralen Status wissenschaftlicher Beschreibungen und Theorien problematisieren und reale Diskurse aller Art (nicht etwa nur gesprochene und geschriebene Sprache) daraufhin untersuchen soll, wie die scheinbar neutrale, gegebene »äußere« Realität ebenso wie die psychologisch relevante »innere« Realität von Kognitionen und Emotionen in Interaktionen und Kommunikationen konstituiert wird.

Im Zentrum des wissenschaftlichen Tuns steht die Erhebung und Analyse von Konversationsprotokollen oder anderen Texten und die Weiterentwicklung konversations- und diskursanalytischer Methoden. Schon aus der an der eigenen Methode orientierten Selbstdefinition der diskursiven Psychologie ergibt sich, zuweilen noch deutlicher als in Gergens Fall, das Interesse an mikrosoziologischen Prozessen und an geeigneten Verfahren, deren produktive, realitätskonstitutive Elemente herauszuarbeiten. Die explizite Diskussion metatheoretischer Fragen mag dabei in manchen diskurspsychologischen Arbeiten in den Hintergrund treten (eine Ausnahme bildet Potter 1996). Typisch ist dagegen die kritische Auseinandersetzung mit etablierten psychologischen Modellen, Konstrukten oder Begriffen, die aus diskurspsychologischer Sicht reformuliert werden. Dabei werden die diskurspsychologischen Argumente in aller Regel durch die Präsentation empirischen »Materials« illustriert.

Critical discourse analysis

Die bislang genannten Ausrichtungen konzentrieren sich auf die Analyse alltäglicher Interaktionen, insbesondere Kommunikationen, in mikrosoziologischer Perspektive. Davon unterscheidet sich eine Gruppe von Psychologinnen und Psychologen, die ebenfalls zum Umfeld der konstruktionistischen Psychologien gehört, aber eine auf die Durchdringung größerer Strukturen und historischer Prozesse ausgelegte Form der psychologischen Diskursanalyse betreibt. Diese oft als »Foucauldian studies« oder »critical discourse analysis« bezeichnete Forschungsperspektive hat eine von der Foucault'schen Diskurstheorie abgeleitete Analysemethode entwickelt (z. B. Willig 1999a; 2001).

Als wichtigste Unterscheidung gegenüber den diskursiven Psychologen und Gergens Ansatz mag die Überzeugung gelten, dass Diskurse und Praktiken zwar die zentrale Analyseeinheit bleiben müssten, dass sie aber mit übergeordneten, außerdiskursiven sozialen Strukturen und institutionalisierten Praktiken zusammenhingen, wenn nicht durch diese determiniert seien. In dieser Perspektive fungieren die Diskurse selbst als »Akteure«, indem sie konkrete »Subjektpositionen« zur Verfügung stellen – oder auch nicht (vgl. Willig 1999a). Der Anspruch wissenschaftlicher Analysearbeit ist hier – in Anlehnung an Foucault – viel deutlicher als in den bisher genannten Varianten ein machtkritischer. Die Unterscheidung zwischen der Mikroperspektive der *discursive psychology* und der Makroperspektive der *Foucauldian studies* sehen manche Kenner der konstruktionistischen Psychologien als so wichtig an, dass sie von einer »dark« und einer »light version« des sozialen Konstruktionismus (Danziger 1997) oder von »micro« beziehungsweise »macro social constructionism« sprechen (Burr 2003). Die mit einem solchen »makrotheoretischen« Anspruch durchgeführten Arbeiten setzen dem interaktionistischen Blickwinkel der Diskurspsychologie die Analyse »realer« Machtstrukturen entgegen und verstehen ihren Ansatz daher als den eines *critical realism* (Parker 1999, Willig 1999a, 2001). Für die Position eines *critical realism* plädiert neben den *Foucauldian studies* schließlich eine weitere, ebenfalls hauptsächlich in Großbritannien tätige Gruppe von Sozialpsychologen, die die Leibgebundenheit von Wissen und Sprache in den Vordergrund rücken und sich auf diese Weise ebenfalls von einer relativistischen Position distanzieren. Die Vertreter des *critical realism* sehen die konstruktionistischen Analysen in der Pflicht, die Beziehung sprachlicher Bedeutungen zu ihren Referenten zu problematisieren, nicht aber – wie sie der *discursive psychology* und Gergen vorwerfen – deren Gegenstandsbezug gänzlich zu negieren (vgl. Harré 2000, Nightingale u. Cromby 1999; Burr 1999; Burr u. Butt 2004).

In enger Beziehung zum sozialen Konstruktionismus steht die in Australien und mittlerweile im angelsächsischen Raum und in weiteren europäischen Ländern präsente Bewegung der *critical psychology* (Wexler 1983; Fox u. Prilleltensky 1997; Sloan 2000; Walkerdine 2002; Hepburn 2003 u. a.). Die *critical psychology* (nicht zu verwechseln mit der Kritischen Psychologie Klaus Holzkamps, vgl. Holzkamp 1972) plädiert dafür, psychologische Forschungsfragen und Diskurse, ebenso wie die psychologische Praxis, grundsätzlich in den Kontext sozialer Differenz, Ungleichheit und Macht zu stellen und das psychologische Wissen daraufhin zu überprüfen, inwiefern es im Dienste sozialer Ungleichheit verwendet werden kann oder verwendet wird. In verschiedenen Themenbereichen versuchen kritisch-psychologische Arbeiten, neue Lesarten psychologischer Forschungen und Begrifflichkeiten in die Diskussion zu bringen. Beispiele bieten Studien zur Psychoanalyse (Parker 1997), Psychotherapie (Parker 1999) oder Sexualität (Willig 1999a). Die Verbindung von *critical psychology* und *social constructionism* besteht im klaren Bekenntnis zu einer kritischen Überprüfung der Theoriebildung und Forschungstätigkeit der »traditionellen« Psychologie und des dort verhandelten »positiven« Wissens, viele Psychologen, die konstruktionistische Ansätze verfolgen, sind zugleich Befürworter einer *critical psychology*. Dagegen sind in der immer größer werdenden Gruppe der *critical psychologists* nur einige der sozialkonstruktionistischen Sichtweise uneingeschränkt zugetan – viele kritisieren deren relativistische Implikationen und wollen sich nicht als weitere Variante des Konstruktionismus sehen (vgl. Hepburn 2003).

Aber auch eine bestimmte, heute einflussreiche Richtung der Kulturpsychologie is zu nennen, innerhalb derer man sich mehr oder weniger einig darüber ist, dass die für die Psychologie relevanten Phänomene in Kultur »eingelassen« sind, dass sie kulturell konstituiert und geformt sind, ihrerseits kulturelle Funktionen haben, ohne die sie nicht zu beschreiben und erklären sind (Bruner 1990; Boesch 1991; Cole 1996; Ratner 1997; Straub 1999 u. a.). Wie die sozialkonstruktionistischen Psychologien hat auch die Kulturpsychologie konzeptionelle Defizite des Kognitivismus beziehungsweise des kognitivistischen Wissensbegriffs kritisiert und nicht zuletzt darüber ihren Ausgangspunkt definiert (vgl. z. B. Bruner 1990). Der Vorwurf an die kognitivistische Psychologie bezieht sich auch im Fall der Kulturpsychologie nicht nur auf kulturzentrische Standards der Forschung und Theoriebildung, sondern auf ein zweckrationalistisches Menschenbild und Modell des Geistes, das den meisten kognitivistischen Modellen und Konstrukten zugrunde liegt. Im Unterschied zu den konstruktionistischen Psychologien scheint allerdings die kritische Haltung gegenüber der Mainstream-Psychologie in vielen kulturpsychologischen Arbeiten weniger vorrangig zu sein, und man sieht sich auch nicht im selben Maße in der Pflicht, die akademische Psychologie auf neue metatheoretische Füße zu stellen. Viele Kulturpsychologinnen verstehen ihre Aufgabe eher als die einer kritischen Modifikation und Weiterentwicklung etablierter psychologischer Konzepte. Darin mag es begründet sein, dass Kulturpsychologinnen die konstruktionistischen Psychologien gerne als eine Art spezieller Ausprägung der Kulturpsychologie bezeichnen (vgl. Miller 1997; Zielke 2006c), manche der konstruktionistisch orientierten Psychologen dagegen die Kulturpsychologie als zu sehr in den Strukturen der – nomologisch und individuozentrisch ausgerichteten – Psychologie verhaftet sehen (so etwa Gergen 1999).

3 Zum weiteren Aufbau des Buches

In diesem ersten Kapitel wurden die wichtigsten Gemeinsamkeiten konstruktionistischen Denkens aufgezählt und die heute einschlägigen Vertreter der konstruktionistischen Psychologien vorgestellt.

Das zweite Kapitel wird sich mit den epistemologischen und (sprach-)philosophischen Grundlagen dieser Ansätze befassen. Das sind auf der einen Seite ideologiekritische, wissenssoziologische und wissenschaftskritische Arbeiten, die die notwendige Grundlagenlektüre insbesondere für die Kritik des kognitivistischen Paradigmas der akademischen Psychologie und des damit verbundenen repräsentationalistischen Wissensbegriffs zusammenfassen. Umfangreicher und auch inhaltlich bedeutsamer sind die unterschiedlichen Sprachauffassungen, die sich seit dem *linguistic turn* als Alternative zur repräsentationalistischen Auffassung von »Sprache als Abbild« etabliert und weiterdifferenziert haben. Um die zentralen Thesen der konstruktionistischen Psychologie-Konzeptionen verstehen und beurteilen zu können, wird ein Überblick über die relevanten Sprachtheorien gegeben.

Im dritten Kapitel befasse ich mich ausführlich mit der Wissenschaftsauffassung des Sozialen Konstruktionismus. Im Zentrum steht die Frage: Wie kann man – die in Kapitel I und II vorgestellte Abkehr von einem repräsentationalistischen Wissens- und Sprachbegriff vorausgesetzt – überhaupt noch (empirische) Forschung betreiben? Welche Funktion, wenn nicht die der Darstellung, Abbildung, Rekonstruktion oder gar Erklärung und Vorhersage »empirischer« Zusammenhänge, kann wissenschaftlichen Diskursen und Theorien dann noch zukommen? Nach der Diskussion dieses Problems werden die in den konstruktionistischen Psychologien am häufigsten verwendeten Forschungsmethoden, vorrangig Formen der Diskursanalyse, vorgestellt.

Im vierten Kapitel kommen dann typische Forschungsthemen und -felder zur Sprache, so etwa Untersuchungen zum Selbst und Beispiele für diskurspsychologische Untersuchungen in den Bereichen Kognition, Emotion und Sexualität.

Das fünfte Kapitel schließlich ist kritischen, bislang unbeantworteten Fragen an den Konstruktionismus vorbehalten. Hier werden Forschungsdesiderate aufgezählt, es werden Einwände von »außerhalb« rezipiert und die auch wichtigsten internen »Debatten« über Inkonsistenzen der konstruktionistischen Auffassung diskutiert.

Im Anhang folgt ein mit Kenneth Gergen geführtes Interview zur Bedeutung dieser Bewegung heute.

Kapitel II: Wissen und Sprache

Ein Hauptargument der konstruktionistischen Psychologien besteht darin, dass unser Wissen über die Welt und über unser Selbst durch soziale und kulturelle Prozesse bestimmt ist. Genauer gesagt: Wissen ist immer relativ zur Lebenspraxis oder zur Sprache einer Kultur. Sprache im hier gemeinten Sinn ist weit mehr als ein Ausdrucksmittel für Gedanken oder Gefühle oder andere psychische Zustände. Sprache ist vielmehr konstitutiv für die Welt- und Selbstauffassung von Individuen und Gruppen, und damit auch für das, was dann in der Sprache »ausgedrückt« werden soll. Wie hier jedoch das Wort »konstitutiv« und damit die Beziehung unseres – sprachlich gefassten – Wissens zu seinem Gegenstand oder Inhalt einerseits und zu den sprechenden Subjekten andererseits genau zu verstehen ist, dazu gibt es unterschiedliche Vorschläge, mit denen ich mich in diesem Kapitel befassen werde.

1 Die Kritik des Wissens (und seines Subjekts)

Repräsentationskritik

Sowohl die psychologischen Modelle der Wissensbildung und -repräsentation im Alltag als auch die positivistische Wissenschaftsauffassung gehen davon aus, dass alltägliche Begriffe oder aber wissenschaftliche Konstrukte und Theorien Ergebnis der Verarbeitung von objektiv bestimmbaren Informationen seien und dass sie das, worauf sie sich beziehen, repräsentieren. Diese Auffassung ist aus sozialkonstruktionistischer Sicht in zwei wichtigen Punkten revisionsbedürftig:

Kritisiert wird erstens die innerhalb des kognitivistischen Paradigmas nach wie vor verpflichtende Grundhaltung, derzufolge alles, was wir wissen können, als Repräsentation von etwas in unserem kognitiven System vorkommen müsse (so etwa bei Fodor 1975). Diese Konzeption von Wissen setzt die strikte Trennung zwischen Geist und Materie, zwischen der Vorstellung eines inneren, persönlichen Bewusstseins als Subjekt des Wissens auf der einen, einer externen, materiellen Welt als Objekt des Wissens auf der anderen Seite voraus (vgl. Gergen 2002, S. 19f.). Und erst aus dieser dualistischen Annahme entstehen viele der epistemologischen Fragen, die wir fälschlicherweise für selbstverständlich oder zwingend halten. Mit Bezug auf Richard Rortys maßgebliches Buch »Der Spiegel der Natur« (1981) stellt Gergen heraus, dass die Annahme, der Geist müsse als »Spiegel« der Natur fungieren, um überhaupt beanspruchen zu können, objektives Wissen von der Welt zu besitzen, zwingend notwendig ist, um der vermeintlichen Grundfrage der Erkenntnistheorie, wie nämlich Subjekte Wissen über die Objekte in der Welt erlangen, ihre Bedeutung zu verleihen. Gingen wir dagegen davon aus, dass wir das erschaffen, was wir erleben, beziehungsweise dass das historisch und sozial partikulare Vokabular unserer Sprache unsere Welt erzeugt, verlöre nicht nur die Frage nach der adäquaten Repräsentation ihre Relevanz, sondern auch die Fixierung auf den individuellen Geist, also auf das im kognitiven System des oder der Einzelnen entstandene Wissen.

Darauf bezieht sich der zweite fundamentale Kritikpunkt: Die moderne, kognitivistische Psychologie ist beherrscht von der Frage danach, welche Vorgänge bei der Wissensbildung und -verwendung im Individuum eine Rolle spielen. Sogar soziale Vorgänge wie Kommunikations- oder Gruppenprozesse werden durch die Brille der sozialen Kognition einzelner Interaktanden rekonstruiert. Dadurch aber werden andere wichtige Fragen an den Rand gedrängt, etwa die nach den historischen, kulturellen und sozialen Bedingungen, durch welche diese psychischen Vorgänge ihre Bedeutung erhalten. Viele der konstruktionistisch orientierten Psychologinnen halten es für eine unhaltbare ideologische Vorannahme, dass der individuelle »Geist« nach bestimmten, universellen Regeln, auf der Basis verarbeiteter Informationen logisch operiert und Individuen auf der Basis der Auswertung dieser Informationsverarbeitungsprozesse kommunizieren, interagieren, Handlungsprobleme definieren,

Handlungen einleiten und kontrollieren, kurz: ihren Alltag bewältigen. Genau diese Vorstellung dient aber in der modernen Psychologie als Dreh- und Angelpunkt wissenschaftlicher psychologischer Erklärungen (vgl. Gergen 1994; Potter et al. 1993). Gegen diese einseitig individualistische Sichtweise wenden sich die konstruktionistischen Psychologien, indem sie sich vorrangig für die soziale und kulturelle Konstruktion interner psychischer Zustände oder Prozesse, wie etwa bestimmter Emotionen, Attributionen oder Kognitionen, interessieren und diese über diskursanalytische Methoden rekonstruieren. Wir werden uns mit einigen dieser Untersuchungen in Kapitel IV genauer befassen.

Zunächst aber zu den unterschiedlichen Vorreitertheorien der konstruktionistischen Wissensauffassung. Gemeinsam ist ihnen die Auffassung, dass es kein »unkontaminiertes«, objektives Wissen gibt. Was jedoch die Implikationen dieser Auffassung sind, wird durchaus unterschiedlich ausgelegt: Den sozial- und machtkritischen Aspekt haben die klassische Ideologiekritik sowie die Kritische Theorie der Frankfurter Schule am stärksten hervorgehoben; die postmodern-subjektkritische Variante dieser kritischen Haltung sehen viele konstruktionistische Psychologinnen am besten in der Theorie Michel Foucaults umgesetzt. Dass auch vermeintlich »objektives« Wissen zu großen Teilen soziales Regelwissen ist, wird von wissens- und wissenschaftssoziologischen Theorien betont.

Von der Kritischen Theorie zu Foucault

Dass Wissenschaft objektiv vermitteln kann, was ist, nicht aber zu bestimmen hat, was sein soll, gilt Verfechtern der Wertfreiheit der Wissenschaft als gesichert. Unter dem Stichwort Ideologiekritik begann man allerdings in den ersten Jahrzehnten des 20. Jahrhunderts, die strenge Trennung von wissenschaftlichen und moralisch-ethischen beziehungsweise politischen Diskursen anzufechten. Ideologische Leitgedanken und deren normative Implikationen, die hinter den »objektiven« wissenschaftlichen Wahrheitsansprüchen stehen, sollten als solche entlarvt werden. Maßgeblich für diese Auffassung ist bis heute die in den 1930er Jahren entstandene Kritische Theorie der Frankfurter Schule (Horkheimer u. Adorno 1947; Habermas

1968). Neben dem Einfluss des Marxismus war ein zweiter Bezugspunkt der Kritischen Theorie die Kritik an der neopositivistischen Erkenntnistheorie. Man distanzierte sich von der Möglichkeit neutraler wissenschaftlicher Deskription. Die hermeneutisch fundierte Methodologie entsprach diesem Standpunkt insofern, als deren selbstreflexives Moment die Auffassung stützte, dass in jede Art von Gegenstandsbezug normative Standards mit eingehen. Übergreifend kann man als das primäre Ziel der Kritischen Theorie die Auseinandersetzung mit den Rationalitätsvorstellungen der Aufklärung verstehen.

Auch die konstruktionistische Wissenschaftsauffassung verpflichtet zu einem kritischen Anspruch wissenschaftlicher Theoriebildung. Allerdings spielen die philosophischen Grundpositionen und die politische Stoßrichtung der Frankfurter dabei nur in einzelnen Aspekten oder aber in sehr globaler Hinsicht eine Rolle. Der explizite Bezug auf die Denker der Kritischen Theorie bleibt eher selten. Wichtig und ganz direkt anschlussfähig für das konstruktionistische Denken ist jedoch die positivismus- und rationalitätskritische Ausrichtung der Kritischen Theorie[1]: So begründet etwa Gergen die Affinität des Sozialkonstruktionismus zum ideologiekritischen Denken hauptsächlich damit, dass dieses Denken eine »starke Herausforderung der traditionellen Sprachauffassung« darstelle und alle »wissenschaftlichen Wahrheitsansprüche« beziehungsweise alle »empiristischen oder realistischen Ansprüche wissenschaftlichen Wissens« anzweifle (Gergen 1994, S. 34ff.).

Hier wird allerdings ein typisches Problem der konstruktionistischen Rezeption ideologiekritischer Positionen deutlich: Ideologiekritik zielt auf die Sichtbarmachung des »falschen« Bewusstseins, häufig mit dem erklärten Ziel, das »richtige« Bewusstsein zu stärken. Für die Frankfurter Kritische Theorie war darum im Anschluss an Georg Lukács die Frage nach einem möglichen »Klassenbewusst-

1 Während Max Horkheimer und Theodor Adorno (1947) die Kritik traditioneller wissenschaftlicher Theorien zu einer globalen Vernunftkritik erweiterten, die auch eine Kritik des autonomen Subjekts war, hat besonders Herbert Marcuse (1967) aus der Aufnahme von Erkenntnissen der psychoanalytischen Persönlichkeitstheorie und deren Übertragung auf eine kritische Gesellschaftstheorie praktisch-politische Konsequenzen gezogen.

sein« in der kapitalistischen Gesellschaft wichtig. In ihrer Kulturkritik war das Motiv der systematischen gesellschaftlichen »Verblendung« zentral. An solchen Fragen – den Fragen nach dem »richtigen« Bewusstsein, die bereits für die Frankfurter selbst nicht unproblematisch waren – zeigt sich, dass der prinzipiell normative Anspruch ideologiekritischer Argumentationen für den Sozialkonstruktionismus, der ja zum epistemischen und moralischen Relativismus verpflichtet ist, zu einem fast unlösbaren Problem werden kann. Gergen selbst sieht dies auch: Ideologische Kritik, so sagt er, sei allzu häufig auf die »Entlarvung« der »wahren Natur der Dinge« hinter der »ideologischen Verzerrung« ausgelegt. Sie setze daher selbst häufig implizit oder explizit universalisierende Wahrheits- oder Rechtsansprüche voraus, an denen dann die ideologische Kontaminiertheit des zur Kritik stehenden Wissens gemessen werde (Gergen 1994, S. 45). Im Gegensatz dazu geht aber der soziale Konstruktionismus, wie gesagt, davon aus, dass es kein »unkontaminiertes« Wissen geben kann, ebenso wenig wie kultur- und epochenübergreifend gültige Moralstandards. Damit ist auch keine prinzipielle Legitimation eines bestimmten Nutznießers emanzipatorischer Ansprüche in Sicht und es stellt sich generell die Frage nach dem Subjekt jeglicher kritischer Ansprüche.

Um diesem Problem – dem Dilemma eines zugleich kritischen und relativistischen Wissensbegriffs – zu begegnen, greift man in den konstruktionistischen Psychologien gerne auf die poststrukturalistisch informierte Variante der Machtkritik, allen voran auf Michel Foucaults »antihumanistische«, subjektkritische Diskurs- und Machttheorie zurück (z. B. Parker 1999; Gergen 1999, S. 38–41). Wie für die klassische Kritische Theorie ist für Foucault Wissen oder die (vermeintliche) »Wahrheit« von Aussagen grundsätzlich nicht von Machtansprüchen zu trennen. »For Foucault, knowledge, the particular common-sense view of the world prevailing in a culture at one time, is intimately bound up with power«, schreibt Burr (2003, S. 68f.). »Power« wird allerdings nicht mehr im Sinne der Herrschaft einer gesellschaftlichen Klasse oder Gruppe über andere Gruppen gedacht. Der Foucault'sche Machtbegriff kommt ohne das Subjekt als synthetisierendes Element des Wissens oder der »Macht-Wissen-Regimes« aus, indem dem Diskurs selbst die regelkonstituierende, aber nicht »repressive« Kraft zugeschrieben wird.

Ihr spezifisch machtkritisches Potential erlangt eine auf Foucault rekurrierende Kritik psychologischen Wissens, indem sie analysiert, inwiefern Diskurse, die den Rahmen für intelligible Selbst-Erfahrung und Subjektivität bilden, Zwecken sozialer Kontrolle dienen. Es sind diese durch die Diskurse selbst »verdeckten« Zwecke, die die an Foucault ausgerichtete konstruktionistische Diskursanalyse aufzudecken hat (vgl. Foucault 1995). Das Foucault'sche Konzept »strategischer« Macht, die zwar »intentional«, nicht aber »subjektiv« ist (Foucault 1976/1995, S. 116), ist für viele Vertreterinnen einer konstruktionistischen Psychologie deshalb viel versprechend und anschlussfähig, weil es zugleich subjekt- und machtkritischen Ansprüchen standhält. Weil Foucault sich gegen überhistorische Moralstandards verwahrt, aber zugleich zugänglich für emanzipatorisch-kritische Argumente ist. Allerdings entsteht, sofern diese poststrukturalistische Variante der Kritik zum Vorbild genommen wird, die Frage nach der Partizipation der Subjekte am Diskurs und der dabei beteiligten psychischen Prozesse. Sparte man diese Frage gänzlich aus, bliebe die machtkritische Form der Diskursanalyse auf der Ebene anonymer, sozialer oder linguistischer Strukturen stehen. Auf dieses Problem werde ich später noch eingehen.

Neben der Foucault'schen Diskursanalyse und Machtkritik stellt auch die Wissenssoziologie eine Alternative zur klassischen Ideologiekritik zur Verfügung. Sie verabschiedet sich von der Suche nach dem »richtigen« Denken hinter dem falschen und kommt manchen relativistischen Implikationen des Konstruktionismus nahe.

Wissenssoziologie und Wissenschaftssoziologie

Karl Mannheim und die ältere Wissenssoziologie

Eine Ent-Ideologisierung und Weiterentwicklung der Ideologiekritik strebten zuerst Max Scheler (1926) und Karl Mannheim (1929) an, letzterer unter dem Begriff Wissenssoziologie. Gergen schreibt Mannheim zu, das »groundbreaking work on the social construction of scientific knowledge« verfasst zu haben (Gergen 1994, S. 42). Mannheim geht es darum, das Ideologieproblem von einzelnen oder »partikularen«, ideologisch kontaminierten Theorien auf die

Struktur des menschlichen Denkens schlechthin auszudehnen. Er fasst das Ideologieproblem so allgemein, dass der Anspruch, »wahre« von »ideologischen« Momenten des Denkens zu trennen, irrelevant wird: Die ideologische Natur von Wissenselementen oder -systemen versteht Mannheim schließlich nicht mehr als Kritik an diesem Wissen, sondern sieht darin sogar positiv den Sinn wissenschaftlicher (und anderer) Theoriebildung. Theorien, so sagt er, kann man solange nicht verstehen, wie man sie von ihren gesellschaftlichen Motiven abtrennt. Dieser Ansicht ist auch Gergen, der sich vom Vertrauen in die Aussagekraft »dekontextualisierter«, also vom sozialen Kontext ihrer Entstehung und Verwendung abgetrennter, wissenschaftlicher Theorien distanziert (s. Kap. III, 1). Die Wissenssoziologie sensu Mannheim hat nun die Aufgabe, diesen Zusammenhang zwischen theoretischen Aussagen mit den zugrunde liegenden gesellschaftlichen Interessen (wieder) herzustellen. Sie hat aufzuzeigen, dass Wissen stets eine Aspektstruktur aufweist; diese ist mit Bezug auf die sozialen Strukturen herauszuarbeiten, und zwar durch die Methode der »Relationierung«, der Zurückführung von Aussagen auf ihre sozialen Gründe. Alle Aussagen werden einer bestimmten »Weltauslegung« und der entsprechenden sozialen Seinslage zugerechnet. Relationierte Aussagen sind deshalb aber nicht falsch oder unwahr, denn »für den Wissenssoziologen gilt der Wahrheitsbegriff selbst als sozial generiert; für ihn sind alle Aussagen, ob wahr oder falsch in logischer oder empirischer Hinsicht, grundsätzlich sozial bedingt« (Mannheim 1929/1952, S. 233).

Der Ideologiebegriff wird damit gewissermaßen neutralisiert zu einer Theorie genereller »Seinsverbundenheit« jeglichen Wissens (Mannheim, S. 229). Der Begriff »Seinsverbundenheit« soll die Tatsache bezeichnen, dass die »Seinslagen« und kollektiv unbewussten Interessen und Ziele der unterschiedlichen gesellschaftlichen oder kulturellen Gruppen das Denken auf vielfältige Weise formen. Die Wissensgehalte sind durch diese Seinsfaktoren aber keineswegs nur »peripher« bestimmt, sondern letztere ragen »in Inhalt und Form, Gehalt und Formulierungsweise« unserer Gedanken hinein. Die Wissenssoziologie geht daher »nicht vom einzelnen Individuum und seinem Denken aus«, sondern von Individuen als Angehörigen sozialer oder kultureller Gruppen (Mannheim 1929/1952, S. 4f.).

Gebunden sind die Individuen durch ihre Situation, die sich aus der Gruppe, Schicht oder Klasse ergibt, der sie angehören, und durch die gruppenspezifischen, von dieser Gruppe entwickelten Denk-, Sprach- und Verhaltensformen. Es ist diese Variante der »social critique«, die etwa Gergen für sozialkonstruktionistische Theorieinteressen fruchtbar machen zu können glaubt (Gergen 1994, S. 42).

Mannheims Formulierungen verweisen auf eine in der sozialen Praxis verankerte Basis des Wissens. Diese gilt ihm sowohl als übergreifende sozio-historische Matrix als auch in mikrotheoretischer Einstellung als Komplex typischer, alltäglicher, gemeinsamer Handlungsweisen. Auch der wissenschaftliche Anspruch der Wissenssoziologie kommt dem wahrheitskritischen Gestus sozialkonstruktionistischer Analysen entgegen. Die Wissenssoziologie soll nämlich, so Mannheim, die Seinsverbundenheit konkreter Wissensformen ausweisen und analysieren, ohne dabei die (sachbezogene, »theoretische«) Richtigkeit des untersuchten Wissens zu bewerten – es geht also nicht mehr um die Suche nach dem richtigen Bewusstsein.

Fassen wir knapp zusammen: Wissen, Denken, Erkennen ist stets perspektivisch. Dies äußert sich in der unterschiedlichen Bedeutung von Begriffen, wenn sie von Personen differenter Soziallagen gebraucht werden, sowie in den Denkmodellen und Kategorien, die die Menschen in ihrem Handeln anwenden. Der hier skizzierte allgemeine Aspekt der Seinsverbundenheit von Wissen ist ohne größere Adaptionsbemühungen mit der konstruktionistischen Auffassung kompatibel, dass Wissen immer im Rahmen sozialer Prozesse beziehungsweise sozialer Beziehungen generiert wird. Zu bemerken ist allerdings, dass die sozialkonstruktionistische Sichtweise natürlich viel weiter geht als die Mannheims, da für Gergen Wissen allein in den sozialen Diskursen und Praktiken entsteht und lokalisiert ist.

Das interaktionistische Programm der Wissenssoziologie

Der 1966 erschienene Band mit dem Titel »Die gesellschaftliche Konstruktion der Wirklichkeit«, verfasst von den beiden Soziologen Peter Berger und Thomas Luckmann, gilt vielen bis heute als Bezugsrahmen der modernen Wissenssoziologie. Die dort vorgestellte Auffassung, dass alles, was in einem Sozialverband als Wissen gilt, sozial konstruiert ist, basiert auf der Sozialphänomenologie Afred Schütz', auf den anthropologischen Arbeiten Max Schelers und Helmuth Plessners sowie auf der Institutionentheorie Arnold Gehlens. Berger und Luckmann erweitern den Gegenstandsbereich der Wissenssoziologie auf das »Alltagsweltswissen« oder Alltagswissen, welches die Mitglieder der Gesellschaft teilen. Interessieren soll nicht nur wissenschaftliches Wissen, bestehend aus Ideen, Weltanschauungen, theoretischen Gedanken, sondern alles, was in der Gesellschaft als Wissen gilt und damit zur Konstruktion der sozialen Wirklichkeit beiträgt. Dieses Wissen bildet die Bedeutungs- und Sinnstruktur, ohne die es keine Gesellschaft gäbe (vgl. Berger u. Luckmann 1966/1996, S. 16). Der Prozess der gesellschaftlichen Konstruktion wird von den Autoren ausgehend vom alltäglichen Handeln schrittweise rekonstruiert: Habitualisierte Handlungen werden von den Handelnden reziprok typisiert. Sie stehen als »Produkte tätiger Selbstentäußerung« den Menschen »vergegenständlicht« gegenüber. In dieser Form kommt es zu »Institutionalisierungen« (Berger u. Luckmann 1966/1996, S. 64f.). Solche Produkte des gemeinsamen Handelns werden aber nicht als solche, also als soziale Konstruktionen, durchschaut. Daher üben sie unmittelbar normativen Zwang aus, denn »[e]ine institutionale Welt wird als objektive Welt erlebt« (S. 64). Das gilt auch für das Wissen – es ist ebenfalls sowohl Produkt als auch Produzent der gesellschaftlichen Reproduktion. Wissenssoziologie ist daher immer auch eine Methode oder ein Mittel, die Gesellschaft selbst zu analysieren.

Die Wissenssoziologie von Berger und Luckmann hat das Programm der interaktionistisch-phänomenologischen Soziologie berühmt gemacht und gilt vielen als Wegbereiter sozialkonstruktivistischer und -konstruktionistischer Argumentationen schlechthin. Konstruktionistische Psychologien beziehen sich allerdings eher selten auf die »gesellschaftliche Konstruktion«. Gergen (1994) gesteht zwar zu, dass das Werk wichtige Aspekte des konstruktionistischen Wissensbegriffs vorweggenommen habe (interessant ist etwa der Hinweis auf die »Relativität der Perspektiven« oder die »Vergegenständlichung« sozialer Konstruktionen durch sprachliche und andere gesellschaftlich »habitualisierte« Praktiken). Er grenzt sich allerdings gegen die Auffassung Bergers und Luckmanns ab, dass Gesellschaft sowohl als objektive wie auch als subjektive Realität existiere. Für Gergen bedeutet diese Trennung eben: »not only to create an obfuscating dualism but to essentialize the material and the mental« (1994, S. 67).

Anschlussfähiger für die konstruktionistische Auffassung scheint das wissenschaftssoziologische Programm der so genannten »science studies«. Hier geht es – unter Bezug auf Thomas S. Kuhn und Karin Knorr-Cetina – um die soziale Konstruktion wissenschaftlichen, speziell naturwissenschaftlichen Wissens.

Thomas S. Kuhn und die »science studies«

In seinem 1962 erschienenen Buch über die »Struktur wissenschaftlicher Revolutionen« greift der Wissenschaftshistoriker Thomas S. Kuhn einige der bereits bei Mannheim formulierten Aspekte der Gebundenheit von Wissen an soziale und kulturelle Faktoren auf und überträgt sie auf die Entstehung und Entwicklung des wissenschaftlichen Wissens. Die in ihrer Radikalität damals neue, Aufsehen erregende These Kuhns war, sehr knapp gesagt, dass wissenschaftliche Entwicklung nicht dem Muster des kumulativen Fortschritts folgt, wie es Poppers Falsifikationismus erwarten ließ, sondern eine Abfolge von »Revolutionen« ist, denen dann jeweils Perioden »normaler« Wissenschaft folgen (Kuhn 1962). Die Revolutionen werden dann ausgelöst, wenn die Zweifel an einem geltenden »Paradigma« so groß werden, dass innovative Wissenschaftler ein neues »Paradigma« formulieren. Das neue Paradigma garantiert nicht etwa die bessere Abbildung der Realität und es folgt auch nicht logisch aus dem vergangenen oder verbessert oder differenziert jenes. Vielmehr handelt es sich um einen radikalen Umbruch im Denken. Dieser hat zur Folge, dass das alte und das neue Paradigma unvereinbar, »inkommensurabel« sind, da das jeweilige Gebiet auf »neue Grundlagen« gestellt wird, schreibt Kuhn. Die Wissenschaft wird nun als Abfolge von »Revolutionen« gedacht, weil das jeweils alte Paradigma durch das jeweils neue ersetzt wird (Kuhn 1973; vgl. Weingart 2003, S. 43). In der Regel kündigt sich ein solcher Paradigmenwechsel im Vorfeld durch eine wachsende Anzahl von Forschungsergebnissen an, die nicht mit den bisher geltenden Standards in Übereinstimmung zu bringen sind. Kuhn spricht von »Anomalien«. Solche »Anomalien«

gehören zur Wissenschaftsentwicklung, sie treten dann auf, wenn die Forschung die Möglichkeiten des bestimmenden Paradigmas erschöpft hat.[2]

Die sozialkonstruktionistische Lesart der Kuhn'schen Thesen entfaltet nun deren wahrheitskritische Stoßrichtung mit Verve: Die grundsätzliche Problematik wissenschaftlicher »Wahrheitssuche«, meint etwa Gergen, lässt sich mit Kuhn benennen und konkretisieren. Denn die Kriterien zur Bewertung von Theorien liegen nicht in der Korrespondenz mit ihrem Gegenstand, sondern in sozialen und psychologischen Plausibilitätsvoraussetzungen. Allerdings sehen konstruktionistische Psychologen die Indikatoren für solche Kriterien in interaktiven Prozessen oder Diskursen, nicht – wie Kuhn – in kognitiven »Gestaltsprüngen« einzelner Forschender (Gergen 1994, S. 13).

Kuhns Theorie bleibt für die konstruktionistische Perspektive auch deshalb unbefriedigend, weil seine Analysen einsetzen, wenn das betreffende wissenschaftliche Wissen bereits als Endprodukt wissenschaftlichen Tuns »vorliegt«. Die seit den 1970er Jahren unter dem Etikett »science studies« bekannt gewordenen wissenschaftssoziologischen Arbeiten setzen mit ihren Analysen zu einem früheren Zeitpunkt an, nämlich beim Entstehungsprozess dieses Wissens. Sie wollten nicht länger nur das Endprodukt – das bereits in der scientific community etablierte, kodifizierte wissenschaftliche Wissen – auf seine soziale Funktion hin analysieren, sondern den (sozialen) Prozess seiner Konstruktion vor Ort beobachten– und damit die Wissenschaftssoziologie nicht zuletzt auch zu einer empirischen Angelegenheit machen (Bourdieu 1988; Kessler u. McKenna 1978; Mulkey u. Gilbert 1982; Collins 1985; Latour u. Woolgar 1979; Knorr-Cetina 1984).

2 Hier ist allerdings Folgendes zu bedenken: Ganz anders als etwa Schütz, der die über die phänomenologische Methode erlangten Erkenntnisse über das alltagsweltliche Wissen auf den Bereich wissenschaftlichen Wissens übertrug und sich dabei insbesondere auf das Tun des Sozialwissenschaftlers konzentrierte, hatte Kuhn von Beginn an die Naturwissenschaften im Blick. Die Anwendbarkeit von Kuhns Paradigmabegriff für die Sozialwissenschaften wurde häufig erörtert (vgl. etwa Rosa 1999).

Die mikrosoziologischen Untersuchungen der »science studies« analysieren die Praxis der Forschung, dort, wo sie von statten geht, also im Falle der Naturwissenschaften im Labor. Durch Beobachtungen vor Ort zeigten diese »Laborstudien«, dass auch in naturwissenschaftlichen Labors »produziertes«, »objektives« wissenschaftliches Wissen von sozialen Faktoren abhängig ist. Forschungsarbeiten werden als eine Serie von Verhandlungsprozessen kenntlich gemacht, so dass die im Labor produzierten Ergebnisse nicht mehr als Beschreibungen der Natur, sondern als Resultat verschiedener, strategischer Konstruktionen erscheinen. Wissenschaftliche Strategien, so Knorr-Cetina, sind immer auch »politische« Strategien der bestmöglichen Investition im Sinne »sozialer Autorität und wissenschaftlicher Reputation« (1984, S. 53; vgl. auch Bourdieu 1988). Die strikte Trennung zwischen Wissenschaftlichem und Sozialem stellt selbst eine solche Strategie dar, insofern sie dazu benutzt wird, Verzerrungen oder »Betrug« in wissenschaftlichen Ergebnissen von »objektiv wahren« Inhalten zu trennen: Erstere werden auf soziale, letztere auf kognitive Wurzeln zurückgeführt (vgl. Bloor 1976). Knorr-Cetina hält dagegen, dass, was im Labor an intelligentem Tun passiert, eine Art »praktisches Räsonieren« sein müsse, das an lokale Regeln gebunden ist, die nur in der jeweiligen Gemeinschaft Geltung haben. Als Resultat dieses regelgeleiteten Tuns entsteht dann – stets relativ zu einer wissenschaftlichen Sprachgemeinschaft – »das Wissenschaftliche« (Knorr-Cetina 1984, S. 54f.).

Die Auffassung des »ad hoc«-Charakters der Wissensproduktion, die immer an bestimmte Situationen, konkrete Beziehungen zwischen Personen und lokale Regeln gebunden ist, macht die Laborstudien für die konstruktionistische Psychologie in mancher Hinsicht zum Vorbild. Durch diese Form von »Fallstudien« wird nämlich untermauert, dass die wissenschaftlichen Methoden des Erkenntnisgewinns längst nicht so »einheitlich« sind, wie es die neopositivistische Methodologie bis heute suggeriert. Vielmehr bedienen sich Wissenschaftlerinnen vor Ort ganz spezifischer lokaler Praktiken. Wissenschaftliche Forschungsergebnisse sind eben nicht einfach Ansammlungen materiell und objektiv vorliegender Resultate von Experimenten und Beobachtungen, sondern immer auch Produkte von Aushandlungsprozessen (vgl. dazu Potter 1996, S. 34–41). In solchen Prozessen wird etwa festgelegt, was als adäquate Replikation eines Experimentes gilt oder ob dasjenige, was unter dem Mikroskop sichtbar ist, als genuines oder artifiziell erzeugtes Phänomen gewertet werden soll (vgl. Lynch 1985). Damit aber gibt es keinen prinzipiellen Unterschied mehr zur Produktion und Genese nichtwissenschaftlichen Wissens. Auch »objektives« Wissen existiert nur relativ zu konkreten Interaktionszusammenhängen und Diskursen, auch wenn es sich dabei um »Sonderpraktiken« handeln mag. Alles Wissen, ob nun wissenschaftlich oder alltagsweltlich, so der weiter gehende Schluss, entsteht, indem Personen Bedeutungen teilen. Diese gemeinsame Teilhabe an bestimmten Bedeutungen ist es, die sie zu Mitgliedern einer sozialen Gemeinschaft werden lässt.

Die konstruktionistische Relektüre der wissenssoziologischen Vorlagen betont besonders, dass und wie solche Bedeutungen im Rahmen sprachlicher Prozesse gebildet, vermittelt und reproduziert werden. Sprache ist zugleich konstitutiv für die interessierende Wirklichkeit und selbst relativ zu einer bestimmen soziokulturellen Wirklichkeit und in diesem Sinne durch sie konstituiert. Dieser Doppelcharakter der Sprache betrifft sowohl die metatheoretischen (sprich: erkenntnis- und wissenschaftstheoretischen) Voraussetzungen und Selbstbestimmungen des sozialen Konstruktionismus als auch die ständig ablaufenden Prozesse der Bedeutungskonstitution im Alltag – also den primären Gegenstand der konstruktionistischen Psychologien. Im folgenden Kapitel wird die Sprachauffassung der konstruktionistischen Psychologien Thema sein. Gibt es übergreifende Gemeinsamkeiten? Was sind die sprachtheoretischen und -philosophischen »Wurzeln« des sozialkonstruktionistischen Denkens, und welche Akzente setzt dann deren konstruktionistische Lesart?

2 Der Vorrang der Sprache

Die konstruktionistischen Psychologien verbindet die Kritik an der »abbildtheoretischen« Auffassung von Sprache. Der Begriff der »Abbildtheorie der Sprache« bezieht sich genau genommen auf unterschiedliche Theorien der Erkenntnis, die eine vom Bewusstsein unabhängige, objektiv existierende Wirklichkeit annehmen und für die sprachliche Darstellung eine Bewusstseinsleistung des menschlichen Verstandes voraussetzen, durch die diese Wirklichkeit oder deren logische Form abgebildet wird.[3] In der Analytischen Sprachphilosophie im Sinne der frühen Sprachphilosophie Ludwig Wittgensteins versteht man unter Abbildtheorie, dass die Sätze die Form der Welt darstellen, eine Auffassung, die Wittgenstein Augustinus zuschreibt.

Für die Ablösung des abbildtheoretischen Sprachverständnisses und dessen Ersetzung durch die Auffassung, dass Sprache eher als unhintergehbare Bedingung des Denkens denn als dessen Produkt zu verstehen ist, sind unterschiedliche Quellen zu nennen: Paradigmatisch ist zunächst auch hier wieder die Sprachphilosophie Ludwig Wittgensteins, der in seinen späteren Schriften die Abkehr von (von ihm selbst in seinem frühen Werk vertretenen) logischen Sprachidealen vertritt. Die Auffassung der Sprache als menschlicher Tätigkeit beziehungsweise als gesellschaftlicher Praxis charakterisiert zweitens auch die vor allem mit John Austin identifizierte »Ordinary Language Philosophy« und das Konzept der »Sprechakte«. Drittens ist für viele Vertreterinnen der diskursiven Psychologie eine solche »handlungsorientierte« Sprachauffassung in der ethnomethodologischen Konversationsanalyse (H. Garfinkel, H. Sacks, E. Schegloff) sozialwissenschaftlich umgesetzt. Aus dieser Sicht verliert ein Text (ein Zeichen, ein gesprochener Satz bzw. eine sprachliche Handlung) seine eindeutige und ausschließliche Korrelierbarkeit mit einem bestimmten außersprachlichen Gegenstand, seine Bedeutung wird vielmehr in den sozialen Prozessen von Produktion und Rezeption verhandelt und bleibt polyvalent.

Diese Einsicht hatten allerdings, wenn auch aus einer etwas anderen Blickrichtung, bereits strukturalistische Ansätze der Linguistik publik gemacht. Wenngleich der Strukturalismus heute von man-

3 Dabei sind so unterschiedliche Denksysteme zu nennen wie der griechische Atomismus (Epikur, Leukupp), der Empirismus der Neuzeit (Locke) und der Assoziationismus eines Iwan I. Pawlow; ebenso fließt der Assoziationismus Herbarts, Külpes und Hartmanns ein. Die genannten Positionen führten beträchtliche Unterscheidungen hinsichtlich des Abbildcharakters ein, teilten jedoch die grundlegende Annahme und entwickelten sie weiter (vgl. zum Überblick Hügli u. Lübcke 2000).

chen etwas abwertend als »Systemdenken« bezeichnet wird, so ist das linguistische Paradigma des Strukturalismus, insbesondere in seiner Weiterentwicklung durch den Poststrukturalismus, ebenfalls eine einflussreiche Entwicklung, die dazu beigetragen hat, dass eine strikt abbildtheoretische Auffassung sprachlicher Bedeutung heute kaum noch vertreten werden kann. Über die linguistische Textanalyse hinaus ist dieses Paradigma nämlich anwendbar, wo immer sich ein Phänomen als Zeichensystem darstellen lässt – und damit eben auch auf soziale Handlungszusammenhänge und das intersubjektive Alltagswissen. Intersubjektivität wird dann zur Intertextualität im weitesten Sinne und das Subjekt zur Schnittstelle disparater Diskurse und Epistemen. Auch der Foucault'sche Diskursbegriff (sowie an diesen angelehnte Diskurstheorien, wie etwa die Judith Butlers) wird in meiner Darstellung unter den poststrukturalistisch orientierten Positionen verortet, wenngleich man der Foucault'schen Diskurstheorie nur schwerlich ein zeichentheoretisches Fundament zuschreiben kann. Insbesondere der Poststrukturalismus, der die strukturalistische Auffassung explizit an die postmoderne Kritik des Subjekts und der abendländischen Vernunft koppelt, ist für die konstruktionistischen Psychologien von erheblicher Bedeutung. Ich beginne daher mit der knappen Rekonstruktion wichtiger strukturalistischer und poststrukturalistischer Positionen und schreite dann fort zu den handlungstheoretisch orientierten Sprachauffassungen.

Sprache als System

Strukturalismus und Poststrukturalismus

1 Linguistischer Strukturalismus

Das Modell strukturalistischen Denkens wird in Ferdinand de Saussures Linguistik vorbildlich auf den Begriff gebracht. Die strukturalistische Sprachauffassung, die er in seinem posthum veröffentlichten Hauptwerk, den »Grundfragen der allgemeinen Sprachwissenschaft« (Saussure 1916), ausführt, wird in den 1960er Jahren zur Referenz für das dem Strukturalismus eigene differenztheoretische Paradigma. Hinter diesem Begriff verbirgt sich zunächst die Grundüberzeugung, dass die Bedeutung der Elemente des Zeichensystems

Sprache allein durch die Differenz zu anderen Zeichen – und nicht positiv durch ihren Inhalt oder den außersprachlichen Referenten des Zeichens – definiert ist. Das »Denken der Differenz« hat in anderen Formen des Strukturalismus und im Poststrukturalismus seit Saussures Grundlegung vielfältige weitere Ausprägungen angenommen (paradigmatisch ist etwa die Anwendung auf die Identität des Subjekts in postmodernen Theorien, etwa in Gergens Konzeption des »Saturated Self«).

Im Zentrum von Saussures strukturalistischer Sprachauffassung steht die Analyse der Struktur des kleinsten bedeutsamen Elements im System Sprache, im kodierten Regelsystem der sprachlichen Zeichen. Entscheidend war dabei die Hervorhebung der grundsätzlichen Arbitrarität dieser Zeichen: Zeichen bestehen immer aus einem Signifikat (dem Bezeichneten) und einem Signifikant (dem Bezeichnenden), etwa einem gesprochenen Wort. Ein notwendiger (natürlicher, logischer) Zusammenhang zwischen Signifikat und Signifikant besteht für Saussure nicht – in diesem Sinne handelt es sich um eine stets arbiträre Beziehung. Es gibt »keinerlei innere Beziehung«, die eine bestimmte Vorstellung, ein Konzept, mit einem bestimmten Lautbild verknüpfen würde (Saussure 1916/1967, S. 79). Arbitrarität heißt für Saussure jedoch keineswegs, dass jedes Mitglied einer Sprachgemeinschaft jedes Zeichen beliebig interpretieren kann. Vielmehr führt die Kritik der »natürlichen« Einheit von Signifikat und Signifikant in für ihn zu der folgenden Einsicht: Wenn sich die Bedeutung eines Zeichens nicht aus seiner feststehenden Beziehung zu einem Referenten ergibt, so muss sie von soziokulturellen Konventionen der Verwendung dieses und anderer Zeichen abhängen. Saussure hat damit als einer der Ersten auf die konventionelle Produktion sprachlichen Sinns hingewiesen. Für die konstruktionistischen Psychologien ist dieser Aspekt fundamental, denn damit ist die Bedeutung eines Zeichens an die Praxis einer Kultur oder Gesellschaft gebunden, und das heißt: an die soziale Konstruktion von Bedeutung. »This is what Saussure is saying, then«, fasst Burr die für sie zentrale Aussage der Saussureschen Zeichentheorie zusammen, »language doesn't reflect a pre-existing social reality for us« (2003, S. 52).

Saussures Ansatz zufolge ist es prinzipiell unmöglich, die Bedeutung eines einzelnen, isolierten Zeichens überhaupt festzuhalten.

Zeichen kann man immer nur im Rahmen von Zeichensystemen denken, da nicht die Referenz zählt, sondern nur die Art und Weise, wie sich Signifikanten von anderen Signifikanten und Signifikate von anderen Signifikaten unterscheiden. Das Sprachsystem wird nicht aus den Eigenschaften der einzelnen Elemente erklärt, sondern aus den Relationen zwischen den Elementen (Saussure 1916). Allerdings wird durch die »Unhintergehbarkeit der Struktur« (Frank 1984, S. 12) nicht nur der sprachexterne Referent, sondern auch – was in psychologischer Hinsicht auf besondere Weise relevant ist – das sprechende Subjekt aus der konstitutiven Position gedrängt. Saussure wendet sich damit gegen den Mentalismus, gegen die philosophische Überzeugung also, dass wir erst im Geiste einen Gedanken fassen und diesen danach zum Zweck der Kommunikation in der Sprache ausdrücken.

Last but not least führte Saussure die Unterscheidung zwischen Sprache als System (langue) und der unübersichtlichen Vielfalt des alltäglichen Sprachgebrauchs (parole) ein. Dies war notwendig, um überhaupt methodischen Zugang zu einem Gegenstand namens »Sprachsystem« beanspruchen zu können – denn die konkrete Sprachverwendung hat nicht den Status eines Systems (dazu verläuft sie zu ungeregelt), sondern allein das Regelsystem der langue, als theoretische Abstraktion des alltäglichen Sprechens, der parole.

Stäheli (2000, S. 19ff.) fasst drei wichtige Grundprinzipien zusammen, die mit Saussures strukturalistischer Linguistik etabliert wurden: Sprache wird als Differenzsystem verstanden, indem die einzelnen Elemente erst durch ihre Position innerhalb des Relationengeflechts eine Bedeutung erhalten (1); es gibt keine notwendige Beziehung zwischen Zeichen und Bezeichnetem – sondern jede solche Beziehung ist grundsätzlich willkürlich gewählt oder arbiträr. Soziale Konstruktionen sind also nicht an vorgegebene, »objektive«, Referenzgegenstände gebunden (2). Drittens gibt es nun die Unterscheidung zwischen Sprache als System und Sprache als individueller Sprachverwendung (3). Die Linguistik, so Saussure, muss sich auf die Struktur der Sprache als System konzentrieren, da sie sich, in der chaotischeren Praxis des Sprechens verlieren würde, wenn sie sich mit der aktuellen Rede, der parole, befassen würde (vgl. Eagleton 1983, S. 75).

Als allgemeine kulturwissenschaftliche Methode lebt der Strukturalismus allerdings von der Ausweitung der sprachtheoretischen Überlegungen über die Grenzen der Sprachwissenschaft hinaus auf alle Bereiche der Kulturwissenschaften beziehungsweise auf alle »Sinnsysteme«, insbesondere soziale Systeme. Im Konstruktionismus wurde Saussures Einsicht, dass Systeme nicht aus isolierbaren Einzelelementen bestehen, sondern in erster Linie aus Beziehungen oder Relationen, zu einer Art Grundauffassung der Bedeutung psychologischer Begriffe erhoben. So ergibt sich die Bedeutung, die einem psychischen Zustand oder Akt, sagen wir einer aggressiven Handlung, qua psychologischem Fachterminus zugesprochen wird, nicht aus der Referenz des entsprechenden Begriffes auf einen sprachexternen Zustand, der die Bedeutung »Aggression« von sich aus schon hat, sondern seine eigentliche Kraft erhält das Konzept »Aggression« aus der Differenz zu anderen Konzepten, etwa der unabsichtlichen Verletzung oder Schädigung einer anderen Person (vgl. Gergen 1987).

Alle theoretischen Systeme oder Wissenssysteme der Psychologie können in diesem Sinn als »bodies of discourse« bezeichnet werden, idealiter gebildet durch einen Korpus miteinander verbundener Annahmen, die von Mitgliedern unterschiedlicher Enklaven von (wissenschaftlichen) Sprachgemeinschaften geteilt werden. Im Rahmen solcher Diskurse konstituiert sich überhaupt erst so etwas wie ein verstehbarer, sinnvoller Zusammenhang, dessen Sinn oder Intelligibilität dann auch nur relativ zur entsprechenden Sprachgemeinschaft gewährleistet ist: »To participate in the intelligibility nucleus is to ›make sense‹ by the standards of a particular community« (Gergen (1994, S. 6). Intelligibilität wird dabei nicht über die Referenz auf Ereignisse »in der Welt« und außerhalb der Sprache einer Wissensgemeinschaft hergestellt, sondern Intelligibilitätssysteme sind selbstreferenziell und selbstreproduzierend: »These clusters of intelligibilities can be related to events outside themselves in various ways – ways not given within the systems themselves. Thus, one can learn when and where to apply the tables of multiplication or the concept of the Holy Spirit. However, the nucleus does not require these linkages in order to be understood or to be compelling« (1994, S. 8).

In der strukturellen Semiotik Saussures sind die Differenzbeziehungen zwischen Zeichen noch als »binäre Oppositionen« vorgestellt. Der Ausdruck »psychisch krank« erhält seine Bedeutung durch den Kontrast zu »psychisch gesund«. Im Poststrukturalismus wird der Gedanke binärer Oppositionen und geschlossener Sprachsysteme selbst als Setzung entlarvt und kritisiert.

2 Poststrukturalismus und Dekonstruktion

Die Betonung der konventionellen Bestimmung sprachlicher Bedeutungen im Strukturalismus stellte einen großen Fortschritt dar. Gleichwohl stößt die klassische strukturalistische Sprachauffassung heute in der Regel auf Widerspruch. Kritisiert werden vor allem zwei Punkte: die Vernachlässigung des tatsächlichen Sprechens (und damit des individuellen Sprechakts und des Subjekts) und die nur scheinbar voraussetzungsfreie, auf binären Oppositionen beruhende Struktur der Sprachsysteme. Insbesondere in Bezug auf das letztgenannte Problem des Strukturalismus erscheinen dekonstruktivistische oder poststrukturalistische Ansätze als viel versprechende Alternative.[4] Sie verstehen Sprachen weniger als feststehende Differenzsysteme, sondern als Ort der permanenten Aushandlung und sogar des Konflikts. Allen voran gilt dies für die von Jacques Derrida vorgetragene Kritik des starren Systemdenkens und der implizierten Metaphysik, die der Saussure'schen Betrachtung der langue vorgehalten wird.

Metaphysisch nennt Derrida jedes Denksystem, das von einem unangreifbaren Fundament ausgeht, von einem Grundprinzip oder einer unanfechtbaren Basis, auf der eine ganze Hierarchie von Bedeutungen errichtet werden kann. Jedes Grundprinzip ist selbst immer Ergebnis und nicht Basis eines bestimmten Bedeutungssystems (vgl. Eagleton 1983, S. 116ff.). Auch die binären Oppositionen, die den Saussure'schen Differenzgedanken kennzeichnen, stehen in diesem Sinne zur Kritik. Sie stellen eine Sichtweise dar, so Derrida,

4 Die Grenze zwischen Strukturalismus und Poststrukturalismus verläuft nicht geradlinig, zuweilen ist die Zuordnung zum einen oder anderen Lager unmöglich. Dennoch beziehe ich mich, der Einfachheit halber, auf diese Unterscheidung. Kriterium für die Zuordnung zum Poststrukturalismus ist dabei, inwieweit Grundsätze des Strukturalismus kritisch bzw. affirmativ aufgegriffen und in welche Richtung sie weiterentwickelt werden.

die für Ideologien typisch ist, indem sie etwa feste Grenzen zwischen Akzeptablem und Nicht-Aktzeptablem ziehen. Durch die Abkehr von der mentalistischen Bewusstseinsphilosophie haben die Strukturalisten zwar bereits einen ersten Schritt aus dem Paradigma der abendländischen Metaphysik heraus vollzogen. Viele weitere Schritte jedoch, mit denen sie ihre Vorstellung von der Sprache als Grundlage allen Sinns und menschlichen Handelns festigen wollten, führten wieder einen Schritt zurück.

Die poststrukturalistische Auffassung teilt zwar in gewisser Weise die Ansicht Saussures, dass Sinn durch die bedeutungskonstitutive Differenzierung von Zeichen entsteht, beziehungsweise auch die weiter gehende These, dass Sinn immer ein Ergebnis sprachlicher Strukturen ist. Damit ist die Einsicht in die prinzipielle Unhintergehbarkeit der Sprache tatsächlich eine von Strukturalisten und Poststrukturalisten geteilte Überzeugung. Der Poststrukturalismus betont jedoch darüber hinaus, dass Sprachen nicht zu Systemen abzuschließen sind. Es sind immer unendlich viele Differenzierungen innerhalb einer Sprache möglich, die dann zu immer neuen Sinnzusammenhängen führen (können). Er gibt die Idee der Struktur nicht einfach auf, sondern »radikalisiert« sie. »Alles, so lautet die radikalisierte Version, ist Struktur – und nirgends hat sie ein Zentrum oder eine Grenze« (Münker u. Roesler 2000, S. 29). Dieser Aspekt des poststrukturalistischen Sprachverständnisses ist mit dem Systembegriff Saussures nicht mehr vereinbar. In einer Sprache sind so unendlich viele Differenzierungen möglich, dass immer wieder neue Sinnzusammenhänge denkbar werden. Das macht es unmöglich, Sprachen zu Systemen abzuschließen. Sprache ist unkontrollierbar (vgl. Frank 1984). Dies ist ein wichtiger Konsens, auf den sich wohl die meisten dem Poststrukturalismus zuzurechnenden Theorien einlassen könnten. Gerade in diesem unkontrollierbaren Moment, in den sprachlichen Unschärfen und permanenten Bedeutungsverschiebungen zeigt sich das »Lebendige der Sprache« (Münker u. Roesler 2000, S. 31). Feste Grenzen zwischen Akzeptablem und Nicht-Akzeptablem, die auch dem starren Differenzbegriff Saussures unterstellt werden können, verdecken dieses Unkontrollierbare. Sprachsysteme definieren das, was sie darstellen, gewöhnlich durch das, was sie ausschließen. Dagegen sprechen poststrukturalistische Autoren gern vom Spiel der Differenzen, von der unkontrollierbaren Bewegung einer endlosen Kette von Signifikanten, in denen ein Zeichen auf ein anderes verweist.

Die Kritik der systemischen Sicht der Sprache und die Dezentrierung der textuellen Struktur erfordert auch eine Dezentrierung des sprechenden Subjekts: Auch die Grenze zwischen Selbst und Nicht-Selbst lässt sich nur auf der Basis eines angenommenen Zentrums oder Fixpunktes ziehen, daher lehnt auch der Poststrukturalismus (wie schon der Strukturalismus) die Erhebung des Autors zum autonomen, rationalen Sinnstifter (des Textes, seiner s/Selbst) ab. Im Zuge seiner Subjektkritik kritisiert Derrida ganz allgemein, über den Bezug auf Text und Autorschaft hinausgehend, die Zentralität des Logos oder der Vernunft in allen abendländischen Denksystemen. Diese generell subjekt- und rationalitätskritische Attitüde kann als ein Aspekt des poststrukturalistischen Denkens gelten, den sich die konstruktionistischen Psychologien zu Eigen machen (vgl. Gergen 1994, 1999; Potter 1996; Burr 2003; Hepburn 2003 u. a.).

3 Sozialer Konstruktionismus und Poststrukturalismus

Für manche hat erst die poststrukturalistische Kritik des Subjekts, der Metaphysik bewusstseinsphilosophischer Bedeutungstheorien und nicht zuletzt des positiven Wissens das fundamental neue oder andere Denken befördert, welches auch die konstruktionistischen Psychologien anstreben (Gergen 1994, S. 33). Erst mit Aufkommen poststrukturalistischer, dekonstruktivistischer Ansätze der Literaturkritik, so Gergen, werde der Zusammenhang zwischen gültigem Wissen und sprachlichen Konventionen so konsequent und radikal aufgezeigt, dass ein Rückgang hinter die Einsicht der soziokulturellen Konstruktion sprachlicher Bedeutung nicht mehr möglich sei. Erst mit Poststrukturalismus und Dekonstruktivismus habe daher die Kritik des augustinischen Sprachverständnisses ihre fundamentale Bedeutung erhalten (z. B. Gergen 1994, S. 33).

Ein über den metaphysikkritischen Gestus hinaus gehender Aspekt, der die poststrukturalistischen Theorien attraktiv für sozialkonstruktionistische Relektüren macht, ist deren spezifisch postmoderne Form der Machtkritik. Gerade Derridas Arbeiten hält Potter hier für relevant. Dort werde das machtkritische Potenzial der dekonstruktivistischen Lektürepraxis besonders deutlich: »Derrida is not simply trying to show that the working is precisely dependent on the machinery and, moreover, that the machinery is flawed« diagnostiziert Potter (1996, S. 80). Ähnlich erläutert Burr das konstruktionistische Interesse an poststrukturalistischen Theorien »[W]ith a poststructuralist view of language we are drawn into a view of talk, writing and social encounters as sites of struggle and conflict, where power relations are acted out and contested« (2003, S. 54f.).

Eine Schwierigkeit, Derridas Dekonstruktion für konstruktionistische und diskurspsychologische Belange fruchtbar zu machen, ergibt sich dabei aus dessen Kritik des »Phonozentrismus«, also einer generellen »Abwertung der Schrift«. Für Derrida ist dies eine Fehlentwicklung, der die gesamte abendländische Metaphysik anheim gefallen ist. Im Gegensatz dazu erheben viele konstruktionistische Psychologien gerade die Untersuchung der gesprochenen Sprache zur hohen Kunst (vgl. Potter 1996, S. 84; s. Kap. II, 2).[5] Ein zentrales Verbindungsglied zwischen Strukturalismus, Dekonstruktion und Konstruktionismus ist dagegen die bewusste Vernachlässigung der »Intentionen« des Sprechers oder Autors zugunsten der Betonung der Organisation und Struktur der Diskurse. Diese ist es, die bestimmte Aussagen oder Sätze plausibel und natürlicherweise »richtig« oder »angemessen« erscheinen lässt. Damit wird die psychologische Analyse der rhetorischen Struktur von Texten oder Konversationen begründbar.

Konstruktionistische Psychologien greifen also bestimmte Aspekte eines poststrukturalistischen Text- und Sprachverständnisses

---

5 Das Theorem des Phonozentrismus ist vom Logozentrismus allerdings kaum zu trennen (Derrida 1983, S. 24): Beide Auffassung können suggerieren, dass es irgendetwas gibt, das »dem Sinn am nächsten ist«. So kann die Stimme verstanden werden oder aber die Vernunft, beides kann, so Derridas entlarvende Kritik, als »reines Zeichen«, also Ausdruck »reiner Intelligibilität«, als »absoluter Logos« verstanden werden. Genau dagegen aber richtet sich die Derridasche Lektüre eines jeden Textes, weil sie die Sinnbestimmung – ganz im strukturalistischen Sinn – als Effekt von Differenzen versteht. Nur dann ist auch die Folge zu erwarten, »dass es kein Zentrum gibt, dass das Zentrum nicht in Gestalt eines Anwesenden gedacht werden kann« (Derrida 1976, S. 424, vgl. Münker u. Roesler 2000, S. 44). Für die eingehendere Auseinandersetzung des Konstruktionismus mit dem Denken der französischen Dekonstruktion siehe z. B. Potter 1996, Kap. 3).

auf und damit eine semiotisch-postmoderne Sichtweise. Die Welt selbst wird gewissermaßen zum Text, insofern alle Phänomene nur sprachlich zugänglich sind, Zeichencharakter haben und (im Prinzip endlos) interpretationsbedürftig sind. Die Vorteile einer solchen Auffassung sind aus konstruktionistischer Sicht unübersehbar: Erstens ist damit das Subjekt des Textes, sind die setzenden Akte des individuellen Bewusstseins ausgeschaltet, womit man das leidige Problem der individuozentrischen, kognitivistischen Psychologie aus der Welt geschafft hat. Zweitens ist der Konventionalismus des strukturalistisch-poststrukturalistischen Paradigmas geeignet, den Bedeutungsrelativismus zu begründen, den insbesondere Gergen und die diskursive Psychologie vertreten. Wenn Bedeutung nämlich immer wieder nur auf Bedeutung verweist, dann spielt die Referenz von Zeichen – sei es der einem Begriff zugrunde liegende »psychische Zustand«, seien es die »praktischen Voraussetzungen« einer sozialen Beziehung – für die Bedeutung des entsprechenden Begriffs keine Rolle. Und dann ist es auch möglich, wie Gergen zu argumentieren: »The semantic link between world and word, signifier and signified, is broken« (1994, S. 44).

Andererseits wird die textfixierte »Schlagseite« des poststrukturalistischen Denkens kritisiert. Ein rein textueller Diskursbegriff im Sinne Saussures und auch im Sinne des Dekonstruktivismus, darin scheinen sich die meisten konstruktionistischen Psychologinnen und Psychologen einig, reicht nicht aus, um zu beschreiben, wie Diskurse »gebraucht, missbraucht und transformiert werden«, und zwar von »Menschen im Prozess ihrer alltäglichen Interaktionen« (Gergen 1994, S. 47, 1999, S. 73; vgl. ähnlich Burr 2003; Potter 1996.). Es sind nicht allein sprachliche Systeme, die Bedeutungen vorgeben, sondern Bedeutungen ergeben sich immer auch aus dem praktischen Umgang mit Begriffen beziehungsweise aus deren Gebrauch. Hier hat es den Anschein, als sei die konstruktionistische Position zuweilen nicht ganz entschieden: Strebt man nun die postmodern-semiotische, konventionalistische Auffassung an, die sowohl auf das Subjekt als auch auf den Referenten gänzlich verzichten kann – oder geht es um die alltägliche Praxis, in der sowohl Subjekte und deren Intentionen als auch materielle Referenten eine Rolle spielen? Halten wir zunächst fest, dass die am tatsächlichen Gebrauch oder der Sprachverwendung orientierte, interaktionistisch-handlungstheoretische Sprachauffassung, die sich vom (post-)strukturalistischen Paradigma distanziert, innerhalb der konstruktionistischen Psychologien ebenfalls äußerst verbreitet ist. Ich komme darauf in Kapitel II, 2 ausführlich zu sprechen.

Doch zunächst zu einer Diskurstheorie, die sich weder in den zeichentheoretischen Rahmen der bislang diskutierten poststrukturalistischen Bedeutungstheorien einfügt, noch auf den konkreten »Gebrauch« der Sprache allein bezogen ist: Gemeint ist der Diskursbegriff Foucault'scher Prägung. Wir haben bislang das Wort »Diskurs« meist als Bezeichnung für sprachliche Interaktionszusammenhänge verwendet. Im Sinne der diskursiven Psychologie und auch im Sinne Gergens kann der Begriff »Diskurs« auch für Sequenzen realen Sprachgebrauchs wie etwa ein Telefongespräch, eine Unterhaltung und Ähnliches stehen. Diejenigen unter den konstruktionistisch orientierten Psychologinnen jedoch, die sich an Foucault orientieren, wollen unter Diskursen mehr und anderes verstehen als sprachliche und nichtsprachliche Symbolsysteme, in denen Bedeutung allein auf der Beziehung zwischen Zeichen beruht. Ihnen geht es immer auch um die materiellen Grundlagen und Effekte über- oder transindividuell gedachter »diskursiver Praktiken«.

Michel Foucault gilt als derjenige Philosoph, dessen Auffassung Ende der 1960er Jahre am stärksten zwischen Strukturalismus und Poststrukturalismus schwankte. Seine Diskurstheorie nehmen viele derjenigen konstruktionistischen Autorinnen zum Vorbild, die besonderen Wert auf die Wirkungsgeschichte jeder diskursiven Praxis und der Machtprozeduren, mit denen sie verknüpft ist, legen.

Die historische Macht der Diskurse

1 Die Materialität diskursiver Praktiken

Foucault versteht Diskurse nicht nur »als Gesamtheit von Zeichen (von bedeutungstragenden Elementen, die auf Inhalte oder Repräsentationen verweisen), sondern als »Praktiken [...], die systematisch die Gegenstände bilden, von denen sie sprechen« (Foucault 1973/1988, S. 74). Das heißt zunächst: Auch Zeichenordnungen bringen aufgrund ihrer konventionellen Verankerung und performativen Artikulation das, was sie zu bezeichnen scheinen, hervor.

Foucault betont– und mit ihm die konstruktionistisch orientierten *Foucauldian studies* –, dass Diskurse eine eigene Objektivität und Materialität entstehen lassen, dass sie eine »materialisierende Wirkung« haben, indem den durch sie generierten Gegenständen, Sachverhalten und Subjektivitäten soziale Existenz verliehen wird« (Bublitz 2003, S. 30). So bezeichnen Begriffe wie »Mann«, »Frau«, »Homosexueller« oder »Asylantin« nicht eine vorgegebene, vordiskursive Wirklichkeit, die sie sprachlich abbilden, sondern sie konstruieren das, was sie benennen, nämlich »geschlechtlich konnotierte Subjekte, Bevölkerungsgruppen, die qua Semantisierung stigmatisiert und ausgegrenzt werden« (Bublitz 2003, S. 30). Diese diskursiven Konstruktionen aber verbleiben nicht im Bereich der Semantik allein, sondern das Signifikat nimmt immer eine materielle Form an: Es sind real und leiblich als Mann, Frau, Homosexueller oder Asylantin handelnde Subjekte, die in ihrer Funktion als Subjekte jedoch – so Foucault – in gewisser Weise die »Produkte« solcher Diskurse sind. Dazu kommt noch, dass Foucault zufolge solche durch Diskurse ermöglichten und beschränkten »Subjektpositionen« ein Ausdruck der Machtwirkung von Diskursen sind. Diskurse treten niemals ohne Machtwirkungen auf: Ihre Produktivität besteht gerade darin, dass sie Effekte produzieren, Materialitäten erzeugen, Wissenskomplexe bilden – und damit immer auch einen Anreiz für ein Mehr an Macht auf der einen im Vergleich zur anderen Seite bieten.

2 Disziplinarmacht und Biomacht

In »Der Wille zum Wissen« (1976) führt Foucault mit der Verschränkung von diskursiv geordnetem Wissen und (sozialen) Machtpraktiken die genealogische Analyseperspektive ein. Dieser geht es prinzipiell um die Frage, wie Diskurse mit konkreten sozialen Machtpraktiken zusammenhängen. »Wie ist in den abendländischen Gesellschaften die Produktion von Diskursen, die (zumindest für eine bestimmte Zeit) mit einem Wahrheitswert geladen sind, an die unterschiedlichen Machtmechanismen und -institutionen gebunden?« (1976/1995, S. 8), lautet nun Foucaults Frage. Er entwickelt aber ein spezifisches Verständnis von Macht: Die Tradition, Macht nur als Beschränkung, Negativität und Zwang zu verstehen, bezeichnet er als »juridisch-diskursive« Sichtweise (S. 102) und kritisiert diese Konzeption als »Repressionshypothese« (S. 22), denn sie unterstellt die strikte Trennung von Wahrheit und Macht. Wenn Macht durch und durch negativ und repressiv ist, muss es eine positive, wahre menschliche Natur geben, die durch die Macht unterdrückt und durch das Aussprechen der Wahrheit befreit werden kann. Diese Vorstellung führt jedoch zur Illusion, »den Mächten widersprechen« und »die Wahrheit sagen« zu können (Foucault 1976/1995, S. 16).

Foucault zufolge ist aber der entscheidende moderne Machttyp produktiv, nicht repressiv. Dieser Machttyp der Moderne ist gar nicht adäquat bezeichnet, wenn man von »der Macht« spricht. Eigentlich handelt es sich dabei nämlich stets um eine komplexe, strategische Situation in einer Gesellschaft: Die Kräfteverhältnisse sind nicht mit einem Machtzentrum verbunden, sondern bilden Netze oder »Bündel von Beziehungen«. Eine Gesellschaft ohne ungleiche Kräfte- und daraus entstehende Machtverhältnisse ist für Foucault nicht vorstellbar. Damit ist der Machtbegriff vom Herrschaftsbegriff deutlich geschieden: Macht vollzieht sich »im Spiel ungleicher und beweglicher Beziehungen« (Foucault 1976/1995, S. 115). Durch die Ungleichheit dieser Kräfteverhältnisse – und nicht als vorauszusetzende Gegebenheit einer Regierung oder einer Klasse – entstehen erst (staatliche) Herrschaftsverhältnisse als »institutionelle Kristallisierungen« von Macht. »Die großen Herrschaftssysteme sind Hegemonie-Effekte« (Foucault, S. 113–115), nicht aber Ergebnis einer von vorne herein auf Unterdrückung abgestellten Politik. Dieser gewissermaßen »wertfreie« Machtbegriff ist zentral für die Foucault'sche konstruktivistische Auffassung der Macht.

Für moderne (westliche) Gesellschaften hat Foucault ganz konkret analysiert, welcher Machttyp für sie kennzeichnend ist. Sie sind auf eine Weise organisiert (bzw. verwaltet und kontrolliert), die sich stark von vormodernen Gesellschaften unterscheidet. Auch in modernen Gesellschaften spielt Macht eine große Rolle – es handelt sich aber nicht mehr, wie früher, um die Macht des »Souveräns«, der die Bevölkerung dadurch unter Kontrolle hielt und beherrschte, dass er die Macht hatte, seine Untertanen zu bestrafen oder zu töten. Die Macht, nach deren Prinzip moderne Gesellschaften zunächst funktioniert haben, ist eine »Disziplinarmacht«, die ihr Wirken auf den Körper und das Leben der einzelnen richtet. Ihre Fortsetzung fand die zunächst als Disziplinarmacht wirkende Form moderner Macht in der »Biomacht«, die sich das Leben auf der Ebene der Bevölkerung und des Individuums gefügig macht. Beiden Machtformen gemeinsam ist der Zugriff auf das Leben, der als Moment der Unterwerfung (oder mit Foucault: der »Subjektivierung«) an die Stelle dessen gewaltsamer Beendigung tritt. »Biomacht« entfaltet durch Demographie, ökonomische Modelle, Verwaltungsanalysen, aber auch institutionalisierte Selbstkontrolle und -präsentation wie etwa die Aussage vor Gereicht oder das Erstgespräch beim Psychoanalytiker eine auf das Leben gerichtete Macht: Menschen werden diszipliniert und kontrolliert, indem sie sich selbst der Prüfung durch sich selbst, durch andere, durch die Gesellschaft unterziehen.

Foucaults Werk ist komplex und er ist im Alter von 58 Jahren vor dessen Vollendung verstorben. Nicht alles, was seine Philosophie wirklich sein wollte, ist völlig klar. Auch Foucaults spezifischer Machtbegriff ist komplex und umstritten. Dennoch ist gerade dieser Aspekt seiner Theorie wohl der maßgebliche Grund für Foucaults große Popularität, besonders unter denjenigen, denen an einer macht- und herrschaftskritischen Perspektive auf gesellschaftliche Ereignisse, aber auch der Psyche des modernen Menschen gelegen ist. Das gilt für die meisten Vertreter einer konstruktionistischen Psychologie, insbesondere aber für die *Foucauldian studies* oder für jene, die sich dem *critical realism* zugehörig fühlen. Und in der Tat: Wenn es denn einen solchen für moderne westliche Gesellschaften spezifischen Machttyp gibt, dann sollte die Machttheorie Foucaults den besten »Werkzeugkasten« an die Hand geben, mit dessen Hilfe verborgene, strategische Machtwirkungen alltäglicher Diskurse und Praktiken das Selbst- und Weltverhältnis der Menschen heute dominieren, analysiert und zum Vorschein gebracht werden können. Diese Position vertritt die Foucault'sche Diskursanalyse.

3 Sozialer Konstruktionismus als Foucault'sche Diskursanalyse

Diskurse haben, so die konstruktionistische Lesart, aufgrund ihres produktiven Charakters beträchtlichen Einfluss darauf, was Menschen tun können, und darauf, was sie tun sollen. Diskurse sind einerseits durch sprachliche Konventionen »vorstrukturiert«, geben also vor, was auf intelligible Weise bezeichnet werden kann und was nicht. Diskurse wirken aber auch performativ im Sinne der Konstitution bestimmter und des Ausschlusses anderer Weltinterpretationen oder Subjektpositionen. Die Frage, welche Diskurse performative Wirkmächtigkeit erhalten, kann nur beantwortet werden, wenn eine enge Beziehung zwischen Diskursen, Wissen und Macht vorausgesetzt wird und diese Beziehung auch analysierbar ist (Willig 1999a; Burr 2003, S. 67). Genau dies will die an Foucault angelehnte Diskursanalyse möglich machen. Zunächst will sie zeigen, dass und wie jede intelligible Version eines Ereignisses oder Sachverhalts bestimmte soziale Handlungen oder Praktiken in den Vordergrund rückt und andere unwahrscheinlicher macht. Jede auch noch so neutrale, »faktische« Beschreibung unterstützt die eine mit dem beschriebenen Phänomen verbundene Handlungsweise eher denn die andere und schließt die Möglichkeit bestimmter Alternativhandlungen zugunsten anderer aus (Burr 2003, S. 68; Gergen 1994; Edwards u. Potter 1992 u. a.).

Ein Beispiel: Solange die vorherrschenden wissenschaftlichen und gesellschaftlichen Diskurse zur Geschlechtsidentität oder »Weiblichkeit« Frauen als eher behütend und fürsorglich, emotional, empathisch, verletzlich und so weiter konstruieren, ist es wahrscheinlicher, dass die Familienbetreuung eher den Frauen zugesprochen wird und auch die Rechtslage (etwa die Regelung des Sorgerechts) entsprechend einseitig bleibt. Daraus ergibt sich wiederum die Tendenz, Frauen in vielen Bereichen weniger Chancen auf eine wichtige berufliche (Macht-)Position einzuräumen. In diesem Sinne sind die realen Möglichkeiten, sich als Frau in der Gesellschaft zu verorten, durch Diskurse beschränkt.

Der Foucault'sche Machtbegriff, demzufolge die moderne Macht eben nicht mehr die Macht des Souveräns ist, sondern als Disziplinarmacht Subjekte hervorbringt, die sich selbst und ihr Leben immer genauerer Prüfung unterziehen, macht darüber hinaus noch deutlich, dass gerade dem wissenschaftlich-psychologischen Diskurs eine besondere, durchaus zweifelhafte Rolle zukommt: Er ist ein spezialisiertes Instrument in der Maschinerie psychosozialer Kontrolle, einer Kontrolle, die Subjekte zur Selbstkontrolle anhält (vgl. Rose 1989; Parker 1998). Dies gilt für wissenschaftliche psychologische Theorien, die natürlich selbst einen Diskurs darüber bilden, welcher psychische Zustand, welche Lebensweise, welche Sozial- oder Sexualpraktiken als gesund oder als pathologisch gelten, es gilt jedoch auch für durch die im weitesten Sinne psychologische Praxis propagierten Selbstanalysetechniken, wie sie etwa in psychotherapeutischen Verfahren praktiziert werden. In diesem Sinne steht die psychologische Diskursanalyse Foucault'scher Prägung auch für den Anspruch radikaler Selbstreflexion der Forschenden.

Allerdings erscheint auch der Foucault'sche Diskursbegriff noch zu apersonal und handlungsfern entworfen: In der konstruktionistischen Psychologie will man schließlich – mehr, als es durch die Analyse transsubjektiver Diskurse im Sinne Foucaults möglich ist – danach fragen, wie das tatsächliche Alltagsleben der Subjekte sich empirisch konstituiert, wie sich in ihm Selbstverhältnisse, Handlungsweisen, Beziehungsformen und vieles mehr realisieren. Dazu ist es notwendig, über die Diskursanalyse im Foucault'schen Sinne hinaus eine mikrosoziologische Perspektive einzunehmen, die nicht von der Realität des Akteurs abstrahiert, und, wie Gergen es ausdrückt, den kontinuierlichen, unsystematischen, oft chaotischen Prozess des »everyday meaning making« rekonstruiert (vgl. Gergen 1999, S. 77). Wie setzen konkrete Personen Diskurse in bestimmten Situationen ein? Wie werden bestimmte Begriffe tatsächlich verwendet und bestimmt dies ihre Bedeutung? Wie läuft Verständigung ab und was heißt es, wenn sie fehlschlägt? Diese Fragen lassen sich allein mit den Mitteln der Foucault'schen Diskursanalyse nicht stellen und also nicht beantworten. Dazu sind Ansätze notwendig, die sich mit der Pragmatik der alltäglichen Diskurse befassen. Gergen (2001b) spricht von den »social pragmatics of meaning-making«, Potter und Wetherell (1987) sowie Burr (2003) stellen die »action-orientation« des tatsächlichen Sprechens und der sprachlichen Bedeutung heraus.

Ich werde im folgenden Abschnitt zuerst die philosophische Grundlegung einer nicht mehr strukturalistischen und auch nicht im Foucault'schen Sinne »diskurstheoretischen«, sondern pragmatischen Sprachauffassung schildern. Im Zentrum stehen die Sprachpragmatik des späten Wittgenstein, die Wittgensteins Ansatz verwandte Sprechakttheorie sowie die ethnomethodologische Konversationsanalyse.

Sprache als Praxis

Wittgenstein: »meaning-as-use«

Viele konstruktionistische Autoren beziehen sich auf das Wittgenstein'sche Spätwerk und nehmen den dort verhandelten pragmatischen Bedeutungsbegriff, der in englischsprachigen Veröffentlichungen oft mit dem Kürzel »meaning-as-use« bezeichnet wird, für sich in Anspruch (vgl. Harré 2000; Shotter 1994; Gergen 1994, 1999; Potter 1996 u. a.).

In seinem Spätwerk stellt Wittgenstein die Grundaussage seines frühen, ebenfalls einflussreichen Hauptwerks, des 1921 erschienenen »Tractatus logicus-philosophicus«, in Frage. Dort hatte er noch die Vision, dass sich aus der grundlegenden Struktur des Satzes alle logischen Konstanten, daraus alle Verbindungsmöglichkeiten der Sätze und damit alle Sätze der Logik ergeben müssten. »Die Welt«, so schreibt Wittgenstein zu Beginn des Tractatus, »ist alles, was der Fall ist.« Das soll heißen, dass die Welt die Gesamtheit der »Tatsachen« sei. Diese Gesamtheit müsse sich in Form von dass-Sätzen beschreiben lassen und – dem Wesen der Sprache entsprechend – logisch gegliedert sein.[6] Alles, was der Fall ist, ist also in der Sprache abbildbar. Dieser Anspruch und das damit verbundene logische Sprachideal wird von Wittgenstein selbst in den posthum veröffentlichten »Philosophischen Untersuchungen« (1953) aufgehoben: Das Wesen des Satzes interessiert zwar nach wie vor, aber das, was Wittgenstein jetzt als Satz bezeichnet, ist nicht mehr wesentlich durch syntaktische, formale Regeln zu bestimmen. Man kann nicht mehr voraussetzen, dass die Sprache immer in der gleichen Weise funktionieren müsse. Auch Sätze, die grammatisch einheitliche Merkmale besitzen, können zahllose Bedeutungsunterschiede aufweisen, sobald man die unterschiedlichen Verwendungsweisen von Ausdrücken mit gemeinsamer grammatischer Form bedenkt.

---

6 In der Analytischen Sprachphilosophie haben dass-Sätze die Funktion, den Inhalt von Äußerungen, also ihre Proposition, zu bezeichnen. Der Satz »Er sagt (glaubt, weiß, behauptet, hofft), dass es regnet« bezeichnet den Inhalt oder propositionalen Gehalt dessen, was gesagt wurde (Er sagte: »Es regnet«).

Wittgenstein fragt nun nicht mehr nach der Repräsentation der Welt durch die Sprache, sondern er führt viele Beispiele an, die bezeugen, dass die Bedeutung eines Wortes durch spezifische (alltags-)sprachliche, soziale und kulturelle Konventionen seines Gebrauchs bestimmt ist. In § 43 der Untersuchungen bringt er diese Auffassung in dem berühmten Satz auf den Punkt: »Die Bedeutung eines Wortes ist sein Gebrauch in der Sprache« (Wittgenstein 1953/1995, § 43, S. 262). Diese in den »Philosophischen Untersuchungen« neu entwickelte Sprachauffassung war es, die dazu führte, dass das in Wittgensteins Spätwerk entwickelte Konzept der »Gebrauchsbedeutung« heute eines der von Kultur- und Sozialwissenschaftlern am meisten diskutierten Konzepte sprachlicher Bedeutung ist.

1 Sprachspiele

> »Nur im Fluss des Lebens haben Worte ihre Bedeutung« (Wittgenstein, Letzte Schriften).

Die Auffassung, die Sprache repräsentiere qua logischer Struktur die Welt, führt zu Verwirrungen oder Absurditäten und hat wenig damit zu tun, wie Sprache tatsächlich funktioniert. Der Grundgedanke in den Untersuchungen ist, dass Sprache eine Sammlung von sich unterscheidenden, dennoch irgendwie zusammenhängenden und sich überschneidenden Sprachspielen ist, die nur innerhalb einer bestimmten Lebensform oder Praxis verständlich sind.

Wie sind diese Begriffe – Sprachspiel und Lebensform – zu verstehen? Beide ergeben sich aus der grundlegenden Einsicht, dass Sprechen und Sprachverstehen an soziale Regeln gebunden sind, mit denen Handlungsweisen übereinstimmen oder nicht übereinstimmen können. Die Bedeutung eines Begriffs zu verstehen, heißt dann, die Regeln seines Gebrauchs, also der mit ihm verbundenen Handlungen, zu kennen. Wittgenstein hat dies oft am Beispiel von Kindern erklärt, die die Sprache neu lernen müssen: Sie lernen die Bedeutung eines Begriffs, indem sie nach und nach alle Situationen kennen, in denen ihre Eltern diesen Ausdruck verwenden, und indem sie den Ausdruck selbst in diesen Situationen verwenden. Dass sprachliche Bedeutung von der konkreten Verwendungspraxis abhängt, ist das Hauptmoment von Wittgensteins Sprachpragmatik.

Dies bringt Wittgenstein zum Ausdruck, indem er die Metapher des Abbildes durch die des Spiels ersetzt: Ähnlich wie man im Schachspiel die Bedeutung eines Zuges nur verstehen kann, wenn man die Regeln des Schachspielens kennt, erlernt man auch die Bedeutung eines Wortes, indem man die expliziten und impliziten Regeln für alle Verwendungsweisen dieses Wortes, sprich: für die Handlungen, in die es eingebettet ist, kennen lernt. Der Begriff des Sprachspiels dient also dazu, die Wichtigkeit des pragmatischen Kontextes von Äußerungen in Rechnung zu stellen. Außerdem zeigt Wittgenstein damit, dass Begriffsbedeutungen nicht eindeutig sind, sondern abhängig davon, in welcher Situation, in welchen sozialen Zusammenhängen der Begriff zum ersten mal erlernt wurde, welche Praktiken bezüglich seiner Verwendung in jener Sprachgemeinschaft gängig oder möglich waren. Die Gesamtheit aller Praktiken einer Sprachgemeinschaft nennt Wittgenstein »Lebensform«. Ein Verstehen von Sprache ohne Einsicht in die Tätigkeiten, mit denen sie verwoben ist, ist nicht möglich – und so kann Wittgenstein schließlich sagen: »Eine Sprache vorstellen heißt, sich eine Lebensform vorstellen« (1953/1995, PU, § 19, S. 245).

Sprachen, die man als Erwachsener beherrscht, sind viel komplexer als die einfachen Sprachen, in denen Kinder sich zunächst verständigen, und es mag fraglich erscheinen, ob die von Wittgenstein genannten Beispiele des Spracherwerbs in der (frühen) Kindheit wirklich passend sind. Sie sind aber dennoch geeignet – und das war auch Wittgensteins Ziel –, bestimmte Züge aufzuzeigen, die eine Sprache aufweist, und dazu gehört die enge Bindung an die Verwendungspraxis oder, genauer, an bestimmte Handlungen, auf die ein Begriff bezogen werden kann oder nicht. Wittgensteins Spielbegriff soll erklären, in welcher Weise Zeichen für uns sinnhaft oder bedeutungsvoll werden, und er geht dabei nicht, wie die strukturalistischen Zeichentheorien, von einem bereits bestehenden System von Zeichen aus, sondern von einer ablaufenden Praxis des Sprechens.

Darin liegt auch der grundsätzliche Unterschied zu den »formalen Sprachen«, die nach Prinzipien der Logik konstruiert sind und bis ins letzte Partikel durch solche Regeln oder aber fixe Merkmale, welche die Wortbedeutung bestimmen, erklärt werden können (bzw. in eine andere, ebenfalls auf einem formalen Regelsystem basierende Sprache übersetzt werden können). Das Verstehen von Sprache beruht nun nicht mehr auf dem exakten Verstehen von Sätzen (ihren Wahrheitsbedingungen und ihrer logischen Struktur), sondern auf der Kenntnis des Kontextes der Verwendung von Ausdrücken (vgl. Garver 1999). Die Bedeutung eines Zeichens ist eben die Art und Weise, wie es in einem Sprachspiel verwendet wird.

Wittgenstein wendet sich also mit dem Sprachspielbegriff gegen zwei Aspekte der so genannten »abbildtheoretischen« Sprachauffassung: erstens dagegen, dass die Bedeutung eines Wortes dasjenige sei, was das Wort bezeichnet (Referenz), und zweitens gegen die Auffassung, ein Wort habe nur dann eine klare Bedeutung, wenn (im Prinzip) notwendige und hinreichende Bedingungen für seine korrekte Anwendung explizit angegeben werden können. Der Vorstellung, man habe den Sinn oder die Bedeutung eines Begriffs dann verstanden, wenn man »das Wesen, den Kern oder den Inbegriff« des bezeichneten Gegenstands kenne, hält Wittgenstein entgegen, für das Verständnis eines Ausdrucks sei nicht mehr und nicht weniger erforderlich, als ihn in verschiedenen Situationen so anwenden zu können, dass er in Übereinstimmung mit einer allgemeinen Praxis dieser Verwendung steht, dass also beispielsweise andere Teilnehmerinnen des entsprechenden Sprachspiels nicht stutzig werden oder protestieren. Damit hat er einen Bedeutungsbegriff konzipiert, der Bedeutung an eine soziale Praxis bindet. In den Kultur- und Sozialwissenschaften ist das Konzept der »Gebrauchsbedeutung« vielfach aufgenommen worden (vgl. u. a. Winch, Rorty, Habermas, Giddens, Bourdieu).

Allerdings ist Wittgensteins Position bezüglich der Identifikation der Bedeutung eines Ausdrucks über seinen Gebrauch nicht völlig klar, es gibt also keine Theorie des Sprachspiels (Schulte 1989, S. 142). Das Konzept der Gebrauchsbedeutung lässt Spielraum für unterschiedliche Interpretationen – eine konstruktionistische Interpretation, nämlich die Gergens, werden wir weiter unten kennen lernen. Ein weiteres bekanntes Theorem, das auf Wittgenstein zurückgeht, sei noch kurz skizziert, da es ebenfalls eine philosophische Erklärung für ein (implizites) Grundpostulat der konstruktionistischen Psychologien bereithält.

Für die Rezeption der »Philosophischen Untersuchungen« innerhalb der Psychologie ist insbesondere relevant, dass sich ein erheblicher Teil dieses Textes (und weiterer zum sog. Spätwerk gezählter Arbeiten Wittgensteins, wie etwa das 1969 veröffentlichte Büchlein »Über Gewissheit«) mit Ausdrücken befasst, die für scheinbar »private« oder »interne« psychische Zustände stehen, seien es Sinnesempfindungen, Emotionen oder Gedanken. In einer Vielzahl von Beispielen widmet sich Wittgenstein der Analyse unterschiedlicher psychologisch höchst relevanter Begriffe, etwa »Absicht«, »Empfindung«, »Gefühl«, »Vermutung«, »Wille« und so weiter. Der Grundtenor seiner Überlegungen lautet dabei etwa wie folgt: Traditionell ist die Vorstellung verbreitet, dass die meisten psychischen oder mentalen Phänomene privater oder »innerer« Natur sind. Insbesondere Empfindungen »kennt« man, weil man zum Beispiel selbst den Schmerz spürt – und kann sie anderen nicht in der Weise mitteilen, dass sie genau diese Empfindungen ebenfalls »kennen«. Zu meinen eigenen Empfindungen habe ich nun mal einen privilegierten, weil direkten und unmittelbaren Zugang. Wittgenstein ficht genau diese Auffassung an. Sein Hauptargument ist, dass sie die Möglichkeit einer absolut »privaten« (also nur für ein Individuum allein verständlichen) Sprache voraussetze – und genau das ist in seinen Augen nicht möglich.

Wie sollte beispielsweise eine Person, die sich eine solche Sprache selbst »beibringt«, die also lernt, die korrekten Ausdrücke für interne Zustände zu verwenden, wissen, ob sie bei der nächsten Verwendung des entsprechenden Ausdrucks der (selbstgesetzten) Regel richtig folgt oder ob sie sich irrt? Die Person müsste für eine bestimmte Empfindung ein Zeichen einführen, das immer dann notiert würde, wenn diese Empfindung sich einstellt. An dieser Stelle bereits, behauptet Wittgenstein, zeigt sich die Unmöglichkeit eines solchen rein privaten Sprachspiels, da es keine Möglichkeit gibt, die falsche Verwendung des Zeichens zu bestimmen: Wie sollte die Person überprüfen, ob sie sich irgendwann geirrt hat, ohne dass es eine andere Person gibt, mit deren Verständnis des richtigen Gebrauch diese Einschätzung abgeglichen werden könnte? Wenn das einzige Kriterium für die korrekte Verwendung des Zeichens lautet »F ist das Zeichen, dass von der Person P beim Auftreten dieses Schmerzes notiert wird«, und dieser Schmerz wiederum definiert ist als »der Schmerz, der immer dann vorhanden ist, wenn die Person P dieses Zeichen notiert«, so wird die Definition zirkulär und erlaubt keine Unterscheidung zwischen korrekter und unkorrekter Verwendung. Das heißt aber, es gibt keine Möglichkeit für eine Person, allein zu bestimmen, wann das Zeichen korrekterweise verwendet wird und wann die Verwendung nicht korrekt ist. Die Regel mag sie für sich selbst aufstellen können, lautet das zentrale Argument, die Beurteilung der korrekten Anwendung der Regel jedoch setzt einen intersubjektiven Horizont voraus.

Damit ist die Möglichkeit einer privaten Sprache ad acta gelegt. Wichtig ist allerdings zu bemerken, dass Wittgenstein nicht sagen will, dass es keine Empfindungen gibt – sondern lediglich, dass Sprache auch im Falle der Empfindungen nicht nach dem Modell »Name, der einen Gegenstand bezeichnet« funktionieren kann. Dieses Argument ist unter dem Begriff »Privatsprachenargument« zum Gegenstand heftiger Debatten geworden und gilt als eine der wichtigsten Thesen der Untersuchungen (Wittgenstein 1953/1995, PU § 246ff., S. 357f.; vgl. Schulte 1989).

3 Die sozialkonstruktionistische Lesart des »meaning-as-use«-Konzepts

Gergen, der sich immer wieder auf Wittgenstein bezieht, hat wohl die ausführlichste Auseinandersetzung mit dessen Bedeutungs- und Sprachbegriff vorgelegt. Er greift den pragmatischen Grundton der »Philosophischen Untersuchungen« auf, indem er immer wieder betont, dass jede »soziale Konstruktion«, jegliches Wissen an »social practices«, »social use« oder als »patterns of ongoing exchange« gebunden ist. Für die Psychologie ist dies entscheidend, denn damit verbieten sich auch kognitivistische Konstruktivismen (in der Psychologie z. B. durch Paul Watzlawick repräsentiert), die die Konstruktion von Bedeutung den kognitiven Leistungen einzelner Individuen zuschreiben. »All unsere Beschreibungen, Erklärungen und/oder Repräsentationen der Welt oder unserer selbst sind Resultate sozialer Beziehungen«, formuliert Gergen als Prämisse konstruktionistischen Denkens. Damit bleiben »genuin psychologische« Fragen nach »internen« psychischen Zuständen oder Vorgängen an die Analyse der kulturellen Praktiken und konkreten Beziehungen, sprich: an die Analyse der Lebensformen, gebunden, in denen solche Zustände oder Vorgänge als intern konstruiert werden (Gergen 1994, S. 52f.; 1999, S. 34f.).

Nehmen wir als Beispiel nochmals die psychologische Analyse der Aggression. Einer solchen Analyse könne es, so Gergens Argument, nicht allein darum gehen, nach universellen Verhaltensweisen zu fragen, die als »aggressiv« bestimmt werden können, auch nicht nach physiologischen beziehungsweise biochemischen Vorgängen zu fragen, die »aggressivem Verhalten« zugrunde liegen. Denn bei der Beschränkung auf solche Fragestellungen – die ja für die psychologische Grundlagenforschung nicht gerade untypisch sind – unterschlüge man, dass »Aggression« entsprechend unterschiedlichen kulturellen Sprachspielen auch jeweils etwas völlig Unterschiedliches ist. Es gibt nicht »die Aggression« als kultur- und interpretationsfreien, objektiv beschreibbaren Zustand, also gibt es auch nicht universelle »aggressive« Verhaltens- oder Erlebensmuster, deren wissenschaftliche Erforschung man zum zentralen Interesse der Aggressionsforschung machen kann. Tut man es doch, so führte dies nach Wittgenstein in die Irre, da man versucht, das »Wesen« einer Sache durch das Nennen gemeinsamer Eigenschaften anzugeben (PU § 11, vgl. Schulte 1989, S. 150).

Setzt man die Implikationen dieser Auffassung konsequent um, so hat dies radikale Folgen für die Ziele und die Praxis wissenschaftlicher Erkenntnisbildung. Es reicht nicht aus, schreibt Gergen, lediglich zu konstatieren, dass das Wissen über den kulturellen oder sozialen Kontext, in dem Aggression vorkommt (geht es um kriegführende Truppen, Tennisspieler, Kapitalanlagen, Fußballmannschaften, Holzfällen oder um die Art, wie sich Unkraut verbreitet?), hilfreich ist bei der Einordnung, um welche Art von Aggression es sich handelt. Es geht auch nicht allein darum, dass das Wissen um sprachliche Konventionen eine Art epistemische Entscheidungshilfe darstellt, wenn man sich nicht sicher ist, was (gerade) unter Aggression zu verstehen ist. Sondern die Bedeutung des Wortes »Aggression« ergibt sich allein aus dem sozialen Kontext ihres Gebrauchs, also aus dem Sprachspiel, innerhalb dessen das Wort verwendet wird. Letztlich sind auch alle mit der Aggressionsforschung konnotierten Fragen, etwa die Frage, ob ein emotionaler Zustand, der mit »Ärger« bezeichnet wird, mit den als »Aggression« bezeichneten Handlungsweisen gebunden ist (vgl. Berkowitz u. a.), selbst wieder Fragen nach einer kulturellen Lebensform und den Regeln, die für sie konstitutiv sind.

Allerdings präsentiert Gergen eine radikal kontextualistische und relativistische Lesart der Wittgenstein'schen Auffassung, von der nicht klar ist, ob sie in dieser Radikalität gerechtfertigt ist. Wenn Gergen sagt, die Begriffe, mit denen wir die Welt und uns selbst verstehen, seien (überhaupt) nicht »bestimmt durch ›das, was ist‹« (1999, S. 47f.), wird fraglich, ob er dem pragmatischen Grundgedanken des Wittgenstein'schen Sprachbegriffs, demzufolge Nichtsprachliches (nämlich Handlungsweisen) als notwendige Bedingung für Sprachliches gilt, in jeder Hinsicht gerecht wird. Wittgenstein bezieht sich auf die Praxis der Begriffsverwendung, der Praxisbegriff jedoch ist auf Handeln in der Welt ausgelegt (vgl. Nagl 2001, S. 160f.). Wie können wir ausschließen, dass dieses »In-der-Welt-Sein« der Handelnden ihre Konstruktionen nicht in irgendeiner Weise beeinflusst? Gergen hängt in seinen Formulierungen häufig einer postmodern-semiotischen Sichtweise an, die sich an diesem Punkt von der pragmatischen entfernt. Das wird besonders deutlich, wenn er an anderer Stelle behauptet, all unsere Begriffe seinen »semantically free floating« (1987, S. 118). Auch die Frage, inwieweit die Einzelne in ihrer Auffassung davon, was Aggression ist, von den Konventionen des entsprechend Sprachspiels determiniert ist, ohne diese selbst in irgendeiner Weise kritisch reflektieren zu können, ist nicht ganz eindeutig zu beantworten. Diese Frage, wie der Handelnde von den Regeln und ihrer Anwendung weiß, ist bei Wittgenstein selbst ein schwieriges Problem, das auch in der Sekundärliteratur äußerst kontrovers diskutiert wird (vgl. z. B. Schulte 1989, S. 155ff.).

Gergen ist jedoch insofern ein Lob auszusprechen, als er die maßgebliche Bedeutung des »meaning-as-use«-Konzepts für seine eigene Sprachauffassung überhaupt thematisiert und ausweist. Viele Publikationen im Bereich des Sozialkonstruktionismus widmen der bedeutungstheoretischen Grundlegung einer pragmatischen Sprachauffassung sensu Wittgenstein bedauerlicherweise lediglich eine Randbemerkung, die nicht geeignet ist, das Konzept der »Gebrauchsbedeutung« auch nur annähernd zu erläutern. Eine vertiefte Auseinandersetzung um die konstruktionistische Lesart einer gebrauchsorientierten Sprachauffassung steht bislang noch aus (eine Ausnahme bildet: Hibberd 2001; vgl. Zielke 2004). Wenden wir uns aber nun einer anderen Variante der Ordinary Language Philosophy zu, dem zuerst von John L. Austin entwickelten Konzept des Sprechaktes, welches wie Wittgensteins Spätwerk in der Nachkriegsphilosophie in England entstand und diese beeinflusste. Auch Austin versuchte, den Handlungscharakter der Sprache philosophisch zu begründen und auf unterschiedliche Sprechsituationen zu beziehen.

Austin: Sprechakte

John L. Austin hat, ähnlich wie Wittgenstein im Modell des Sprachspiels, einen tief greifenden Perspektivenwechsel vollzogen. Wie der Sprachspielbegriff, so wurde auch der des Sprechaktes als Gegenmodell zur Betrachtung der Sprache als »System« (Saussure) und als Alternative zur Konzentration auf Propositionen (in der Analytischen Sprachphilosophie) entwickelt. Der Begriff des Sprechaktes und die damit verbundene These, dass sprachliche Äußerungen (immer auch) Handlungen sind, hat in den Kultur- und Sozialwissenschaften bis heute Konjunktur. Pointiert kommt bereits in der Zusammensetzung des Begriffs »Sprechakt« zum Ausdruck, was die zentrale Aussage ist: Sprechen und Handeln sind nicht strikt voneinander getrennt zu betrachten (etwa als »Aussagen über die Welt« im Gegensatz zu »Handeln in der Welt«), sondern fallen prinzipiell zusammen. Damit wendet sich auch Austin gegen die Vorstellung, dass wir mit der Sprache die Welt (das heißt auch unsere psychische Innenwelt) abbilden und dass wir nach Kriterien suchen könnten und müssten, wie diese deskriptive Funktion möglichst adäquat zu erfüllen wäre.

1 Zwei Funktionen der Sprache (Other Minds 1946)

In seinem 1946 erschienenen Aufsatz »Other Minds« unterscheidet Austin zuerst zwei Funktionen der Sprache: die, etwas zu sagen, und die, etwas zu tun. Mit einer Aussage der ersten Art wird der Anspruch erhoben, etwas über die Welt auszusagen, zu behaupten, dass etwas der Fall ist oder nicht. Dieser Anspruch ist legitim, wenn die

Aussage wahr ist, wenn also der fragliche Sachverhalt gegeben ist. Äußerungen, die diese Funktion erfüllen, nennt Austin konstative Äußerungen. Beispiele dafür sind »Deutschland ist ein Bundesstaat« oder »Ich sitze hier auf dem Stuhl«. In »Other Minds« weist Austin nun darauf hin, dass es Äußerungen gibt, die völlig anders verwendet werden als konstative Äußerungen, auch wenn sie grammatisch betrachtet dieselbe Form aufweisen mögen. Das gängigste Beispiel für eine solche Aussage ist das Versprechen. Der Satz »Ich verspreche, morgen zur Feier zu kommen« unterscheidet sich in mehrfacher Hinsicht von einer konstativen Äußerung.

Nicht zuletzt besteht der Unterschied darin, dass ein solcher Satz nicht so einfach auf seine Wahrheitsbedingungen hin überprüft werden kann, denn er ist wahrheitsindifferent. Eine entsprechende Rückfrage des Hörers nach der Wahrheit des Satzes wäre eher eine Frage nach der Aufrichtigkeit oder der Legitimation des Sprechers oder nach den Gelingensbedingungen der Handlung: Man würde nicht fragen: »Ist es wahr, dass du das versprichst?«, sondern eher: »Wirst du das Versprechen auch einlösen?«, oder: »Wie kannst du das versprechen, wenn du morgen nicht in der Stadt bist?«.

Äußerungen dieser Art bezeichnet Austin als performative Äußerungen oder performative Sprechakte. Wahrheit und Falschheit kommen bei performativen Äußerungen deshalb nicht als Kriterien und als »Anker« der Bedeutung in Frage, weil diese Äußerungen selbst Handlungen sind: Indem man die Wörter ausspricht, schafft man eine Tatsache, die bestimmte, nicht zuletzt soziale und praktische Konsequenzen hat. Und eine Handlung, so Austin, kann im Gegensatz zu einer Feststellung oder Beschreibung grundsätzlich nicht sinnvoll als wahr oder falsch beschrieben werden.

2 How to Do Things With Words (1962)

In einer Vorlesungsreihe zur Theorie der Sprechakte an der Harvard-Universität 1955 (erschienen posthum 1962 unter dem Titel »How to Do Things With Words«) revidiert Austin seine eigene Unterscheidung zwischen sprachlichen Äußerungen, mit denen man etwas sagt, und solchen, mit denen man etwas tut. Er geht nun noch einen Schritt weiter und vertritt, unter Einführung einiger neuer Klassifikationsbegriffe für unterschiedliche Arten von Sprechhandlungen, dass alle Aussagen, auch diejenigen, die im Sinne seiner früheren Theorie konstative Äußerungen wären, bei näherer Betrachtung als performative, also als Handlungsäußerungen erkannt werden können.

Auch scheinbar deskriptive oder konstative Sätze wie »Das Auto ist kaputt« können mit der Ausführung dreier verschiedener Arten von Handlungen identifiziert werden: Die erste Handlung besteht im Aussprechen eines sinnvollen Satzes (hier: »Das Auto ist kaputt«). Diese Handlungen bezeichnet Austin als lokutionäre Sprechakte. Zum zweiten kann es sein, dass der Sprechende mit seiner Äußerung den Zuhörer beeinflusst, etwa ihn dazu bringt, das Auto zu reparieren, mit dem Bus zu fahren oder zu Fuß zu gehen. Eine solche Sprechhandlung, die beim Hörer eine bestimmte Wirkung erzielt, bezeichnet Austin als perlokutionären Akt (Wirkung mittels Äußerung). Hierfür zählt er unterschiedliche sprachliche Ausdrücke auf, die typischerweise mit dieser Handlungsfunktion verbunden sind, etwa »überreden«, »ermuntern«, »trösten«, »inspirieren« oder »informieren«. Drittens kann es aber sein, dass der Sprecher den Hörer warnt, dass das Auto nicht fahrbereit sei, ihm dies lediglich mitteilt, es ihm gegenüber zugibt, kurz: beim Zuhörer erreichen will, dass dieser den Sinn der Aussage versteht – ohne dass dies notwendig, wie beim perlokutionären Akt, eine beobachtbare Wirkung im Handeln des Gegenübers zeitigt. Gleichwohl ist in diesem dritten Fall mehr gemeint als bei einem lokutionären Akt, da das Aussprechen allein nicht ausreicht, um diese Handlung auszuführen. Diese dritte Handlungsart liegt gewissermaßen zwischen den beiden erstgenannten und wird von Austin als illokutionärer Akt bezeichnet (vgl. Husted 1993, S. 241).

Der illokutionäre Akt ist erst vollzogen, wenn bestimmte Konsequenzen beim Zuhörer erzielt wurden. Diese bilden eine seiner Gelingensbedingungen, weitere Gelingensbedingungen illokutionärer Handlungen sind etwa die Autorisiertheit des Sprechers, das Bestehen einer entsprechenden Konvention. Austin schreibt nun allen Äußerungen eine Illokution zu und meint damit die Handlung (z. B. des Behauptens, Versprechens, Wettens, Urteilens usf.), die mit der Äußerung eines Satzes in einem bestimmten sozialen Kontext vollzogen wird. Diese Handlung gilt als vollzogen, wenn die Äußerung ausgesprochen, verstanden und akzeptiert worden ist. Die Kriterien zur Bewertung der Geltungsbedingung von Sprechakten bilden hier den wichtigsten Unterschied zur logischen Sprachauffassung: Bereits für Performative, also Aussagen, die gleichzeitig eine Handlung sind – wie zum Beispiel »Ich verspreche, morgen zur Feier zu kommen« oder für den Satz der Standesbeamtin »Hiermit erkläre ich euch zu Mann und Frau« –, hatte Austin behaupten können, dass sie nicht anhand ihrer Korrespondenz mit Fakten evaluiert werden, sondern nach ihrer Legitimiertheit durch soziale Konventionen. In »How To Do Things With Words« hat Austin sein duales Schema konstativ/performativ ersetzt durch die Trias lokutionär/illokutionär/perlokutionär, die drei Aspekte jeden Sprachgebrauchs kennzeichnet. Damit ist es ein Aspekt jeglicher Äußerung, dass sie sozialen Geltungsanspruch erhebt (1962, bes. S. 133ff.).

3 Diskursive Psychologie und Sprechakttheorie

Der von Austin hervorgehobene Handlungscharakter sprachlicher Äußerungen hat die diskursive Psychologie unmittelbar beeinflusst. Mit Austin lässt sich begründen, dass und in welcher Weise Äußerungen immer in bestimmten settings durchgeführt werden und bestimmte Effekte erzielen. »Language is used to do things; it is a medium of action«, schreibt Potter (1996, S. 11). In diesem kontextualistischen Moment liegt der entscheidende und radikale Anspruch der Sprechakttheorie, den die diskursive Psychologie aufnimmt: Alle Sprechhandlungen sind eingebunden in soziale Situationen, sie sind nicht frei von Interessen oder Perspektiven. Diese gilt es in der diskurspsychologischen Analyse herauszuarbeiten.

Allerdings hatte Austin mit vorgefertigten Beispielen gearbeitet, die (institutionalisierte) Typisierungen darstellen (die Wette, das Versprechen). Hiervon grenzt sich die diskursive Psychologie ab. Für die Entwicklung eines philosophischen Arguments, die Austin vorhatte, war seine Methode möglicherweise angebracht. Diskursive Psychologinnen haben jedoch reale Interaktionen zum Analysegegenstand, und das macht durchaus einen Unterschied. So können beispielsweise vermeintlich »konstative« Sprechakte (z. B. »Jimmy's extremely jealous«) aufgrund bestimmter Interessen in einer bestimmten Situation als »konstativ« vorgebracht werden und damit selbst Gegenstand performativer, auf konkrete Wirkungen ausgerichteter rhetorischer Strategien sein (z. B. durch die begleitende

Bemerkung: »I'm not complaining, I'm just stating«). Potter zufolge vernachlässigt Austins »Sprechakttheorie« eine der fundamentalsten Eigenschaften von Sprechakten überhaupt, nämlich deren Ausrichtung auf eine Wirkung, auf ein Ergebnis. »Showing that statements are actions is just the preliminary; what comes next is an examination of the many different actions that statements can do« schreibt er in seiner Monographie »Representing Realities«, und schließt selbstbewusst: »where Austin finishes this book starts« (1996, S. 12). Was Potter meint, ist: In realen Diskursen geht es immer um Macht, Einflussnahmen und Interessen, die sich aus dem konkreten, nicht standardisierbaren Diskursverlauf ergeben und diese gilt es, diskursanalytisch zu rekonstruieren. Anders lässt sich das, was in solchen Diskursen an Bedeutungskonstitution geschieht und performativ wirkt, überhaupt nicht verstehen. Diese Auffassung von Performanz ist in diskurspsychologischer Sicht interessanter als die gewissermaßen institutionalisierte Performanz von Sprechakten wie »Ich erkläre euch zu Mann und Frau« (vgl. Potter 1996, S. 203f.).

Speziell für die diskursive Psychologie ist daher die ethnomethodologisch inspirierte Konversationsanalyse der wichtigste theoretische Bezugspunkt. Während Wittgenstein sowie Austin begriffliche Analysen und Argumentationen für die sprachphilosophische Begründung der pragmatischen Sprachauffassung geliefert haben, haben sich Harvey Sacks und Harold Garfinkel mit realen, detailliert rekonstruierten Konversationen befasst und auf dieser Basis ein neues Verständnis von Sprache und Handlung ermöglicht (vgl. Potter 1996, 2000 u. a.). Typisch für die Form konversationsanalytischer Arbeiten ist die Präsentation empirischer Analysen von »talk and text«, also von Protokollen oder Aufnahmen realer Gespräche, Dialoge oder Dokumente wie etwa Zeitungsartikel. Erst anhand konkreter Analysebeispiele »natürlicher« Konversationen und Diskurse werden theoretische Zusammenhänge – etwa die formale Organisation von Kommunikationen oder sozialen Strukturen – explizit gemacht. Diese »fallorientierte« Vorgehensweise ist auch für die diskursive Psychologie kennzeichnend.

Unter den methodologischen Grundannahmen der Ethnomethodologie und der klassischen Konversationsanalyse sind drei ethnomethodologische Konzepte vorrangig: Indexikalität, Reflexivität und die Dokumentarische Methode der Interpretation. Diese zugleich methodologischen und theoretischen Prämissen werden von der diskursiven Psychologie aufgenommen. Werfen wir zunächst einen Blick auf die Entstehungshintergründe der klassischen Konversationsanalyse.

Die ethnomethodologische Konversationsanalyse wurde von Harvey Sacks (1963) begründet, der ein Schüler Erving Goffmans (Goffman 1959) war, noch stärker aber von Harold Garfinkel (1967) beeinflusst. Wesentliche Beiträge leisteten von Anfang an auch Emanuel Schegloff und Gail Jefferson (Sacks et al. 1974). Diese Pioniere der Ethnomethodologie waren »abtrünnige« Soziologen, insofern ihre neue methodologische Ausrichtung in verschiedener Hinsicht eine Reaktion auf die quantitativen Techniken der Soziologie der Nachkriegszeit und die damit verbundene willkürliche Verwendung vorgeblich objektiver Kategorien war.[7] Stattdessen, so das ethnomethodologische Argument, sei das wirkliche Objekt soziologischer Forschung die Menge von Techniken, welche die Mitglieder einer Gesellschaft selbst nutzbar machen, um innerhalb ihrer eigenen gesellschaftlichen Welten zu interpretieren und zu agieren. Aus diesem methodischen Fokus wurde die die Methode der Konversationsanalyse entwickelt, indem Sacks die ethnomethodologische

7 Da die Ethnomethodologie, deren Forschungsprogramm die Grundlage der Konversationsanalyse bildet, im Kontext der Schütz-Parsons-Debatte entstand, hat sie von Parsons die soziologische Frage nach dem Problem der sozialen Ordnung übernommen. Die Blickrichtung ist jedoch nicht die der Parsonschen Systemtheorie, sondern der Schützschen phänomenologischen Lebensweltanalyse (vgl. Eberle 1997, S. 246), die allerdings von Garfinkel in eine empirische Soziologie überführt wurde. Über die philosophischen Hintergründe der Konversationsanalyse und deren Bedeutung für die diskursive Psychologie gibt die Diskussion zwischen Michael Hammersley und Jonathan Potter in der Zeitschrift Discourse & Society vorzüglich Aufschluss (Hammersley 2003, 14, 6, S. 771–804).

Frage nach den »Methoden« der Handelnden, mit denen diese die soziale Ordnung fortlaufend erzeugen, auf Alltagssituationen, insbesondere Gespräche, anwandte. Da der Name Konversationsanalyse aber insofern irreführend schien, als er die Beschränkung des Gegenstandsbereichs auf Gespräche im engeren Sinn suggerierte, schlug Schegloff (1988) vor, »talk-in-interaction« als Gegenstand der Konversationsanalyse zu bezeichnen (vgl. Eberle 1997, S. 246), ähnlich sprechen die diskursiven Psychologen von »discourse-in-action« (Potter et al. 1993).

1 Indexikalität, Dokumentarische Methode, Selbstreflexivität

Der Grundgedanke der Konversationsanalyse lautet: Damit Handelnde ihre Aktivitäten miteinander koordinieren können, müssen sie sich zuerst auf eine gemeinsame Sicht der Situation verständigen. Intersubjektive Verständigung ist nicht einfach gegeben (etwa durch ein gemeinsames Symbolsystem), sondern ist das Produkt eines interaktiven Prozesses. Intersubjektivität zwischen Handelnden muss laufend aktiv hergestellt werden. Und diese – permanent herzustellende – Verständigungswirklichkeit ist die »soziale Wirklichkeit«, um die es den Ethnomethodologen geht. Bergmann (1994, S. 6) spricht von der »Vollzugswirklichkeit«.

Um interagieren zu können, müssen Handelnde die Handlungen der anderen verstehen, sie müssen den Sinn ihrer eigenen Handlungen aber auch »verstehbar« machen, also vermitteln. Nach Garfinkel setzen die Interaktanden hierzu »Ethno-Methoden« ein, um ihre Handlungen »accountable«, also identifizierbar, verstehbar, beschreibbar oder erklärbar zu machen. Der Begriff »ethno-« soll darauf hinweisen, dass die lokalen Regeln konstitutiv für die Praxis innerhalb einer Interaktionsgemeinschaft sind, so dass die Unkenntnis dieser spezifischen Regeln den Forscher oder die Forscherin dazu zwingen, die »fremde« Situation mit den Augen eines Ethnologen zu betrachten, der zunächst einmal überhaupt nicht weiß, worum es geht. Wie die Phänomenologen die Konstitution von Phänomenen im Bewusstseinsstrom analysiert haben, will die Ethnomethodologie die Produktion von »Ordnungen im Handlungsstrom« untersuchen (Eberle 1997, S. 248f.). In jedem Augenblick steht der Handelnde vor der Frage »What to do next?«, und jede Handlung schließt an die vorangegangenen an, die den Kontext bilden, ohne den die Handlung nicht verstehbar wäre. In diesem Sinne hat jede einzelne Handlung indexikalen Charakter; sie kann nicht verstanden werden ohne Bezug auf ihren Kontext und bildet selbst den unmittelbaren Kontext für die nächstfolgende Handlung. Jede Handlung trägt also einen Verweisungshorizont, der mit den ethnomethodologischen Methoden erschlossen werden kann. Der Prozess der Erschließung des Sinns einer Handlung oder Äußerung ist damit freilich prinzipiell unabschließbar, es kann »endlos erörtert werden, was mit etwas Gesagtem alles gemeint gewesen ist« (Eberle 1997, S. 249). Dies nimmt die Dokumentarische Methode der Interpretation auf, in dem sie alle sozialen Phänomene (Äußerungen, Handlungen) als »Hinweis auf« versteht, als etwas, das anstelle und im Namen eines vorausgesetzten zugrunde liegenden Musters steht« (Garfinkel 1973; vgl. Bohnsack 1997, S. 191f.). Die Selbstreflexivität dieser Methode schließlich ergibt sich daraus, dass die ethnomethodologische Konversationsanalyse niemals beansprucht, die soziale Ordnung oder soziale Phänomene schlechthin lediglich zu beschreiben, sondern immer versucht zu rekonstruieren, wie diese sozialen Phänomene und damit »die« soziale Ordnung lokal fortlaufend produziert werden.

Die selbstorganisierende Tendenz sozialer Praktiken – die Rede ist vom »Apparat«, mittels dessen Interagierende die geordneten Aspekte ihres Gesprächs hervorbringen, oder von »machineries« (Sacks et al. 1974) – soll nicht darüber hinweg täuschen, dass die übergeordneten »Apparate« ebenso wie die konkreten »members' methods« normativen Charakter haben. Die Handelnden können und müssen sich an ihnen orientieren, um verständlich zu sein. Die Konversationsanalyse hat aber auch den kritischen Anspruch, die Interessen und Machtstrukturen hinter dieser »Maschinerie« aufzudecken, dies bezeugen schon die typischen Gegenstandsbereiche der empirischen Analyse klassischer Ethnomethodologen: Man befasst sich mit Interaktionsprozessen in bürokratischen Organisationen der staatlichen Kontrolle, wie etwa der Polizei (Cicourel 1968) oder der Justiz (Garfinkel 1967) oder der »totalen Institution« Psychiatrie (Goffman 1961).

Für die psychologische Diskursanalyse sind insbesondere die genannten drei Konzepte der ethnomethodologischen Konversationsanalyse wichtig – Indexikalität, Dokumentarische Methode und

Selbstreflexivität. Mit ihrer Umsetzung in konkrete Analysetechnik soll insbesondere die alltägliche, interaktive Produktion dessen nachvollziehbar rekonstruiert werden, was in der diskursiven Psychologie als »fact construction« bezeichnet wird (Potter 2003b).

Resümee: Die Pragmatik der Bedeutung und die Performanz der Sprache

Die bisher aufgezählten Sprachauffassungen treffen sich darin, dass sie die zentrale Rolle, welche der Binarität wahr/falsch traditionell sprachtheoretisch zugewiesen wird, in Zweifel ziehen. Weder die empirische noch die logische Überprüfung von Aussagen, mittels derer man über wahr oder falsch entscheiden könnte, gibt Aufschluss über das Zustandekommen oder die soziale »Produktion« sprachlicher Bedeutung. Deren Genese lässt sich nur über die Analyse der sozialen Praktiken, in denen sie sich bildet, rekonstruieren. Was nun aber mit »sozial«, was mit »Praktiken«, was mit der »Konstitution von Bedeutung« gemeint ist, das bringen die hier skizzierten Ansätze aus sehr unterschiedlicher Perspektive auf den Begriff. Gleichwohl ist neben der gemeinsamen Abgrenzung von der Abbildtheorie auch noch ein positives Element auszumachen, welches poststrukturalistische wie diskurstheoretisch ausgerichtete Theorien, die sprachpragmatischen Ansätze der »Ordinary Language Philosophy« und die Konversationsanalyse verbindet: die Betonung des praktischen Elements, der Performativität (zuweilen auch: Performanz) von Sprache.

Sowohl Austin als auch Wittgenstein hatten auf den Gebrauch von Wörtern in Sprachspielen beziehungsweise auf die performative Dimension von Äußerungen hingewiesen. Vereinfacht gesprochen kann man sagen: Beide erklären, was Wörter, Ausdrücke oder Sätze bedeuten darüber, wie man mit der Sprache handelt. Insofern wird hier eine Wende von der Semantik zur Pragmatik vollzogen. Pragmatik – also hier: Sprachverwendung beziehungsweise Zeichengebrauch – impliziert zunächst einmal eine Sicht der Sprache, derzufolge das Verstehen von Zeichen nicht davon abhängt, was sie bezeichnen, sondern davon, wie man sie verwendet, und zwar in sozialen Situationen geregelt verwendet. Das Regelwerk, nach welchem der kompetente Sprecher vorgeht, ist durch soziale Konventionen determiniert: Um wirksam zu sein, muss ein Sprechakt »legitim« sein, er muss Bestandteil sozialer Konventionen beziehungsweise stabiler, allgemein akzeptierter Regeln sein. Wir merken, wie wichtig diese Regeln sind, sobald wir – etwa durch den Kontakt zu einer radikal fremden Kultur – auf jemanden stoßen, der sie signifikant verletzt.

An diesem Punkt stellen sich allerdings verschiedene Fragen. Wenn Sprachen sich über konventionell geregelte Prozesse bilden – wie sieht dann das Verhältnis der Sprechenden zur Konvention beziehungsweise zu diesen Regeln aus? Ist das, was die oder der Einzelne innerhalb einer Sprache »sagen« kann, durch diese Konventionen determiniert, oder hat die einzelne Sprecherin durch ihre Partizipation an der Sprache auch selbst Einfluss auf diese Konventionen, kann sie diese reflektieren und kritisieren – und nötigenfalls auch verändern? Noch schärfer gefragt: Können sich Subjekte diesen Konventionen entziehen oder sind die Sprecher in dem, was ihre Aussagen bedeuten, ob sie es wollen oder nicht, völlig von den feststehenden Konventionen des Diskurses bestimmt?

Poststrukturalistische Autorinnen und Autoren, wie Jacques Derrida oder Judith Butler, haben für die Beantwortung dieser Frage Austins Performativitätsbegriff aufgegriffen und zugleich den Strukturalismus kritisiert. Denken wir zurück an die strukturalistischen Vorstellung von Sprache als einem System von einander binär zugeordneten (Polen von) Differenzen, so ging es im Poststrukturalismus um eine Rehabilitation der chaotischen Praxis des Sprechens – und damit auch um das Performative der Sprache, was über den Text im engeren Sinne hinausschießt und von ihm nicht eingeholt werden kann. Das Argument, das Derrida insbesondere gegen Austin richtete, war dabei etwa das Folgende: Performative Sprechakte sind als Sprechhandlungsschemata in gewisser Weise auf Wiederholbarkeit angelegt, ähnlich wie ein Ritual. Diese Praxis des Sprechens schreibt zwar bestimmte Subjektpositionen vor, denn nicht jede und jeder kann alle autorisierten Sprechpositionen einnehmen. Insofern lässt sich Performativität zurückführen auf die Machtwirkung einer konventionellen, gesellschaftlichen Rationalität und Machtdynamik. In deren Rahmen muss »zitiert« werden, das heißt, diskursive Performativität hängt von der geglückten, »intelligiblen«

Verwendung bestimmter Begriffe zum rechten Zeitpunkt, am rechten Ort durch die richtige Person ab. Doch kann und muss gerade diese zitierende Praxis, wie Derrida betont, die sozialen Konventionen durchbrechen: Das Gelingen von Sprechakten hängt zwar von deren Legitimiertheit durch konventionelle Regeln ab. Gleichwohl bedürfen die Sprechakte der sprechenden Menschen und tragen daher per definitionem auch die Möglichkeit des Unterlaufens der Regel in sich, denn eine perfekte, identische Wiederholung des Sprechakts kann es nicht geben, da performative Äußerungen immer in einem spezifischen Kontext, von spezifischen Sprecherinnen getätigt werden – wobei weder Kontexte noch Subjekte je genau dieselben sind. Damit bietet der Zwang zum Zitieren immer auch die Chance des subversiven Widerspruchs gegen das, was wiederholt werden muss (die Konvention).

Für Derrida und Butler ist die performative Kraft der Sprache nicht vollständig und restlos gebunden an vorstrukturierende Bedeutungen und historisch gewachsene Rituale, sondern gerade die Performanz von Sprechakten und von Diskursen ist Bedingung und Beleg der ständigen Veränderung der Konvention, des »Spiels der différance« (Derrida). Der poststrukturalistisch gewendete Performativitätsbegriff betont die Vieldeutigkeit der Sprache, die Unmöglichkeit, eine Bedeutung ein für allemal festzulegen, und erhält eine spezifische, »verspielte« und per se unkontrollierbare Konnotation. Damit ist die These Austins, derzufolge Sprechakte angewiesen sind auf ihre rituelle Dimension, auf eine endlose »ritualisierte« Wiederholung der Konvention, aufgegriffen und zugleich relativiert: Bei jeder Wiederholung wird der Sprechakt schließlich »rekontextualisiert« und damit umgedeutet (vgl. Butler 1998). Diese Auffassung wird zwar oft als radikale Kritik an Austin vorgebracht, stellt aber im Grunde eine Pointierung seines Konzeptes dar, welche die dominante Rolle sozialer Konventionen genauer untersucht und in ein bestimmtes Verhältnis zu den Möglichkeiten des individuellen Sprechers setzt.

In Foucaults Diskurs- und Machttheorie erfuhr der Diskursbegriff eine Transformation, bei der es ebenfalls wichtig war, die rein sprachliche Vorstellung von Diskursen als Systemen von Aussagen zu erweitern auf institutionalisierte und soziale (Macht-)Praktiken, die nicht nur auf die Welt des sprachlichen Sinns, der Selbstdefinition der Subjekte einwirken, sondern auch auf die konkreten, materiellen Körper, auf die Lebensweisen, auf den materiellen Umgang mit Dingen, dem eigenen Körper und anderen. Der Körper wird zur Zielscheibe von Machtpraktiken, die ihn regelrecht en detail bearbeiten. Eine »Mikrophysik der Macht« setzt am Körper an, versucht ihn bestimmten Funktionen gemäß zu formen und zu »verbessern«. Das reicht von der »Produktion« gut ausgebildeter Soldaten bis zur Erziehung von Kindern. »Subjektivierung« kann man dann zugleich als Unterwerfung des Subjekts (des Körpers) unter die Mächte der Disziplin und als Erfindung dieses Subjekts durch die wesentlich produktiven Formen moderner Macht ansehen.

Damit sind wir, getragen vom Begriff der Performativität, von der Bestimmung sprachlicher Bedeutung über den Gebrauch (Wittgenstein) und über soziale Konventionen (Austin) zur performativen, möglicherweise subversiven Verschiebung sprachlicher Bedeutung (Derrida) und zur Produktivität machtdurchsetzter Praktiken (Foucault) gelangt. Bei den poststrukturalistisch oder diskurstheoretisch orientierten Sprachtheoretikern bleibt allerdings die Frage, welche Handlungsspielräume dem einzelnen Akteur bleiben, ausgeklammert. Insbesondere Derrida und Butler haben einen gewissen Spielraum durch den Performanzbegriff nachträglich wiedereingeführt, aber nicht dem Subjekt (welches sie dekonstruieren wollen) zugerechnet. Für psychologische Forschungsinteressen kann die konkrete Perspektive des Akteurs aber nicht ausgespart bleiben – wenn die anvisierte Psychologie mehr als reine Sprachwissenschaft, Diskurstheorie oder Sozialstrukturanalyse sein will.

Der Sprachspielbegriff Wittgensteins hat zwar einige Aspekte der Wissens der Akteure beschrieben, seine Argumentführung blieb jedoch im Rahmen philosophischer Erwägungen (Wittgensstein 1953). Um die Pragmatik alltäglicher Diskurse besser verstehen und analysieren zu können, sind daher die (von Wittgensteins und Austins Überlegungen beeinflussten) Beiträge derjenigen Theorien unerlässlich, die sich explizit auf die Mikropraktiken des Sprechens beziehen, das heißt: Ethnomethodologie und Konversationsanalyse. Hier wird die performative Dimension sprachlichen Bedeutungsbezugs aufgenommen und deren Analyse zum Programm gemacht. Über die mikrosoziologische Untersuchung von konkreten Konversationen oder anderen Interaktionsabläufen wird es erst möglich zu zeigen, welche praktischen Funktionen und Konsequenzen eine Sprechhandlung oder Äußerung hat, welchen Zwecken konkrete Sprechhandlungen dienen sollen und können und welche sprachlichen Mittel jeweils genutzt werden, um diese Effekte zu erzielen. Diskurspsychologen haben sich besonders damit befasst, eine ganze Reihe solcher diskursiven Praktiken zu untersuchen, und sprechen in diesem Sinne von »rhetorical studies« (Burr 2003; Gergen 1994 u. a.). Dabei interessiert hier allerdings durchaus – anders als bei poststrukturalistischen Diskurstheoretikern wie Foucault oder Butler – was der oder die Einzelne im Sprachspiel als Einsatz bringt, welche Interessen ein Sprecher mit der Verwendung bestimmter rhetorischer Mittel oder gar Strategien verfolgt und so weiter.

Zusammenfassend: Im Horizont aller hier zitierten Sprachauffassung brauchen wir neue Kriterien, um über Geltung und Adäquatheit unserer Begriffe zu entscheiden. Anstatt nach objektiven Kriterien für die Geltung oder Wahrheit von Aussagen zu suchen, ist nach den sozialen Praktiken zu fragen, durch die eine Aussage Intelligibilität erhält. Sprachen als Symbolsysteme mögen als Vorlage für alle möglichen Bedeutungen gelten, aber erst die Praxis einer bestimmten Sprachgemeinschaft und kulturellen Lebensform bringt diese Vorlage zur Anwendung. Für psychologische Diskurse heißt das nun nicht etwa, dass sie allein im Hinblick auf ihre sozialen Effekte kalkuliert seien, aber doch, dass auch Aussagen wie »ich bin aufgeregt« oder »er war wütend« ihre Bedeutung als Teil eines konventionellen »Spiels« erhalten, nicht durch die korrekte Spiegelung einer psychischen Realität (etwa als ein bestimmter affektiver Erregungszustand). Diskurse sind »rhetorisch« (Gergen 1999, S. 64) und wirken performativ im Sinne der Konstitution bestimmter und des Ausschlusses anderer Weltinterpretationen. Diese Diskurse und die mit ihnen verwobenen Praktiken bestimmen eben auch, was wir für ein psychisches beziehungsweise psychologisches »Datum« halten.

Kapitel III: Wissenschaftsauffassung und Forschungsmethoden

All das, was wir bisher über die nicht repräsentationalistische Auffassung von Wissen und Sprache gehört haben, verpflichtet zu einem kritischen, selbstreflexiven Blick auf die eigene Rolle als Wissenschaft. Sowohl die Ziele wissenschaftlichen Handelns als auch die methodologischen Prinzipien, methodischen Verfahren und die empirische Forschungspraxis stellen sich im sozialen Konstruktionismus anders dar als in der am experimentellen Paradigma orientierten Psychologie. Vertreterinnen konstruktionistischer Positionen verwenden in der Regel viel Mühe darauf zu betonen, dass auch das wissenschaftliche Wissen von sozialen Konventionen, moralischen Wertvorstellungen und Machtverhältnissen abhängig ist – und sehen es als ihre Aufgabe an, diese Bedingungen zu analysieren. Die Betonung dieser sozialen Prozesse, in die jegliche Wissensbildung eingebunden ist, legt einen Empiriebegriff nahe, der etwa auch Erfahrungen stets in den soziokulturellen, pragmatischen Kontext einbettet, in dem sie als spezifische »Erfahrungen« erst sinnvoll werden. Aus diesen sehr grundlegenden Vorüberlegungen leiten sich verschiedene methodologische Prinzipien ab, die sowohl den Anspruch als auch die konkrete Praxis der Durchführung wissenschaftlicher Untersuchungen betreffen.

1 Methodologische Überlegungen

Objektivität und Wertfreiheit als rhetorische Konstruktionen

Folgt man einem nomologischen Wissenschaftsbegriff, so lässt sich die (geringfügig begrenzte) Verallgemeinerbarkeit und Gültigkeit wissenschaftlicher Befunde Ergebnisse mit dem Verweis auf die strikte Befolgung methodischer Vorgaben behaupten. Damit kann die Wissenschaftlerin ihre Aussage als frei von subjektiven Relevanzsetzungen und sozial bestimmten Interessen bezeichnen und die zu untersuchenden Zusammenhänge, Prozesse oder Phänomene »objektiv« und unverzerrt zur Darstellung bringen.

Wie Burr aus der Perspektive der diskursiven Psychologie treffend formuliert, gilt diese Auffassung in konstruktionistischen Forscherkreisen als »objectivity-talk«, der nur als funktionaler Bestandteil des Diskurses der Wissenschaften seinen Sinn erhält (2003, S. 151). Die Regeln des wissenschaftlichen Diskurses muss man kennen und man muss ihnen in der rechten Weise Folge leisten, um in wissenschaftlichen Diskursen Intelligibilität zu erlangen. In seinem Buch »Realities and Relationships« erläutert und illustriert Gergen, dass dazu auch die Beherrschung einer speziellen »Rhetorik« gehört, durch welche Objektivität in wissenschaftlichen Diskursen performativ »erzeugt« wird (1994, S. 165–182).

Aus Burrs Sicht erscheint der Anspruch auf Objektivität ohnehin als uneinlösbar, da es keinen Standort ohne Perspektive gibt, von dem aus man die Welt betrachten könnte (2003, S. 152). Darüber hinaus bindet Gergen die Vorstellung von der objektiven, »reinen« Darstellung der Realität an ein spezifisches Selbstverhältnis, das mit dem Konzept der Objektivität konnotiert sei, nämlich das des »mechanical self«, dem computergleichen Informationsverarbeitungs-Apparat, für den jede Veränderung in der wahrgenommenen Außenwelt auch eine Veränderung in seinen kognitiven Repräsentationen jener Welt bedeutet (1994, S. 166f.). Aus konstruktionistischer Sicht dagegen sind die objektive Geltung beanspruchenden »Fakten« niemals »impartial«, also wertneutral. Sie sind immer Resultat einer bestimmten Fragestellung und damit auch Resultat der mit dieser Fragestellung und Perspektive verbundenen (Macht-)Interessen (z. B. Potter 1996). Die Einschätzung von Forschungsunternehmen und -resultaten als interessengeleitet kann also, wie wir schon gesehen haben, als Konsens innerhalb der konstruktionistischen Psychologien angesehen werden. Sie führt neben der Verpflichtung zur kritischen Reflexion dieser Interessen auch zu Bemühungen um eine diesem Reflexionsanspruch angemessene Methodologie und eine Demokratisierung der Forschungsbeziehungen.

Ich werde den Anspruch einer selbstreflexiven Forschungshaltung und die Umsetzung des angestrebten Ideals einer dialogischen Beziehung zwischen Forscherin und Forschungssubjekt weiter unten ausführlicher erläutern und dann auf die Frage eingehen, welche Art von Aussagekraft empirischen Forschungsergebnissen aus konstruktionistischer Sicht zugemessen werden kann. Zunächst widme ich mich der Frage nach der Funktion wissenschaftlicher Theorien.

Die Funktion wissenschaftlicher Theorien

Da Wissen, in Begriffe und Theorien gefasst, aus sozialkonstruktionistischer Sicht grundsätzlich nichts darüber aussagt, was empirisch der Fall ist (oder sein wird), sondern darüber, wie der praktische Umgang mit einem bestimmten Begriff oder einer Theorie sich in der (wissenschaftlichen) Sprachgemeinschaft eingespielt hat, können Theorien selbst weder den Kontext ihrer Anwendung beschreiben und erklären, noch Vorhersagen über empirische Ereignisse machen. Am unmissverständlichsten hat sich hierzu Gergen geäußert: Die theoretischen Annahmen *an sich*, so führt er aus, sind in der Außenwelt bedeutungsleer. Sogar dann, wenn wir beträchtlichen Konsens über die Charakteristika und die Entstehung von (vermeintlich realen) psychosozialen Tatsachen wie »aggressivem Verhalten«, »Vorurteilen« oder den »psychosozialen Folgen der Arbeitslosigkeit« erreichen, und wir daher unsere Schlüsse scheinbar berechtigt zu methodisch abgesichertem Wissen erklären, sollten wir nicht soweit gehen, tatsächlich zu glauben, diese Schlüsse beruhten auf »aggression, prejudice, and unemployment ›in the world‹« (1994, S. 50). Wie sollen wir uns dann aber a) die Entstehung und b) die historische Beständigkeit von solchen Begriffen erklären, ohne doch wieder auf die empirische Begründung zurückzugreifen, dass Begriffe (objektiv belegbare) psychische Realitäten repräsentieren?

Eine Möglichkeit, diese Frage zu beantworten, besteht im Verweis auf die nicht trennscharfe Unterscheidung zwischen empirischen und analytischen Sätzen im Anschluss an den Philosophen William van Orchard Quine, der diese Unterscheidung gegen den damaligen Mainstream der analytischen Sprachphilosophie und Wissenschaftstheorie kritisierte (Quine 1960; vgl. Gergen 1987, 1994): Erstens, so Gergens Argumentation, bezieht sich dasjenige, was in psychologischen Diskursen als Beschreibung menschlicher Aktivität gehandelt wird, meist nicht auf beobachtbare Handlungen, sondern auf die mentalen Zustände, die man mit der Handlung in Zusammenhang bringt. Der Begriff Aggression zum Beispiel bezieht sich in den gängigen psychologischen Definitionen auf eine Intention, Disposition oder Motivation, andere Menschen oder Dinge zu schädigen oder zu verletzen. Ist dies für ein beobachtbares Verhalten triftig begründet, kann praktisch jede Art der körperlichen Bewegung als Aggression gewertet werden. Das zeigt, auf andere Konstrukte übertragen, dass die Theoriesprache der Psychologie ihren Gehalt weniger aus Beobachtungen, Experimenten, Feldstudien und so weiter bezieht, sondern daraus, wie die Forscherinnen den Subjekten Motive oder Einstellungen attribuieren. Gerade dies macht die Theorien dann auch »resistent« gegen Veränderung, da sich die Konventionen der Attribuierung und Interpretation selbst stabilisieren. Von dieser Beobachtung ausgehend behauptet Gergen, die Sprache der Psychologie über menschliches Handeln leite sich grundsätzlich nicht aus irgendwelchen raum-zeitlichen Koordinaten menschlicher Aktivität her, sondern sie sei »semantically free-floating« (Gergen 1987, S. 118).

Zieht man zweitens in Betracht, dass die meisten psychologischen Begriffe selbst wieder unter Rückgriff auf andere psychologische Begriffe definiert werden (so ist z. B. ein Element der Definition des Begriffs Einstellung ihre Bestimmung als affektiver Zustand, der wiederum genauer als nicht kognitiver Zustand spezifiziert werden kann, usf.), wird das Bild einer freischwebenden, sich selbst reproduzierenden (Sprache der) Psychologie noch deutlicher (vgl. Gergen 1987, S. 123). Gergens Fazit: Wir verfügen über ein reichhaltiges

Vokabular über die menschliche Psyche und das menschliche Erleben und Verhalten, welches genau genommen keine Verbindung zur empirischen Realität hat. Dies belegt, meint Gergen, die »funktionale Zirkularität« der psychologischen Fachsprache, die sich ihre eigenen Inhalte schafft, aber vorgibt, diese »Inhalte« abzubilden. Besonders deutlich wird dies für den Fall psychischer Zustände oder Prozesse, da diese im Gegensatz zu anderen sprachlich beschreibbaren »Gegenständen« nicht ostensiv identifizierbar sind, sondern (nur aus ihren Wirkungen bekannt sind und daher selbst) nur zugeschrieben werden können. Aus diesen Beobachtungen schließt Gergen weiter, dass die Sprache über mentale Zustände »von eher analytischem als synthetischem Charakter« sei und dass für die korrekte Verwendung psychologischer Fachtermini die Kenntnis der Konventionen ihres Gebrauchs relevanter sei als die Kenntnis ihrer Beziehung zu einer unabhängigen Welt psychischer Phänomene (Gergen 1987, S. 119). Da unser Weltzugang ohnehin sprachlich sein muss und vermeintlich empirische Aussagen nur auf dasjenige verweisen, was zuvor qua Sprachregelung als geeigneter Verweis festgelegt wurde, kann es keine empirischen Aussagen über psychische Zustände geben.[1]

»Generative Theorien«

Was könnten dann aber Kriterien für die Güte wissenschaftlicher Theorien sein, die auch der konstruktionistischen Auffassung standhalten? Gibt es solche – oder ist wissenschaftliches Theoretisieren nichts als Wortspielerei? Hierzu hat Gergen (1994, 1999) die Bezeichnung »generative Theorie« geprägt. Den Hauptfunktionen einer wissenschaftlichen Theorie im herkömmlichen Verständnis, nämlich das »empirische Vorkommen« von Ereignissen zu be-

---

1 Auch Potter (1996, S. 23) zitiert, wie Gergen, die sog. Quine-Duhem-These als Gegenargument zur Auffassung, dass Beobachtung zu Schlüssen berechtige, die dann die Basis für »empirisch fundiertes« (wissenschaftliches) Wissen sind. Potter und Gergen wiederholen damit Argumente, die zuvor u. a. Holzkamp (1972), Werbik (1985) oder Smedslund (1988) vorgebracht haben.

schreiben und vorherzusagen, steht im sozialen Konstruktionismus die performative oder pragmatische Funktion von Theorien gegenüber. Schließlich sind auch wissenschaftlich-theoretische Aussagen immer im Austin'schen Sinne performativ: Sobald etwas theoretisch beschrieben oder erklärt wird, wird der beschriebene oder erklärte Sachverhalt zugleich performativ in Kraft gesetzt, plausibilisiert, vorgelebt, bestätigt. »In particular, when we engage in actions such as ›describing,‹ ›explaining,‹ or ›theorizing‹ we are also engaging in a performative activity or form of life«, erläutert Gergen (1994, S. 86).

Und nicht nur wissenschaftliche Beschreibungen sind performativ, sondern auch Vorhersagen: Der wissenschaftlich-psychologische Fachjargon birgt viele Beispiele für die »pragmatics of prediction«. Um beispielsweise eine Vorhersage über Studienleistungen machen zu können, müssen die damit befassten Wissenschaftler bestimmte sprachliche und nichtsprachliche Handlungen vollziehen. So müssen beispielsweise bestimmte mit dem Konzept Studienleistung konnotierte Ausdrücke verwendet werden (etwa »IQ-Test«, »Angstindikator«, »Leistungsmotivation«), die wiederum auf bestimmte Situationen, auf Beziehungen zu Kollegen, aber auch zu bestimmten Objekten (wie Prüfungsmaterialien, Studenten, Testwerten usw.) verweisen. All dies stellt jedoch den pragmatischen Kontext erst her, in dem die Vorhersage zutrifft. Eine Aussage über den Zusammenhang dieser Einheiten ist nicht selbst vorhersagekräftig, sondern sie befähigt die Angehörigen der Gemeinschaft, die hier wissenschaftlich tätig sind, in einer Weise zu kommunizieren und ihre Ergebnisse zu präsentieren, dass Vorhersagen überhaupt möglich werden (vgl. Gergen 1994, S. 88.).

Die performative Kraft wissenschaftlicher Theorien legt aber auch nahe, dass es möglich sein muss, aus den traditionellen Kriterien auszubrechen – um durch neue Theorien auch tatsächlich »neue« Praktiken, Lebensformen oder Diskurse entstehen zu lassen. Dazu braucht die Wissenschaft neben den etablierten auch »generative Theorien« (Gergen 1994, S. 90f.; 2002, S. 148f.), die bereits etablierte Konventionen des Verstehens herausfordern. Eine generative Theorie muss sich beispielsweise nicht etwa um eine dem Sprachgebrauch der *scientific community* angepasste, gut verständliche, objektivierende Terminologie bemühen. Abweichungen vom konventionellen Sprachgebrauch sind zuweilen sogar sehr wünschenswert, da sie das vermeintlich Selbstverständliche und Verbindliche unterlaufen und neue Bilder, Metaphern, Bezeichnungen oder Erklärungen anbieten und neue Handlungsoptionen eröffnen.

Für Gergen gehören beispielsweise die Theorien von Sigmund Freud und Karl Marx zu den generativsten Theoriebeiträgen des 19. und 20. Jahrhunderts, da sie beide als sicher geltendes Wissen kritisch hinterfragt und herausgefordert haben. Das heißt allerdings nicht, dass diese Theorien ihr innovatives Potenzial heute noch genauso besitzen – dafür müssen sie neu gelesen und interpretiert werden (so wie es etwa in Jacques Lacans Freud-Lektüre geschieht). Gleichwohl waren jene Theorien, wie auch die ansatzweise generativen Arbeiten von Jung, Piaget, Goffman, Skinner oder Geertz, in gewissem Sinne auch konservativ, meint Gergen, da sie sich auf kulturelle Traditionen, wie etwa die Autorität des Autors als alleinigem Urheber des Textes, stützten. In allen erwähnten Arbeiten »objektiviere« der Text schließlich seinen Gegenstand und errichte damit ein Reich, in dem das »Reale« über dem »Rhetorischen« stehe. Wenn jedoch heute andere Schreibstile entstehen, wenn die Genres vermischt, wenn fiktive oder reale Dialoge oder sogar Bilder und Klänge in die Texte eingewoben werden – dann verändert sich durch neue Theorien auch die Konzeption von Wissenschaft, Wissen, Bildung schlechthin. Beispiele, in denen ein solches Potenzial realisiert ist, sind etwa der Schreibstil von Hélène Cicoux oder Luce Irigaray, der mit alternativen Formen des Ausdrucks experimentiert, ebenso in der Kulturanthropologie entwickelte ethnographische Formen des Schreibens; zu nennen ist an dieser Stelle auch die von Mary und Ken Gergen propagierte Darstellungsform einer »performative science«, die in diesem Kapitel III näher beschrieben wird.

Theorien im Dialog

Für generative wissenschaftliche Theorien gilt, dass sie sowohl die Gesellschaft als auch die Wissenschaft mit immer mehr Diskursen und Perspektiven versorgen – und damit das allen Beteiligten zur Verfügung stehende Bedeutungsrepertoire vergrößern. »Our theories […] offer to the culture an increasing range of predictive capacities and, most important for the human sciences, an increasing range of intelligibilities and practices«, schreibt Gergen (1994, S. 92). Dies ist ganz im Sinne einer »social constructionist epistemology«. Aus dieser Perspektive kann auch das heute gängige Ausspielen von Forschungsergebnissen gegeneinander beendet werden – sobald man sich von der Konkurrenz um die »richtige« oder »bessere« Theorie lossagt, können alle Beteiligten in produktive Dialoge miteinander treten.

Diese dialogische Funktion wissenschaftlicher Theorien und Begriffe kann man als eine der wichtigsten Funktionen wissenschaftlicher Theoriebildung überhaupt bezeichnen. Nur in diesem Sinne kann wissenschaftliche Theoriebildung die Kultur, an der sie teilhat, bereichern. Das gilt dann allerdings für jede Form theoretischer Intelligibilität gleichermaßen, ob es sich um kognitivistische, behavioristische, phänomenologische oder psychoanalytische Theorien handelt. Sie alle geben der Kultur »discursive vehicles« an die Hand, die neue soziale Diskurse, Kommunikations- und Interaktionsprozesse ermöglichen und unterstützen. Resultat ist die Vermehrung intelligibler Sichtweisen innerhalb der Disziplin und in der Gesellschaft und damit eine Erweiterung der »symbolischen Ressourcen der Kultur« (Gergen 1994, S. 142). Kurz: Je mehr psychologische Theorien überhaupt existieren, desto vielschichtiger und reichhaltiger wird die kulturelle Konstruktion des Psychischen.

Das Lob des Dialogs als Idealform des wissenschaftlichen Diskurses prägt auch die Vorstellungen darüber, wie die Beziehung zwischen den am Forschungsprozess beteiligten Personen aussehen sollte.

Ein dialogisches Forschungskonzept

Konstruktionistische Psychologien wenden sich gegen die einseitige Definitionsmacht der Forschenden. Der Interpretation von Aussagen der Forschungssubjekte durch die Forscherin soll nicht mehr Wahrheitsgehalt zugestanden werden als diesen Aussagen selbst. Wie wird dies forschungspraktisch umgesetzt? Es gibt zwar keine festen Regeln für diese interaktionale Form des Forschens, da die gemeinschaftlich entwickelten Fragestellungen, Methoden und Ergebnisse immer von den Zielen und Bedürfnissen aller Beteiligten abhängig sind, die ja inhaltlich wie formal stets anders ausfallen können. Es ist aber immerhin möglich, den interaktionalen, dialogischen Anspruch, der vielen sozialkonstruktionistischen Forschungsbemühungen implizit voransteht, im Sinne von forschungsleitenden Kriterien zu formulieren. Einige der wichtigsten Kriterien führe ich ohne Anspruch auf Vollständigkeit oder Systematik an.

- *Interaktivität und Kommunikation.* Kommunikation spielt eine tragende Rolle im Forschungsprozess. Alle Schritte des konkreten Vorgehens, von der Formulierung der Fragestellung über die Entscheidung für bestimmte methodische Konzepte bis zu den endgültigen »Ergebnissen«, sind in die Interaktion von Forscher und Forschungssubjekt eingebettet und werden mit Bezug auf diese diskutiert.
- *Exploration und Dokumentation der Forschungsdialoge.* Das gilt zunächst für die praktizierten Verfahren der Datenerhebung, die entweder im Alltag eingeübte Formen der Kommunikation zum eigentlichen Analysegegenstand erklären (Diskursanalyse »natürlicher« Konversationen) oder aber an ihnen ansetzen (offene Interviews und Gruppendiskussionen). Zu dokumentieren und zu explorieren sind aber auch diejenigen Aspekte der Interaktion von Forscher und Forschungssubjekt, die nicht Teil des Erhebungsverfahrens sind, sondern vorher, nachher oder währenddessen ablaufen (die Form der Beziehung wird notiert, Interaktionsabläufe werden festgehalten, die vorbereitende und nachbereitende Kommunikation zwischen Forscherin und Forschungssubjekt wird analysiert, all dies bei der Analyse mitbewertet).
- *Demokratisierung und dialogische Einbeziehung des anderen.* Die Forscherinnen validieren ihre Fragestellung, die Vorgehensweise und insbesondere auch die Ergebnisse ihrer Forschungen über den Austausch mit den Forschungssubjekten. Darin erst besteht für viele konstruktionistische Psychologen die Essenz des »demokratischen« beziehungsweise »dialogischen« Elements ihrer Forschung. Es geht darum, »participant-led ways«, also von den Teilnehmern selbst bestimmte und akzeptierte Wege der Veränderung sozialer Situationen zu erarbeiten (Willig 1999a, S. 7).

Ein in diesem Sinne verstandenes interaktionales Forschungskonzept (weitere Punkte sind selbstverständlich denkbar) führt gleichsam automatisch dazu, dass die Beziehung zwischen Forscherin und Forschungspartner nicht mehr unreflektiert unter dem Begriff der Repräsentation diskutiert werden kann (jedenfalls nicht mehr in dem Sinne, dass der eine Teilnehmer objektive Repräsentationen der Subjektivität des anderen zur Verfügung stellt). Die zu erforschende »Realität« ist nicht von ihrer Beschreibung getrennt, sondern gemeinsame – soziale, per definitionem revisionsfähige, ja revisionsbedürftige – Konstruktion. Damit wird nicht nur die dialogische Einbeziehung des Anderen möglich, sinnvoll und verpflichtend, sondern der Forscher muss bereit sein, auch das eigene »Vorwissen« zu reflektieren, falls nötig im Rahmen forschungsinterner Interaktion zu revidieren. Die Selbstreflexivität der Forschenden kann daher ebenfalls als Maxime konstruktionistischen Denkens gelten.

Reflexivität als methodologisches Prinzip

Wenn jemand ein Ereignis beschreibt, so sind Form und Inhalt der Beschreibung konstitutiv für die Art und Beschaffenheit des Beschriebenen – so könnte man die häufigste Begründung für dieses zentrale forschungsleitende Prinzip umschreiben. Gerade die Einsicht in die Performativität wissenschaftlicher Beschreibungen wiederum macht es in den Augen mancher Sozialkonstruktionisten (z. B. Burman u. Parker 1993) fraglich, ob es überhaupt legitim sein könne, dass ein Forscher »seinen« Bericht vorlegt. In einer zweiten Bedeutung meint Reflexivität nämlich immer auch, dass das ganz konkrete Machtungleichgewicht zu bedenken und zu reflektieren ist, das in den meisten Interviews und Befragungen, Beobachtungen und Tests automatisch vorliegt, da diejenige, die Fragen stellt oder andere Erhebungsinstrumente und die Auswertungsmethoden bestimmt, auch die Relevanzsetzungen der Forschungspartner stark beeinflusst. Burr spricht davon, dass Reflexivität zuweilen nur die »Illusion von Demokratie« im Forschungsprozess erzeuge und damit das Machtungleichgewicht sogar noch verstärken könne (2003, S. 156). Ich werde unter III, 2 einige Beispiele dafür anführen, wie konstruktionistisch orientierte Forscherinnen versuchen, dieses Problem zu vermeiden.

Darüber hinaus sollte sich die Reflexivität der Forschenden auf die eigenen Diskurse und Forschungsergebnisse beziehen: Als Teile eines Theoriegebäudes (die Rede ist oft von »bodies of theory«, vgl. Burr 2003; Gergen 2002) sind sie ebenso sozial hergestellte und sozialfunktional bedingte, interessengeleitete Konstruktionen wie andere, etwa journalistische oder fiktionale Darstellungen. Es gilt also, die eigenen Interessen deutlich zu machen. Die Forschenden sollten sich bemühen, ihre persönlichen und politischen Interessen, ihre Werte und subjektiven Perspektiven offen darzulegen – so dass es den potenziellen Rezipienten immerhin möglich ist zu überprüfen, inwiefern die Motive und die Einstellung der Forschenden beziehungsweise Aspekte ihrer Biographie die Fragestellung, die Erhebungsmethode, den gesamten Forschungsverlauf und die Interpretation und Präsentation der Ergebnisse beeinflusst haben. Etwas pragmatischer gewendet kann die geforderte Selbstreflexivität auch ganz konkret danach fragen, inwiefern die eigenen Fragestellungen und Ergebnisse die Interessen derjenigen bedienen oder zu bedienen scheinen, die als Geldgeber, Förderer, Gutachter, Arbeitgeber und so weiter fungieren. Auch hier lassen sich wichtige, von vielen konstruktionistisch orientierten Forschern geteilte Anhaltspunkte zusammenfassen.

- *Die Performativität wissenschaftlicher Ergebnisse.* Forschungsergebnisse werden nicht aufgrund ihrer Korrespondenz mit der empirischen Realität oder ihrer Konsistenz mit anderen bewährten Theorien oder Begriffen evaluiert, sondern anhand ihrer praktischen und performativen Auswirkungen. Welche Handlungen, welche Institutionen oder aber welche Identitäten werden positiv begründbar auf der Basis der von mir erhobenen Ergebnisse? Welche Institutionen, Ereignisse, Handlungen, Identitäten können anhand meiner Ergebnisse abgewertet, pathologisiert oder gar sanktioniert werden? Über diese oder ähnliche Fragen könnte versucht werden, die performative Wirkung der eigenen »Ergebnisse« in deren Präsentation explizit mit zu bedenken.
- *Offenheit für Nicht-Identisches.* Hinter jedem Ergebnis-Konstrukt ist die »Polyphonie« aufzuspüren, im Sinne der »prinzipiellen Unabgeschlossenheit und Latenz von Bedeutungen« (Fuchs

1997, z. B. S. 110ff.). Alles, was in den Diskursen der Forschenden als Repräsentation anderer auftaucht, muss grundsätzlich als unfertig und veränderbar gelten. Gerade dann, wenn empirische Untersuchungen beanspruchen, Subjektivität zu repräsentieren (psychische Zustände, Prozesse oder Identitäten), ist zu bedenken: Was an Identitäten oder subjektiven Sichtweisen zum Vorschein kommt, ist nicht durchgängig kohärent, sondern kann – möglicherweise schon in der folgenden Forschungsphase – von neuen Ergebnissen durchkreuzt werden.
- *Die Reflexion der eigenen Vorverständnisse und Interessen.* Das wissenschaftlich-theoretische oder auch alltagsweltlich-kulturelle Vorverständnis, mit welchem sich Forscherinnen und Forscher ihrem »Gegenstand« nähern (und ihn dabei als solchen herstellen oder konstituieren), soll im Dienste wissenschaftlich gehaltvoller Erkenntnisse auch nicht versuchsweise ausgeschaltet werden. Forscher sollen die eigene Beteiligung am »Konstruktionsprozess Forschung« ernst nehmen. Wichtig ist allerdings, dass diese Beteiligung resp. das Vorverständnis der Forschenden offen gelegt und dokumentiert und damit als Element des »context of discovery« wissenschaftlichen Wissens nachvollziehbar gemacht wird.

Vieles, was bisher in diesem Kapitel gesagt wurde, lässt sich kurz auf die Formel »Dialog statt Repräsentation« bringen: Im Sinne des sozialkonstruktionistischen Wissenschaftsverständnisses gelten theoretische Begriffe und Diskurse zwar als Stützpfeiler des wissenschaftlichen Betriebes. Sie dienen dazu, Dialoge zwischen unterschiedlichen Richtungen in der Forschung, aber auch zwischen Forschenden und Forschungssubjekten anzuregen. Ihre Hauptaufgabe im traditionellen Sinn, die empirische Realität psychischer und sozialer Phänomene (idealiter) zu repräsentieren, vollständig zu erklären oder gar vorherzusagen, scheint aber desavouiert. Damit drängt sich die Frage auf, was die Ergebnisse empirischer Forschungstätigkeit uns dann eigentlich noch sagen können. Was kann empirische Forschung – dem konstruktionistischen Verständnis zufolge – eigentlich leisten? Braucht der Konstruktionismus für die von ihm angestrebte Pluralisierung wissenschaftlicher und gesellschaftlicher Dialoge überhaupt empirische Forschungen, und wenn ja: wie sehen diese dann aus?

Was sagen uns empirische Befunde?

Gergen, der innerhalb des sozialen Konstruktionismus eine »starke«, da relativistische Position vertritt, betont immer wieder, dass auch in einer konstruktionistischen Wissenschaft empirische Forschung möglich und sinnvoll sei, wenn auch ihr »Sinn« ein anderer sein müsse als im herkömmlichen Wissenschaftsverständnis. Unter dem Titel »Horizons of Human Inquiry« (1999) befasst er sich mit der Frage, welche Bedeutung empirischer Forschung in seinem Gegenstandsentwurf zukommt. Die Antwort lautet etwa folgendermaßen: Empirische Befunde können zur diskursiven Konstitution von (neuen) Realitäten beitragen. Empirische Forschungsergebnisse illustrieren gesellschaftlich relevante Sichtweisen eines Phänomens oder Themas und ermöglichen so Diskussionen über moralische und politische Themen, die in dieser Form bisher nicht stattfanden. Damit tragen sie zu pluralen, vielschichtigen Dialogen bei, in denen neue Facetten eines »Phänomens« gebildet werden (1999, S. 93; vgl. auch 1994, S. 140ff.).

Im Einzelnen unterscheidet Gergen vier Funktionsweisen empirischer Forschung:

- Forschungsergebnisse und -befunde können zunächst in affirmativer Weise existierende Formen kulturellen Lebens anschaulich und eindrucksvoll zur Darstellung bringen und dadurch unterstreichen und bestärken.
- Wissenschaftliche Forschungsergebnisse und Diskurse können die Auseinandersetzung mit moralischen und politischen Themen fördern. Denn solange die Diskussion über moralische oder politische Inhalte nur auf abstrakten Begriffen beruht, mag es einfach sein, sie als irrelevant abzutun. Kann eine solche Diskussion aber auf empirische Forschungsbefunde zurückgreifen, ist es schwierig, sich den entsprechenden Themen zu entziehen, empirische Resultate »sprechen eine deutliche Sprache«, schreibt Gergen (2002, S. 122). Ein Beispiel sind die Untersuchungen zu Verantwortlichkeit und Hilfeleistung, die die Sozialpsychologen Latané und Darley in den 60er Jahren durchführten (vgl. Latané u. Darley 1970), oder die Diskussion über Verantwortlichkeit und Gehorsam, die durch Stanley Milgrams Experimente (1963) ausgelöst wurde.

- Möglicherweise können Forschungsergebnisse und die mit ihnen verbundenen öffentlichen Diskussionen sogar die »Destabilisierung« bestehender Konventionen fördern und dazu führen, dass »dominante Realitäten« sowie die mit ihnen verbundenen kulturellen Lebensformen kritisch hinterfragt werden.
- Im Sinne des Sozialkonstruktionismus ist es auch durchaus produktiv und wünschenswert, wenn Forschungsergebnisse ganz allgemein ein Forum für die »Erschütterung« des Konventionellen bieten. Gergen spricht in diesem Fall vom »scholarship of dislodgement«, von entlarvenden, dekonstruktivistischen Analysen, die prinzipiell all dasjenige in Zweifel ziehen, »what seemed the ›only way‹ of putting things« (1994, S. 58f.; s. a. Gergen 2001b).

Offen ist damit noch die Frage nach dem kritischen Anspruch der Forschung. Grundsätzlich verstehen sich konstruktionistisch angelegte empirische Forschungsarbeiten häufig im Sinne der letztgenannten beiden Punkte als »social and reflexive critique« (Gergen 1994, S. 131). Sie wollen einen kritischen Impuls gegen gesellschaftliche Machtverhältnisse oder gegen bestimmte, auf sozialer Ungleichheit beruhende Denkweisen und Praktiken geben. Diesem Anspruch ist allerdings noch nicht damit Genüge getan, dass für die Fragestellung moralisch-politische Anliegen eine Rolle spielen beziehungsweise gesellschaftlich problematische oder tabuisierte Themen aufgegriffen werden. Die allgemein (sozial-)kritische Einstellung muss darüber hinaus noch um einen speziell wissenschafts- und erkenntniskritischen Aspekt ergänzt werden. Andernfalls bleibt die Kritik, wie Gergen meint, reine Kultur- oder Gesellschaftskritik. »In so doing, it leaves the human sciences themselves unquestioned« (1994, S. 58). Für kritische konstruktionistische Forschung ist der Verzicht auf absolute Wahrheits- und Geltungsansprüche und auf den naiven »Glauben« an für deren Sicherung konzipierte Methoden selbstverständlich. Allerdings ist der Anspruch, die eigenen Arbeiten stets konsequent als soziale, prinzipiell vorläufige und perspektivische Konstruktionen zu verstehen, nicht bei allen konstruktionistischen Arbeiten gleichermaßen realisiert (vgl. Gergen u. Zielke 2006).

Eine Vielzahl der konstruktionistisch orientierter Psychologen betreibt empirische Forschung explizit als historische Diskursanalyse. Damit ist in der Regel die sozio-historische Rekonstruktion der Prozesse gemeint, in deren Rahmen scheinbar universelle, psychologisch relevante Phänomene als solche festgelegt wurden. Für diese Form der empirischen Forschung stehen unter anderem die Arbeiten der *Foucauldian studies* und der *critical discourse analysis*; wir werden weiter unten einige Beispiele genauer besprechen (vgl. III, 2 u. IV, 2). Davon unterscheidet sich die ebenfalls diskursanalytische, aber an mikrosoziologischen Verfahren und Techniken der Analyse orientierte Exploration und Erforschung von »processes of constructions« (Gergen 1994). Hierbei werden in einer Art freier Feldforschung Texte und Bilder, vor allem aber Gespräche und andere Interaktionen analysiert. Das Ziel ist dabei weniger, wie im Falle der *critical discourse analysis*, das Herausarbeiten von Machtverhältnissen und ihrer materiellen Bedingungen. Man geht vielmehr zunächst neutraler an die Sache heran, um möglichst viel Neues, bislang Unbekanntes über den fraglichen Gegenstandsbereich zu erfahren. Arbeiten aus dieser dritten Gruppe sind – meint Gergen – besonders fruchtbar, da sie sich von der Unhinterfragbarkeit *jeder* nicht konstruierten »Realität« (auch der von den *Foucauldian studies* vorausgesetzten Machtverhältnisse) distanzieren: Ob sie provozieren, kritisieren oder einfach nur den Blick auf Unerwartetes lenken wollen, die auf diese Weise Forschenden zeigen uns nicht nur durch ihre Forschungen alternative Möglichkeiten, die Welt zu entwerfen und zu erfassen *(framing the world)*, sondern sie verstehen sich auch selbst als »rhetorisch«, sie sind sich bewusst, dass sie durch ihre Forschungen bestimmte Konstruktionen von Selbst und Welt bestärken, andere nicht. Paradigmatisch für diese Forschungshaltung sind die Arbeiten der diskursiven Psychologie, klassisch etwa Potters und Wetherells (1987) Diskursanalysen über Einstellungen. Neuere Arbeiten existieren beispielsweise über die sozial-diskursive Konstruktion psychischer »Krankheiten«, so etwa die Studie von Wiggins et al. (2001) über Essstörungen.

Gibt es eine konstruktionistische Methodologie?

Von der Bestimmung ausgewiesener »konstruktionistischer Methoden« kann bisher nicht die Rede sein – und so soll es nach Ansicht mancher Vertreter auch bleiben. Wenngleich bestimmte Methoden häufig als »die konstruktionistischen Methoden« erscheinen, da sie vorrangig praktiziert, diskutiert und weiter ausgearbeitet werden, ist den konstruktionistischen Psychologien nicht daran gelegen, für diese Methoden in einem absoluten Sinn zu plädieren. Hier unterscheidet sich allerdings Gergens Variante einer *constructionist psychology* von der in England verbreiteten *discursive psychology*. Man ist sich zwar einig, dass es, dem konstruktionistischen Credo folgend, nicht um die empirische Bestätigung von Aussagen gehen kann, sondern nur um die soziale Konstruktion gültiger Definitionen (Gergen 1994, S. 31). Die nichtempiristische Epistemologie verbietet beiden Denkrichtungen, sich auf eine »bessere« (im Sinne von: exaktere, adäquatere Repräsentationen psychosozialer Welten ermöglichende) Methode festzulegen. Gergen sagt deutlich: »[Social constructionism] invites the scholar to explore and extend any form of intelligibility« (z. B. 1994, S. 131; vgl. 1999; s. a. Interview im Anhang). Dagegen hat sich die *discursive psychology* von jeher über »ihre« diskursanalytische Methode definiert und diese in immer elaborierterer Form beschrieben.

2 Welcher Methoden bedient sich konstruktionistische Forschung?

Wenngleich in Ken und Mary Gergens Arbeiten »erzähltheoretisch« orientierte Methoden eine große Rolle spielen – dies nicht zuletzt da beide mehrfach narrationstheoretische Arbeiten verfasst haben (z. B. Gergen u. Gergen 1988, s. a. Kap. IV, 1) –, so sind beide Autoren doch vehemente Vertreter der Auffassung, dass es keine privilegierte Methode gibt. Bereits die Zuordnung zum Bereich hermeneutischer Methodologie oder gar einem »interpretativen Paradigma« würde Ken Gergen für verfehlt halten, ja die »binäre« Gegenüberstellung von qualitativen vs. quantitativen Methoden sei selbst der heute überkommenen, dualistischen Unterscheidung zwischen »harten« und »weichen« Methoden geschuldet (Gergen 1999, S. 95f.). Damit hat die »Methodendiskussion« in Gergens Arbeiten einen nachgeordneten Status und birgt kaum Stoff für eine ausführliche Darstellung. Wie erwähnt haben Vertreterinnen der *discursive psychology* und der *Foucauldian studies* ihre Variante einer konstruktionistischen Psychologie an die Verwendung einer bestimmten Methoden gebunden, einer jeweils etwas unterschiedlich ausgelegten und methodisch realisierten Form der Diskursanalyse. Daher wird die Diskussion der dort verwendeten Methoden auch ausführlicher ausfallen.

»Narrative inquiry«, »collaborative research« und »performative science«

Nicht ganz im Einklang mit der oben beschriebenen neutralen Haltung bei der Methodenwahl sind auch in den von Gergen verfassten oder herausgegebenen Bänden qualitative und interpretative Forschungsmethoden vorherrschend (Gergen 1994; Gergen 1999, S. 95ff.; vgl. Zielke 2004, S. 225ff.). Mary Gergen hat selbst einige empirische Arbeiten unter Anwendung einer konstruktionistischen Variante der Autobiographie- oder Narrationsforschung praktiziert (thematisch meist an Fragen nach »gendered identities« ausgerichtet), deren charakteristisches Merkmal die Kombination einer ethnographischen Perspektive mit einem kritisch-feministischen Forschungsanspruch ist. Ziel der betreffenden Forschungen war die Rekonstruktion »alternativer« Erzähl- und Biographiemuster. Das »emanzipatorische« Forschungsinteresse bestand darin, alternative Lebens- und Sinnmuster in ethnographischer Perspektive zu erkunden und zu plausibilisieren (M. Gergen 1988; Gergen u. Gergen 2003). Dabei bleibt die fallorientierte Vorgehensweise bewusst auf der Ebene einer Art Beispielhermeneutik stehen und verwehrt sich gegen das Aufstellen »abstrakter« Theorien. Auch die »autoethnography« der Forschenden gehört zu diesem Konzept (K. Gergen 1999, S. 97): Auch sie können und sollen ihre eigene Geschichte in den Forschungsprozess einbringen. Das kann heißen, dass etwa in einem Projekt zur Erforschung von Essstörungen die Erfahrung der Forschenden mit dieser Problematik sowie die möglicherweise resultierende »Vorgeprägtheit« oder Befangenheit thematisiert wird (Gergen u. Gergen 2003, S. 78–88).

Ken Gergen tritt für verschiedene Formen »gemeinschaftlichen Forschens« (»collaborative research«, vgl. 1999, S. 98f.; Sugiman

2005) ein, bei dem die Forschungsinteressen der Forschenden sich an den sozialen Interessen der Forschungspartner ausrichten. Das ist dem Konzept der »Aktionsforschung« ähnlich (Lewin 1947; Moser 1995). Genauer wird angestrebt, dass die von den Forschungspartnern zur Verfügung gestellten Daten nur Zielen dienstbar gemacht werden sollen, »die sie selbst wertschätzen«. Zu diesem Zweck müssen die Befragten den Forschungsprozess und die Präsentation der Ergebnisse aktiv mit beeinflussen können. Die Forschenden müssen ihre distanzierte, für den Forschungspartner »undurchschaubare« Position aufgeben und in »echte« Kommunikation treten, bei der sie auch etwas von sich zeigen oder einbringen (Gergen 2002, S. 127). Einen ähnlichen Ansatz verfolgt Orford unter der Bezeichnung »community psychology« (Orford 1992). Das kann bedeuten, dass Therapeutinnen und ihre Klienten gemeinsam einen Bericht über die Wirksamkeit oder Unwirksamkeit bestimmter psychotherapeutischer Interventionen verfassen (vgl. Gergen 1999, S. 98f.).

Zuweilen ist auch die Rede von »performative science« (M. Gergen 2003, S. 65ff.). Diese besteht schlicht und einfach darin, auch in wissenschaftlichen Darstellungen mit »neuen Ausdrucksformen« zu experimentieren. Die Bandbreite dieser Ausdrucksformen reicht, so ein Überblick bei K. Gergen (2002), von »personifiziertem Schreiben«, also wissenschaftlichen Texten, in denen Autorinnen ihre Gefühle und persönlichen Eindrücke auf recht selbstverständliche Art und Weise mit einfließen lassen, bis zur Einführung unterschiedlicher »Stimmen« in wissenschaftlichen (theoretischen) Texten, die in Form fiktiver Dialoge ein Thema oder einen Ansatz von unterschiedlichen Seiten her beleuchten (vgl. Mulkey 1985). Auch literarische oder poetische Metaphern (eine Form der Darstellung, von der Ken Gergen selbst häufig Gebrauch macht) oder nicht mehr auf die Produktion von Texten ausgerichtete Ausdrucksformen, so etwa Filme, Kunst, Drama, Musik, Tanz und so weiter sollen in den wissenschaftlichen Diskursen verstärkt Raum finden. Das »gesamte Spektrum menschlicher Ausdrucksweisen« soll auch in der Wissenschaft Verwendung finden können (Gergen 1999, S. 97f.).

Man kann auch hier wieder resümieren: Positive Erwähnung finden bei Gergen in der Regel solche empirischen Methoden, die a) auf interaktiv und dialogisch konzipierten Erhebungs- und Auswertungsverfahren basieren und b) ihre Ergebnisse in einer Form präsentieren, die weniger exakte Abbilder, Erklärungen oder Vorhersagen liefert, sondern zum Nachdenken, Mitreden, Fragen und Antworten, möglicherweise zum Erfahrungsaustausch – kurz: zum Dialog anregt.

Werfen wir nun einen Blick auf die Forschungen der diskursiven Psychologie. Die *discursive psychologists* bekennen sich ebenso wie Gergen zu einer relativistischen Position und distanzieren sich von einer repräsentationalistischen Forschungsauffassung – sie rücken aber dennoch eine empirische Methode der psychologischen Diskursanalyse ins Zentrum ihres Gegenstandsentwurfs und Forschungsprogramms.

Diskursanalyse im Sinne der diskursiven Psychologie

Diese Variante der Diskursanalyse konzentriert sich auf die mikrosoziologische Analyse unterschiedlicher Formen »natürlicher« Konversation und Kommunikation, seien es Zeitungsartikel, Telefongespräche, die Begrüßungsworte des Sprechers der 20-Uhr-Nachrichten oder die Konversation bei einem Kaffeekränzchen. Darüber hinaus werden auch Interview- oder Umfragedaten analysiert. Der Fokus ist dabei auf die Rekonstruktion vermeintlich »interner« psychischer Zustände oder Prozesse gerichtet, die – so die zentrale These – erst als Bestandteil sozialer Interaktionen ihre realitätskonstitutive Bedeutung als »interne« Zustände erhalten. Es geht in erster Linie darum zu rekonstruieren, wie etwa eine Erinnerung, bestimmte Attributionen oder auch Affekte, die der Subjektivität von Individuen zugesprochen werden, aus der Dynamik einer Interaktionssequenz entstehen – und nicht etwa in den Köpfen dieser einzelnen Individuen. Die Diskursanalyse im Sinn der diskursiven Psychologie fragt aber auch danach, wie Menschen Versionen ihres Selbst konstruieren und wie sie vertretbare Identitäten aufbauen, wie sie bestimmte Versionen von Ereignissen als Tatsachenberichte kennzeichnen und wie sie ihre Handlungen oder die anderer durch eine bestimmte Form der Darstellung legitimieren (vgl. Willig 2001).

1 Handlungsorientiert, situiert und konstruiert

Um das Vorgehen der Diskurspsychologie zu verstehen, ist es notwendig, sich mit ihrem Verständnis von Diskursen (Gesprächen, Konversationen) auseinander zu setzen. Potter nennt als wichtiges Merkmal den »handlungsorientierten, situierten und konstruierten« Charakter von Diskursen (Potter 2003b, S. 609).

Zunächst ist die *Handlungsorientierung* – »action-orientation« – einerseits im Gegenstandsbezug der Diskursanalyse begründet: Sie ist schließlich mit sozialen Handlungen und Praktiken befasst. Andererseits kann diese theoretische Prämisse auch als eine Art metatheoretisches Axiom gelten, als Ausgangspunkt für die »Grundfrage« der Diskursanalyse, die immer lautet: »What is this discourse *doing*?« (Potter 2003b, S. 609; Herv. d. Verf.). Davon ausgehend wird sodann analysiert, wie der Diskurs aufgebaut, wie er konstruiert ist, um das, was er »tut«, zu tun oder zu bewirken, und welche Ressourcen dafür verfügbar sind beziehungsweise verwendet werden. Mit dieser Auffassung von Diskursen wenden sich die psychologischen Diskursanalytiker in erster Linie gegen die in der Psychologie gängige kognitivistische Sprachauffassung, derzufolge Diskurse oder deren Organisation als Resultat einer dahinter liegenden kognitiven Organisation aufzufassen sind. Sie sind aber ebenso bestrebt, sich damit von den rein linguistischen Ansätzen abzusetzen, welche Diskurse als abstrakte Strukturen verstehen (s. Kap. II). Man darf die häufige Rede von der »Handlungsorientierung« in den Selbstbeschreibungen der *discursive psychology* allerdings nicht in einem subjektivistischen Sinn missverstehen. Potter macht dies deutlich: »The notion of *action orientation* […] is meant to head off the expectation that there will be discrete acts that are performed by discrete action verbs. […] A central research theme is activity that is done indirectly, often through ostensibly factual, descriptive language« (Potter 2003b, S. 609). Diese eher unpersönliche, »anonyme« Vorstellung einer Aktivität des Diskurses, nicht etwa der Teilnehmer als intentional Handelnder, ist es, die bei der Rede von der »action-orientation« im Vordergrund steht – wenngleich die bei der Analyse einzunehmende Perspektive, wie wir später noch sehen werden, dann doch eine Perspektive der Partizipienten ist.

Diskursanalytiker behandeln Diskurse sodann in zweierlei Hinsicht als *situiert*: Zunächst sind alle Gespräche, Konversationen, Texte stets in Interaktionssequenzen eingebettet. Das darf bei der Analyse nicht vergessen werden und ist dem Grundsatz der weiter unten skizzierten Konversationsanalyse geschuldet, demzufolge einzelne Handlungen indexikalen Charakter haben, das heißt nur in ihrem Bezug zu anderen Handlungen überhaupt interpretierbar werden. »Actions do not hang in space, but are responses to other actions and they in turn set the environment for new actions« schreibt Potter (2003b, S. 609). Dies ist allerdings wiederum nicht im Sinne eines kontextuellen Determinismus zu verstehen: Die Festgelegtheit von Bedeutungen durch die Positionierung einer Äußerung in der Sequenz (»sequential positioning«) legt zwar Bedingungen dafür fest, was als nächstes passieren oder gesagt werden kann, erzwingt beziehungsweise determiniert dies jedoch nicht.

An dieser Stelle mag ein Beispiel hilfreich sein: Eine Beschuldigung etwa legt die Bedingungen für eine Reihe von Anschlusshandlungen fest (sagen wir: von der Leugnung über die Minimierung der Schuld zum Bekenntnis oder der Entschuldigung), aber auch diese möglichen Anschlusshandlungen können aufgeschoben werden, beispielsweise weil es gerade auch noch um einen anderen Handlungskontext geht, oder sie können insgesamt unterlassen werden (vgl. Potter 2003b, S. 609f.). Das heißt: Grundsätzlich sind Diskurse in dem Sinne »rhetorisch«, dass es für jede zu analysierende Äußerung eine potenzielle Alternative gibt, die der Text ebenfalls zu erkennen gibt, die sozusagen mit-impliziert ist. Jeder Text kann eben nicht nur bezüglich des tatsächlich Gesagten analysiert, sondern auch auf seine »Absenzen« hin gelesen und analysiert werden. In diesem Punkt grenzt die *discursive psychology* ihre Diskursanalyse übrigens deutlich von der klassischen Konversationsanalyse ab, mit dem Argument, dass Letztere ihre Analyse auf die tatsächlich vorliegenden Textbeispiele beschränke und nicht – wie die Diskursanalyse der diskursiven Psychologie – auch darüber hinaus gehende Interpretationshorizonte einbeziehe (vgl. Hammersley 2003).

Zum dritten schließlich sind Diskurse *konstruiert*, sie sind selbst rhetorische Konstruktionen und sie wirken sich in konstruktiver Weise darauf aus, welche »versions of the world« gefestigt und bestätigt werden. Daher versteht die *discursive psychology* Diskurse als »construct*ed* and construct*ive*« (Potter 2003b., S. 610).

2 Generelle Ansatzpunkte der Analyse

Der Anspruch der diskursiven Psychologie ist die Rekonstruktion von »Versionen« von Ereignissen, seien diese Teil des gesellschaftlichen Lebens oder psychische Phänomene: Diese Versionen werden in Alltagsinteraktionen diskursiv hergestellt und sind dort zu analysieren. Als Analysematerial dienen dabei alle Arten von »texts and talk in social practices« (Potter 2003b). Sobald dies vorliegt, ist es möglich, aus der rhetorischen oder argumentativen Organisation der konkreten, gesprochenen oder geschriebenen Rede deren spezifische, dynamische Organisation herauszuarbeiten. Die Organisation der Rede ist dafür verantwortlich, ob eine Aussage als fiktiv oder aber als »factual«, eine Ereignisdarstellung als interessengeleitet und bewertend oder aber als »objektiv«, eine Handlung als intentional und geplant oder aber als durch Strukturen erzwungen und unkontrollierbar erscheint. Die Diskursanalyse gibt konkrete Schritte vor, wie die Organisation des Diskurses und deren Effekte systematisch zu erschließen sind. Der Fokus der Analyseinteressen liegt dabei auf dem Wie: »How is this done?« ist die Grundfrage jeder Analyse (Potter 2003b, S. 611).

Ein spezifischer Fokus der diskursiven Psychologie, die sich im englischsprachigen Raum zunächst als kritische Gegenrichtung zur kognitivistischen Sozialpsychologie entwickelt hat, liegt in der gezielten Übertragung dieses allgemeinen Analyseinteresse auf die Untersuchung psychologischer Fachtermini und deren Präsentation im akademischen Diskurs, das heißt in wissenschaftlichen Journalen und Büchern. Begriffe und Themen, die aus Sicht der Social-Cognition-Sozialpsychologie als Funktionen des Individuums verstanden werden, werden durch solche Diskursanalysen in der Regel als Ergebnis sozialer Praktiken rekonstruiert (vgl. Potter u. Edwards 2003). In den meisten Fällen zeigt sich nämlich schnell, dass die bestimmten Handlungen oder Zuständen scheinbar zugrunde liegenden »internen« Informationsverarbeitungsprozesse ihre Funktion erst als Elemente von Diskursen erhalten (s. Kap. VI, 2).

Über die Analyse wissenschaftlicher Konstruktionen psychischer

Zustände hinaus untersucht die diskursive Psychologie die alltagssprachliche Verwendung von Begriffen für solche psychischen Zustände, Funktionen oder Prozesse. Gerade die »psychologischen« Implikationen scheinbar darstellender, rein konstativer Rede über »Fakten« entstehen zuweilen allein aufgrund einer bestimmten Dynamik des Diskurses, die Sprecherinnen strategisch nutzen können. So kann etwa durch entsprechende implizite Zuschreibungen die »Absicht« oder »Schuld« eines Sprechers diskursiv konstruiert werden, ohne dass einer der Beteiligten das Wort »schuld« oder »schuldig« tatsächlich im Munde führt (vgl. Potter u. Edwards 2003, S. 171). Die Attribution von Besorgtheit kann ebenfalls durch unterschiedliche »Anschlusssprechhandlungen« einem Sprecher gegenüber ausgedrückt werden, etwa indem ihm besonders viel Raum für seine Ausführungen gegeben wird, die anderen besonders ernsthaft ihr »Zuhören« anzeigen und so weiter, ohne das Wort »besorgt« überhaupt aussprechen zu müssen (vgl. Potter u. Hepburn 2003, S. 208f.; s. Kap. IV, 2).

Ein weiterer Fokus der Diskursanalyse liegt darauf, mit welchen rhetorischen Mitteln Sexismus, Rassismus oder andere »Formen der Unterdrückung« (Potter 2003b) in Diskursen verschleiert oder legitimiert werden können. Damit wird – allerdings an dritter und auch vom Gewicht her nachgeordneter Stelle – auch innerhalb der diskursiven Psychologie eine (macht-)kritische Perspektive angestrebt.

Aspekte der Vorgehensweise

Eine Diskursanalyse im hier skizzierten Sinn kann wie erwähnt anhand unterschiedlichster interaktionaler Materialien praktiziert werden. Die zu analysierenden Texte oder Gesprächsprotokolle werden nach vorgeschriebenem Muster kodiert und nach bestimmten methodischen Kategorien ausgewertet. Dabei handelt es sich um formale Kategorien, die aus der bisherigen Arbeit am Material entwickelt beziehungsweise aus diversen Theorien sozialer Interaktion übernommen wurden.[2] Beispiele für solche Interpretationskatego-

2 Häufig scheint der Interaktionsbegriff Erving Goffmans als theoretischer Rahmen zu fungieren; insgesamt muss hier kritisch angemerkt

rien sind etwa die »Variation« innerhalb der Beschreibungen eines Sprechers und unter den verschiedenen Beschreibungen verschiedener Sprecher oder »Details«, die seine oder ihre Rede kennzeichnen (typische Sprecherwechsel, Pausen, Verzögerungen, aber auch Wortwahl usw.). Eine wichtige Kategorie ist die »rhetorische Organisation« des Diskurses. Dabei geht es um die Frage, wie eine Aussage oder ein längerer Text im Hinblick auf die Hervorhebung bestimmter Argumentationen und die Benachteiligung anderer aufgebaut ist. »Accountability«, ein Begriff von Garfinkel, bezieht sich auf alle rhetorischen Techniken, mit denen eine Sprecherin den von ihr vorgebrachten Äußerungen Intelligibilität, Rationalität, Legitimität verleiht, und schließlich gibt es noch die Kategorie »Interessen« der beteiligten Akteure (vgl. Potter 2003b, S. 616f.). Potter betont an dieser Stelle allerdings, dass es »kein Rezept« gebe für die richtige Art, Diskursanalyse zu betreiben. Nicht alles, was zu dieser Analysemethode gehört, kann per Handbuch exakt vermittelt und umgesetzt werden. Die Aneignung der entsprechenden Techniken erfordert die Entwicklung von Sensibilität für die handlungsorientierte, situierte und konstruierte Beschaffenheit des Diskurses »on the job«.

Ein letzter Hinweis: Da auch Diskurspsychologen, wenngleich sie im Gegensatz zu den *Foucauldian studies* ihre Arbeiten nicht als in erster Linie politisch begründet und motiviert kennzeichnen, ihre Studien häufig mit einer kritischen Perspektive auf bestehende Machstrukturen verknüpfen, wird zuweilen auch diese methodische Kategorie der Analyse, also »Machtverhältnisse,« eingeführt. Ob dies jedoch immer bedeuten muss, wie Burr (2003, S. 165) annimmt, dass damit eine Verbindung geschaffen sei zwischen der »Mikroebene« der Analyse und einer »Makroebene«, auf der Gesellschaftsstrukturen thematisiert werden können, hängt davon ab, inwieweit die eigenen Analysewerkzeuge (Kategorien usw.) in den Texten der *discursive psychology* metatheoretisch und theoretisch begründet und hergeleitet werden. Dass eine solche Begründung oft fehlt, mag

---

werden, dass die der Methodik zugrunde liegenden Theorien sozialer Ordnung in den Texten der discursive psychology bei weitem nicht immer explizit gemacht werden (eine Ausnahme ist: Potter 1996) und es damit oft nicht ganz klar ist, auf welcher Grundlage solche Analysekategorien entstanden sind.

auch zur im Folgenden skizzierten Diskussion über den Status der Diskursanalyse beigetragen haben.

Discourse Analysis – Paradigma oder Methode?

Michael Hammersley fragt danach, ob die von Potter, Edwards und Wetherell (und anderen) praktizierte Form der Diskursanalyse als eigenständiges »Paradigma« innerhalb der Psychologie gelten kann oder ob es sich (nur) um eine »Methode« handelt (2003, S. 751). Die Frage ist berechtigt, insofern die Diskursanalyse und die diskursive Psychologie oft gleichgesetzt werden.

Wie wir gesehen haben, distanzieren sich die Vertreterinnen einer diskursiven Psychologie davon, Aussagen und Handlungen der individuellen Absicht, Kompetenz oder Neigung des Autors oder der Akteurin zuzusprechen, um damit den Sinn von Handlungen oder Äußerungen zu erklären. Dies mag, sofern es als Grundsatz der Analyseperspektive angegeben wird, als methodologisch-methodische Annahme gelten, kann aber durchaus den Status einer paradigmatischen Programmatik beanspruchen. Ebenso hat die Weigerung der Diskurspsychologen, dasjenige, was Personen über Aspekte der sozialen Wirklichkeit aussagen, als Quelle der Information über diese Wirklichkeit zu behandeln, erkenntnistheoretischen Status (vgl. Hammersley 2003, S. 751). In diesem Sinne ist die Diskursanalyse der diskursiven Psychologie mehr als eine Methode. Potter und Edwards beschreiben sie selbst als »einen sozialpsychologischen Ansatz, der die handlungs- und realitätskonstitutiven Eigenschaften von Diskursen als fundamental anerkennt«, nicht aber als eine »Sozialpsychologie der Sprache« oder des Sprechens (Potter u. Edwards 2001, S. 2). Potter (2003a) hebt allerdings im Gegenzug hervor, es sei gleichermaßen »verwirrend«, von der Diskursanalyse als »Paradigma« oder aber als »Methode« zu sprechen: »The general point, then, is hat DA/DP [*discourse analysis/discursive psychology*, die Verf.] is neither a self-contained paradigm nor a stand-alone method that can be easily mix-and-matched with others. It is an approach with a range of meta-theoretical, theoretical and methodological elements. It does not tell us all we need to know about social life – nor is it intended to« (2003a, S. 787).

Es sollte allerdings nicht übersehen werden, dass die Identifikation der diskursiven Psychologie mit der Methode der Diskursanalyse dazu verleiten mag, ihr auch von außen einen »atheoretischen« Anspruch zuzuschreiben und damit evtl. auch weniger theoretisches wie metatheoretisches Gewicht. Deutlich wird dies im Vergleich zu Gergens Variante einer konstruktionistischen Psychologie, der seinen Ansatz von vorneherein vorrangig an einen erkenntnistheoretisch und theoretisch begründeten Gegenstandsentwurf bindet. Texte der diskursiven Psychologie begnügen sich dagegen häufig mit der Erläuterung und Illustration der applizierten Methode sowie der Präsentation und Diskussion von Analyseergebnissen.

Diskursanalyse im Sinne der *Foucauldian studies*

Eine Variante der psychologischen Diskursanalyse, die sich explizit am Diskursbegriff Michel Foucaults (s. Kap. II, 2) ausrichtet, wurde Ende der 1970er Jahre in England entwickelt. Eine Gruppe von Psychologen begann das Verhältnis von Sprache und Subjektivität und die Implikationen dieses Verhältnisses für die Psychologie beziehungsweise die psychologische Erforschung von Subjektivität zu untersuchen. Ein einflussreiches Werk, in dem diese Implikationen von unterschiedlichen Autoren entfaltet wurden, war der von Henriques et al. (1984) verfasste Sammelband »Changing the Subject«. Carla Willig (2001) gibt einen guten Überblick über Prämissen, Ziele und Vorgehensweisen der *Foucauldian studies* sowie über die Unterschiede zwischen der diskursiven Psychologie und den *Foucauldian studies*; dies gilt auch für Vivien Burr (2003, Kap. 8), deren Ausführungen knapper gehalten sind, aber immer noch mit ausreichenden Informationen für »newcomer« aufwarten können.

Die Foucault'sche Diskursanalyse befasst sich mit der Rolle von Diskursen für das soziale und psychische Leben. Sie legt dabei erstens den Fokus deutlicher als die diskursive Psychologie darauf, wie die Diskurse selbst durch das »Nicht-Diskursive«, das »Außen« mitbestimmt werden – sei es durch (staatliche und andere) Institutionen, Machtpraktiken oder soziale (Macht-)Beziehungen. Zweitens achten die *Foucauldian studies* besonders darauf, wie diese Diskurse wiederum das »Leben« der Subjekte selbst beeinflussen, steuern und kontrollieren, wie die Diskurse dazu beitragen, dass bestimmte Handlungsweisen herausgestellt und damit erleichtert oder wahrscheinlicher gemacht, andere aber unterdrückt werden. »Diskurse erleichtern und begrenzen, ermöglichen und beschränken das, was gesagt werden kann, von wem, wo und wann«, formuliert Willig (2001, S. 107; Übers. v. d. Verf.). In diesem Sinn konzentrieren sich die *Foucauldian discourse analysts* nicht vorrangig auf die diskursinterne Organisation und die eingesetzten rhetorischen Strategien. Sie wollen vielmehr die Verfügbarkeit diskursiver Ressourcen in einer Kultur aufzeigen. Willig spricht von einer »discursive economy«, insofern Diskurse »Subjektpositionen« ermöglichen oder ausschließen, die Rede ist häufig von »positioning« (vgl. Harré u. van Langenhove 1999; Willig 2001, S. 107f.).

Diskurspositionen

Die Möglichkeiten, die kohärente Identität einer Person symbolisch auszudrücken, sind stets begrenzt durch den normativen Rahmen kultureller Konventionen. Eine Frau kann sich zwar auf ganz unterschiedliche Weise sprachlich entwerfen – manche Aspekte ihrer diskursiv hergestellten Identität allerdings scheinen dabei vorgegeben. So kann sie sich nur als geschlechtlich »eindeutiges«, nichtmännliches Subjekt darstellen und verstehen. Alles, was davon abweicht, erhält bereits den Stempel des Anormalen, Irrationalen, Nicht-Intelligiblen. Ein weiteres Beispiel: Im medizinischen Diskurs erhält derjenige, der krank ist, die Subjektposition »Patient«, die ihn auf den Platz des passiven Empfängers der Betreuung durch Experten verweist. Es sind relativ feststehende »Diskurspositionen«, die nach der Meinung vieler Vertreterinnen der *Foucauldian discourse analysis* unsere tatsächlich gelebte Subjektivität, den Rahmen der für uns überhaupt möglichen »Erfahrungen« vorgeben.

In einem weiteren Sinne geschieht »positioning« aber auch dort, wo in größeren, komplexeren sozialen Prozessen Legitimation und Macht verhandelt werden. Da Diskurse, so Willig, »Sichtweisen und Seinsweisen zur Verfügung stellen«, sind sie auch maßgeblich für die Ausübung von Macht. »Dominant discourses privilege those versions of social reality which legitimate existing power relations and social structures« (Willig 2001, S. 107). Da Diskurse, Foucault folgend, dynamisch und veränderlich gedacht werden, befasst man sich im Rahmen der *Foucauldian studies* auch explizit damit, wie sich Diskurse und damit »Subjektivität« oder eben: »Subjektpositionen« historisch verändert haben. Über einen rein sprachlichen Diskursbegriff hinausgehend, interessiert auch die Beziehung zwischen Diskursen und Institutionen, ganz im Sinne Foucaults (vgl. die Analysebeispiele in Kapitel IV).

Zusammenfassend: Die Vertreter der *Foucauldian studies* oder der *critical discourse analysis* verbinden in ihrer Form der Diskursanalyse die Frage nach konstruierten Bedeutungen und Bewertungen und deren performativen Effekten mit der Frage nach der Beziehung zwischen Diskursen und tatsächlichen (machtdurchdrungenen) Subjektpositionen, zwischen kollektiven Praktiken und den materiellen Bedingungen, in denen sie situiert sind. Beispiele für diese Form der Diskursanalyse finden sich bei Willig (1999a, 1999b, 2001), Parker (1998) und Burman (1999).

Aspekte der Vorgehensweise

Sieht man sich nähere Beschreibungen der zu analysierenden »Materialien« an, so ist die Verbindung zum poststrukturalistischen Denken, auch über Foucault hinaus, unverkennbar. So spricht etwa Parker von einem weiten Textbegriff, der »all tissues of meaning« umfasst (1992, S. 7). Zeitungstexte oder Bücher können ebenso analysiert werden wie Transkripte von Interviews, Gesprächen oder Tagebuchaufzeichnungen. Die Trennung von »Mikro-« und »Makroebene« der Analyse fällt hier offensichtlich nicht schwer. Etwa gilt die Entscheidung, welches Datenmaterial zu analysieren ist, als Ermessensfrage, die wie folgt zu behandeln ist: Will man herausfinden, wie in aktuellen, offiziellen Diskursen über Schmerzen und den Umgang mit Schmerz (»pain management«) chronische Schmerzpatienten »positioniert werden«, welche Formen von Subjektivität ihnen also zugestanden werden und welche Konsequenzen das für sie hat, dann sollte die entsprechende Fachliteratur analysiert werden, also etwa Leitlinien und offizielle Ratgeber für Schmerzpatienten. Will man dagegen wissen, wie in Bezug auf ein bestimmtes Thema im Alltag normalerweise Bedeutungen konstruiert werden, ob dieses Thema nun konnotiert ist mit der Menopause, Scheidung, Nationalität, Studiengebühren oder anderem, dann ist die Arbeit mit Transkripten von semi-strukturierten Interviews oder Gruppendiskussionen sinnvoll (Willig 2001, S. 108).

»Internalisierung« und »materielle Realität«

Die *Foucauldian studies* gehen weiter davon aus, dass in Diskursen verhandelte Subjektpositionen und Lebensweisen zu bestimmten psychischen oder mentalen Zuständen »internalisiert« würden. Wie man sich diesen Internalisierungsprozess freilich vorzustellen habe, scheint in vielen Texten der *Foucauldian studies* bedenklich unproblematisch: Es heißt dort schlicht, die von einem Selbst aufgenommenen »subject positions« würden nach Internalisierung zu psychischen Zuständen führen (»give rise to«), ob dies nun »thoughts« oder »feelings« seien (Willig 2001, S. 119; vgl. Harré u. Gillet 1994). Die in der Philosophie des Geistes und in der Sozialtheorie ungeklärte Frage, wie denn die subjektive Realisierung von so etwas wie sozialen Konventionen aussehen könnte, findet wenig Raum – so sieht es selbstkritisch auch Willig, die konzediert, es sei immerhin doch ein wenig fraglich, ob und inwiefern Diskurse denn die Grundlage für alles, was die menschliche Identität schließlich ausmache, sein könnten (2001, S. 119f.).

Eine weitere Frage betrifft die Beziehung zwischen Diskursen und materieller Realität. Hier geht es den Vertreterinnen der *critical discourse analysis* nicht etwa um die Frage die leibliche Verankerung des Menschen »in-der-Welt« oder um die auch leiblich vollzogene Verinnerlichung sozialer Regeln und Strukturen, etwa im Sinne des Habitus (Bourdieu). Sondern es geht allein um die Frage, wie sehr der Diskurs (der unter anderem auch das Subjekt »hervorbringt«) durch Materialität und realexistierende Sozialstruktur (sprich: die größere Diskursmacht mancher Gesellschaftsmitglieder gegenüber anderen) geformt ist. Es ist nicht einfach, diesen Anspruch mit einer konstruktionistischen Sprachauffassung zusammen zu bringen. Nicht zuletzt aus der Diskussion dieser Frage hat sich die sog. »realism-relativism debate« entwickelt, die heute in konstruktionistischen Kreisen ein Standardthema ist (vgl. Gergen 1999; Parker 1998; Burr 2003; Nightingale u. Cromby 1999; Edwards et al. 1995 u. a.).

Kapitel IV: Thesen und Themen

Konstruktivistische Positionen haben in der Psychologie eine lange Tradition: die Gestaltpsychologie, Jean Piagets genetische Epistemologie (Piaget 1954) oder die konsistenztheoretischen Theorieentwürfe der »naiven Psychologie« (Heider 1958; Kelly 1955) sind nur einige Beispiele. Und in einem allgemeinen Sinn stand natürlich auch für viele Vertreter der aufkommenden und sich weiter entwickelnden kognitiven Psychologie die Annahme im Zentrum, dass der Mensch sowohl in der Wahrnehmung als auch im Handeln die Wirklichkeit nicht passiv abbildet, sondern aktiv erschafft (vgl. Bruner u. Postman 1948; Bruner et al. 1956, Neisser 1979; Festinger 1957).

Von den meisten kognitivistischen Theorien lassen sich die konstruktionistischen Ansätze allerdings dadurch unterscheiden, dass sie erstens den konstruktiven Aspekt der Wissensbildung (z. B. in Anlehnung an Bartlett) als etwas ausweisen, was nicht etwa deren abbildende Funktion »verzerrt«, sondern Wissensbildung per definitionem kennzeichnet. Zweitens, und dieser Unterschied ist der trennschärfere, werden diese Konstruktionsleistungen nicht, wie in der solipsistisch-individualistisch orientierten Kognitionspsychologie, als Resultat der Aktivitäten des kognitiven Systems eines Individuums betrachtet, sondern als Produkte von »joint action«, wie John Shotter es einmal ausdrückte, als Ergebnis der Handlungen mehrerer Akteure, die an einer kollektiven Praxis partizipieren und dabei gemeinsam den Handlungssinn herstellen (Shotter 1994; Gergen 1999; Straub 2001).

Selbstverständlich beeinflusst diese Auffassung davon, wie Menschen »konstruieren«, das heißt, wie sie ihre soziale Wirklichkeit mit Bedeutung ausstatten, nicht nur die Art und Weise, wie psychologische Konstrukte theoretisch konzeptualisiert und empirisch erforscht werden, sondern auch bereits die Auswahl der Thesen und Themen, mit denen sich konstruktionistische Forschungen befassen. Einen großen Bereich bilden Theorien des Selbst, allen voran die »postmoderne« Theorie des *relational self*, die aus der Feder Gergens stammt. Ich werde daher das dort verhandelte Konzept eines vollständig in Beziehung eingebundenen, »relationalen« Selbst ausführlich darstellen und auch den Zusammenhang zum Konzept der »narrativen Identität« aufzeigen. Nachdem wir die konstruktionistische Auffassung des Selbst kennen gelernt haben, werden im zweiten Abschnitt Beispiele für die Rekonstruktion »gut erforschter« psychologischer Konstrukte in Arbeiten der *discursive psychology* angeführt. Im letzten Abschnitt werde ich einige psychologische Diskursanalysen vorstellen, die aus der Perspektive der *Foucauldian studies* geplant und durchgeführt wurden.

1 Das Selbst im sozialen Konstruktionismus

Bereits seine wissenschafts- und gegenstandstheoretischen Überlegungen hat Gergen nicht zuletzt mit dem Ziel entfaltet, zur »social reconstitution of the individual« beizutragen, und dies explizit in »non-individualistic terms« (1997, S. 234f.). Das aus diesen Überlegungen entstandene Konzept eines »relationalen Selbst« (Beziehungsselbst) ist der Versuch, einen Begriff für die an der sozialen Praxis Beteiligten zu schaffen, mit dem nicht zugleich eine neue Variante des autonom handelnden und kognizierenden Individuums gesetzt wird. Erreicht werden soll dies über den Vorrang sozialer Beziehungen in der Beschreibung des Selbst: »From the constructionist standpoint, relationship takes priority over the individual self: selves are only realized as a byproduct of relatedness« (Gergen 1994, S. 249). Die These des Beziehungsselbst steht aber erst am Ende von Gergens Ausführungen. Zunächst geht es darum, die auf den typisch modernen Individualismus zugeschnittene, für die gängigen psychologischen Theorien des Selbst bestimmende Auffassung zu dekonstruieren. Dies geschieht zunächst in Form einer Zeitdiagnose der Postmoderne und der Interpretation ihrer Konsequenzen für den »postmodernen Menschen«.

Das »relationale Selbst«

Das Selbst in der Postmoderne

Gergen rekonstruiert einerseits die Veränderungen der »Sprache des Selbst« im Lauf des 19. und 20. Jahrhunderts und beschreibt andererseits die Lebensverhältnisse von Mitgliedern spät- beziehungsweise postmoderner Gesellschaften (Gergen 1990, 1991). Beides analysiert er im Hinblick darauf, welche Form personaler Identität für die spezifischen Lebenszusammenhänge postmoderner Gesellschaften adäquat ist. Er stellt die folgende Leitthese vor: Neu entstandene Technologien ermöglichen es Mitgliedern moderner Gesellschaften, direkte oder indirekte Beziehungen mit einem immer größeren Kreis von Personen aufzunehmen und zu unterhalten. Dies resultiert in einem Zustand der »sozialen Sättigung«, da sich neue Formen des Bezogen-Seins herausbilden, die immer beiläufiger und temporärer werden. Die weitreichenden Folgen dieser neuen Beziehungsformen für das Selbstverhältnis jeder einzelnen Person und für die Art und Weise, in der Einzelpersonen zueinander in Beziehung treten, führen im Extremfall zur Auflösung des individuellen Selbst und zum Verlust jeglicher Identität. »The fully saturated self becomes no self at all« (Gergen 1991, S. 6f.).

Die meisten Illustrationen dieser These – es handelt sich um Anekdoten, Forschungsergebnisse anderer Sozialwissenschaftler, zuweilen biografische Situations- und Ereignisbeschreibungen, aber auch Gedichte und Romanzitate – sollen veranschaulichen, dass die postmoderne Lebensform eine gesteigerte Präsenz und Bedeutung sozialer Beziehungen zur Folge hat. So führt zum Beispiel die Tatsache, dass zwischenmenschliche Beziehungen nun häufiger und dadurch mit mehr Partnern eingegangen werden, in stärkerem Maße und in kontingenteren Richtungen zum Wechsel zwischen unterschiedlichen »Lebensformen« als das früher der Fall war (Gergen 1996, S. 116f.). Aus dieser Beobachtung leitet Gergen ab, dass das Selbst immer stärker »bevölkert« werde, dass also das Selbst einer Person durchsetzt von vielfältigen Seinsweisen und Identitäten sei (vgl. Gergen, 1996a, S. 123ff.). Einen ähnlichen Effekt schreibt er der Zunahme unseres expliziten und impliziten kulturellen Wissens zu, die sich der Verfügbarkeit neuer Informationsmedien verdankt.

Auch dieses Wissen unterstützt die »Bevölkerung« des Selbst: »We learn how to place such knowledge into action, to shape it for social consumption, to act so that social life can proceed effectively« (Gergen 1991, S. 69ff.). Damit steigt die Zahl derjenigen Situationen, in denen wir uns auskennen, in denen wir wissen, wie ein bestimmter sozialer Vorgang abläuft, was die eigene Rolle dabei ist und wie wir uns den anderen und der Situation gegenüber verhalten sollen. Diese Erweiterung und Pluralisierung implizit repräsentierter Wissensbestände trägt dazu bei, dass wir an mehreren Lebensformen zugleich teilhaben und dadurch unser Selbst von den Sicht- und Seinsweisen anderer durchdrungen ist: »[E]ach of us becomes the other, a representative, or a replacement [...]. Selves have become increasingly populated with the character of others« (1991, S. 71).

Die Bevölkerung des Selbst führt irgendwann dazu, dass das Selbstkonzept einer Person so stark fragmentiert ist, dass man gar nicht mehr von »personaler Identität« (und der damit implizierten Einheit der Person) reden kann. Die herkömmliche Vorstellung eines notwendigen Minimums an Kohärenz und Kontinuität eines Selbst, mittels derer unterschiedliche »Fragmente«, wenn man so will, mühevoll zusammengehalten werden, löst Gergen im Bild unterschiedlicher Stimmen auf: Die vielfältigen und stets präsenten Beziehungen versorgen das Individuum mit einer Vielzahl inkohärenter und auseinanderstrebender innerer Stimmen, was wiederum zur Folge hat, dass für alles, was es über sich selbst zu wissen glaubt, andere Stimmen in ihm ›antworten‹, die möglicherweise dieses sichere Wissen bezweifeln oder gar ablehnen. Das heißt, diese Stimmen erzwingen eine Fragmentierung in unterschiedliche »selves«. Stellvertretend für die Vielzahl an inkohärenten und nicht miteinander verbundenen Beziehungen, ziehen sie uns nach unterschiedlichen Richtungen und laden uns zu widersprüchlichen Rollenübernahmen ein, so dass die Rede vom Selbst irgendwann keinen Sinn mehr macht: »[T]he very concept of an authentic self with knowable characteristics recedes from view«; die Identität des »fully saturated self« löst sich auf (Gergen 1991, S. 6f.).

All dies ist, wie gesagt, mit einer Zeitdiagnose der Postmoderne verknüpft, die über die Rekonstruktion der Veränderungen im Sprechen über das Selbst und anhand empirischer Veranschaulichungen der Bedingungen des aktuellen postmodernen Lebens vermittelt wird: Weder die romantische Auffassung eines Selbst als tiefere, nur bedingt dem rationalen Verstand zugängliche Instanz noch die moderne Auffassung, derzufolge das Selbst ein beobachtbarer Teil einer komplexen »Maschine Mensch« sei, würden den vielfältigen, multiplen Realitäten einer hochtechnisierten Welt gerecht: »As we enter the postmodern era all previous beliefs about the self are placed in jeopardy and with them the patterns of action they sustain«, schreibt Gergen. Der Postmodernismus werfe endlich zeitgemäß das Konzept der einheitlichen, kohärenten Identität ganz über den Haufen, anstatt wieder eine neue Variante derselben anzubieten: »The very concept of personal essences is thrown into doubt. Selves as possessors of real and identifiable characteristics – such as rationality, emotion, inspiration and will – are dismantled« (1991, S. 7). Das Selbst ist nunmehr nichts als ein Knotenpunkt in der Verkettung von Beziehungen«. Der »postmoderne Mensch« ist eine soziale Konstruktion: er ist so, wie die anderen – und er selbst – ihn sich vorstellen (1991, S. 197).

Wenngleich die These von der Auflösung des Selbst nach postmodernem Nihilismus und Pessimismus klingen mag, ist dies nicht Gergens Absicht. Er selbst verbindet damit den Anspruch, eine postmoderne Lebensform oder Existenzweise positiv zu veranschaulichen. Die subjektive Lebensqualität zum Beispiel werde durch die soziale Sättigung vielschichtiger, meint Gergen, jedes neue Selbst trage zu neuen, intensiven inneren Dialogen bei. Wir verfügten damit über »innere Stimmen«, »imaginäre Beziehungen« und letztlich eben multiple Selbstkonzepte, die durchaus unvereinbar sein können, denn gerade dies könne auch dazu führen, dass man inmitten des Wirrwarrs eine neue Konstellation von Empfindungen und Kognitionen »entdecke« und auf dieser Basis ein ganz neues Selbstverhältnis entwickle (1991, S. 69). Und wenn diese Stimmen konfligieren, als unvereinbar erscheinen? Auch dann bleibt das Bild durchaus positiv, denn interne Konflikte gehören nun mal zum heutigen Leben: »[It is] a typical condition of the individual to be in internal conflict: for each belief there exists a strong countertendency« (1991, S. 72). Sieht man diesen Zustand – der bisweilen dazu führt, dass das Individuum nicht mehr entscheidungs- oder handlungsfähig ist – als die Form von Subjektivität an, die in postmodernen, sozial differenzierten, multikulturellen Gesellschaften und Lebenswelten eben möglich und damit auch adäquat ist, so ist es allerdings nicht richtig, ihn zu pathologisieren. Gergen betont, dass auch die Unentscheidbarkeit unterschiedlicher Sicht- und Seinsweisen nicht etwa nur als leidvoll erlebt werden muss – sie kann auch mit subjektiven Gefühlen der »Erweiterung«, des »Abenteuers« einhergehen (1991, S. 73f.). Gergen selbst spricht – in Abgrenzung vom pathologisierenden Begriff der Schizophrenie – vom Zustand der »Multiphrenie«: Die Bevölkerung und soziale Sättigung des Selbst führen dazu, dass ein kohärentes Selbst in Teil-Identitäten aufgespaltet wird. Es entsteht ein »multiphrener« Zustand, in dem man in sich ständig verlagernden, verkettenden und widerstreitenden Seinsströmungen schwimmt. Dadurch wird es zwar zunehmend schwierig oder unmöglich, eine an der Vorstellung einer kohärenten Identität orientierte Existenzweise zu leben – aber: »The way is open for the postmodern being« (1991, S. 80). Diese postmoderne Form des Selbst muss jedoch, meint Gergen, erst neu geschaffen werden (auch dies setzt er dem postmodernen Nihilismus, den seine Ausführungen zum Selbst an mancher Stelle suggerieren, entgegen) – und zwar als eine Form, die aus den Beziehungen zu anderen entspringt. Die theoretische Vorstellung des wahren, einzelnen und unabhängigen Selbst verliert erst ihre Erklärungskraft, wenn wir bereit sind, sie durch die fundamentalere Realität des Bezogenseins zu ersetzen oder, einfacher gesagt, durch die »transformation of ›you‹ and ›I‹ to ›us‹« (1991, S. 156). Das »sozial übersättigte Selbst« beziehungsweise das »Beziehungsselbst« möchte Gergen als konstruktive Umgestaltung der de(kon)struktiven postmodern-nihilistischen Absage an das Selbst verstanden wissen.[1]

Ungeklärte Fragen

Nun stellen sich bereits hier viele Fragen, die sowohl die psychische Realisierung einer solchen multiphrenen Existenz als auch das Zusammenleben und die Form der Beziehungen zwischen jenen ent-

---

1 Zur Kritik dieses Konzepts vgl. z. B. die Beiträge von Wenzel (1995); Diehl (1994) sowie Zielke (2004, Kap. 4) und Straub und Zielke (2005).

individualisierten postmodernen Menschen betreffen. Gergen begnügt sich mit der Beschreibung des relationalen Selbst auf der einen und der Problematisierung des Zwangs zu einer kohärenten und konsistenten Identität auf der anderen Seite. Dabei wird die Möglichkeit eines multiphrenen Daseins nicht zuletzt damit plausibilisiert, dass das Gegenstück dieses Menschenbildes, also das zweckrational handelnde, über Vernunft und Intentionalität verfügende Individuum, dekonstruiert und als Ergebnis überindividueller, Hegemonialität beanspruchender, von Machtansprüchen durchsetzter Diskurse und institutionalisierter Praktiken entlarvt wird (z. B. 1991, S. 96ff., 106). Fazit: Die Selbstverständlichkeit, mit der wir auf das individuelle Selbst angewiesen zu sein glauben, so Gergen, verdankt sich bestimmten (hegemonialen) Arten der Rede, die andere Arten der Rede, deren »by-product« dann auch ein anderes Bild des Selbst sein könnte, ausschließen. Gergen wird hier allerdings an vielen Stellen normativ, so etwa bei der wiederholten Argumentation gegen die, wie er meint, typisch moderne Auffassung des Selbst: »[I]f we are all isolated individuals then self-gain is to be preferred to the gain of others« (1991, S. 96) beziehungsweise bei rhetorischen Fragen wie dieser: »[D]oesn't the presumption of real and actual selves render society more rigid, and oppression more compelling?« (Gergen 1991, S. 99).

Die Abgrenzung von anderen psychologischen Ansätzen, die das Individuum ebenfalls als »sozialen Akteur« konzeptualisieren, wie etwa die Arbeiten von Lew Wygotski, Frederic Bartlett, George Herbert Mead oder aus der neueren Kulturpsychologie (z. B. Bruner 1990; Straub 1999) besteht für Gergen darin, dass sich die genannten nicht wirklich vom Rekurs auf ein substanzielles Selbst verabschieden. Allein dem Ansatz des *relational self* gelinge dies, da es nicht nur die Einbettung eines Selbst in soziokulturelle Zusammenhänge und Beziehungen propagiere (wie Gergen es etwa Mead zuschreibt), sondern darum, dass das relationale Selbst nur noch als fiktiver Ort existiere, an dem sich unterschiedliche Arten sozialer Beziehungen überschneiden. Der Preis für diese Abkehr vom individualistischen Selbst ist hoch: Das von einer Vielzahl widerstreitender Stimmen besetzte multiphrene Selbst muss gänzlich ohne Kohärenz und Kontinuität auskommen (vgl. Straub u. Zielke 2005; Zielke 2006b), sich reflexiv als bare soziale Konstruktion verstehen und den damit verbundenen Identitätsverlust zu einer demokratischen Haltung den inneren Brüchen und Widersprüchen gegenüber stilisieren (Wenzel 1995, S. 121).

Damit wiederum bleibt aus sozialpsychologischer Sicht unklar, wie dieses Selbst in der Lage sein soll, so tief in sozialen Beziehungen verankert zu sein, wie Gergen es dem Beziehungsselbst zuspricht. Zur Aufnahme von (intimen) Beziehungen gehört wohl die Fähigkeit zur Bindung, auf jeden Fall aber ist es notwendig, die verschiedenen Stadien der Beziehung gemeinsam auszuhandeln (Argyle 1992). Dann aber erfordert eine tiefer gehende soziale Beziehung auch immer wieder die Fähigkeit, eine eigene und (zumindest minimal) kohärente Position zu beziehen oder einen Standpunkt einzunehmen.

Nicht zuletzt gerät auch die Vision des flexiblen, anpassungsfähigen postmodernen Selbst unter den Druck performativer Selbstwidersprüche, sobald Gergen den macht- und herrschaftskritischen oder kultur- und gesellschaftskritischen, mit einem Wort: den explizit emanzipatorischen Anspruch des *constructionism* geltend macht. Auf der Basis welcher Fähigkeit und Kompetenz sollte das ganz in sozialen Kontexten aufgehende Selbst entscheiden, welchen Kontexten es kritisch gegenübersteht?

Weitere Arbeiten zum Selbst

»Dialogizität« und Vielstimmigkeit des Selbst

Ähnlich wie Gergen sehen viele Vertreterinnen konstruktionistischer Psychologien das Selbst einerseits als problematisches Konzept, da der Begriff auf ein substanzialistisches und individualistisches Konzept der Person hinzuweisen scheint. Andererseits aber gelten gerade Theorien des Selbst als wichtige Möglichkeit, eine nichtindividualistische Variante des Akteurs oder Diskursteilnehmers zur Diskussion zu stellen. Dabei geht es dann etwa um das »self in relationship« (Gergen) oder »self in interaction«, »in dialogue« (z. B. Burr 2003, S. 133ff.) oder auch um »narrative Identität« (z. B. Gergen 1998a). Ich gehe auf einige weitere Vorschläge kurz ein.

John Shotter spricht davon, dass Bedeutung immer aus »joint action« resultiere (1994). Shotter schließt mit diesem Begriff an die interaktionistische Sozialphilosophie George Herbert Meads (1934) und an den »Symbolischen Interaktionismus« (Blumer 1969) an, geht aber insofern über beide Ansätze hinaus, wenn er dem individualistischen Konzept des autonom handelnden, (vermeintlich) aus sich selbst heraus Sinn stiftenden Akteurs ein Modell entgegensetzt, welches sein gesamtes Potenzial aus der dialogischen Einbindung in die Interaktion mit anderen bezieht: Was wir sagen, tun oder empfinden, so Shotter, emergiert weder aus internen psychischen Strukturen, noch erschaffen wir es allein kraft der uns zur Verfügung stehenden Kompetenzen (etwa, um im psychologischen Jargon zu bleiben, kraft der Fähigkeit, Informationen auf eine bestimmte Weise zu verarbeiten). Alles, was überhaupt Bedeutung für uns erlangt, erhält diese aus unserer Beteiligung an Interaktionen. Kein Mensch für sich allein – sei er noch so kreativ, kompetent oder erfahren – kann einem Satz, einer Handlung oder einem wahrgenommenen Objekt »Bedeutung zuschreiben« – dafür ist er stets auf vorausgehende oder anschließende Akte anderer angewiesen. Aus dieser Konzeptualisierung der sozialen Wirklichkeit ergibt sich eine fundamental soziale Auffassung des »Selbst«.

Sinnbildungsprozesse jeder Art, besonders aber die, aus denen unser Selbstverhältnis entsteht, beziehen, leben davon, dass Menschen an kollektiven Prozessen beteiligt sind, dass sie in Bezug auf die Erwartungen anderer handeln, sich also »gegenseitig antworten« (Shotter 2003, S. 435f.) und damit gemeinsam eine sinnhaft strukturierte, diskursive Realität »herstellen«, die keinem einzelnen der Beteiligten für sich allein genommen zugänglich wäre. Nur durch Partizipation am sozialen Prozess der Wirklichkeitskonstruktion kann der Einzelne sich überhaupt »selbst« verstehen (s. auch Burr 2003, S. 140). »Partizipation« aber meint Shotter hier im Sinne der Teilnahme an einer dynamisch sich entfaltenden gemeinsamen Praxis. Diese Partizipation leisten Akteure auf der Basis ihres sozialen, für den Einzelnen nicht unbedingt bewussten, impliziten Wissens: Shotter spricht von »direct, bodily expressed forms of responsive understanding« (2003, S. 436). Zwar sind damit alle Akteure auch Konstrukteure der »conversational realities« (Shotter 1994), in denen sie leben, sie müssen aber gegenüber dem kollektiven Handlungssinn »responsive« sein, sich ihm also auch anpassen, um überhaupt

»selbst« handeln zu können (2003, S. 435). Der individuelle Konstrukteur des Kognitivismus wird zum Partizipienten.

Insbesondere die dialogische Einbettung des Selbst in Interaktionsbeziehungen erinnert an die mittlerweile populäre Theorie des *dialogical self*, die die beiden niederländischen Kultur- und Persönlichkeitspsychologen Hubert H. Hermans und Harry G. Kempen 1993 zur Diskussion gestellt haben. Sie haben, ähnlich wie Gergen, einen theoretisch aufwändigen Versuch vorgelegt, das Individuum in sozialen Zusammenhängen »aufgehen« zu lassen: Psychische Prozesse, Funktionen oder Zustände, die für das Selbst und die personale Identität eine Rolle spielen (z. B. Emotionen oder Handlungsfähigkeiten), gelten diesen Autoren als »rhetorical actions«, als Resultate des Beteiligtseins an dialogischen Kommunikationen. Mit Gergen verbindet Hermans und Kempen auch der übergeordnete Anspruch, ein für die Psychologie neues Konzept vorzulegen, das die »kulturell bedingten Grenzen von Individualismus und Rationalismus« transzendiert, da es das Selbst nicht mehr als Einheit, sondern als eine »multiplicity of positions« versteht. Diese Einzelpositionen, die innerhalb des Selbst Platz finden können, können durchaus widersprüchlich sein.

Wie im postmodernen Entwurf Gergens spielen das Konzept der Dialogizität und die Metaphorik der widerstreitenden »Stimmen« im Entwurf eines *dialogical self* eine tragende Rolle. Die Diversität der I-Positions konzeptualisieren Hermans und Kempen nämlich als Stimmen: »[V]oices by which the I in one position can agree, disagree, understand, misunderstand, oppose, contradict, question, and even ridicule the I in another position« (Hermans et al. 1992, S. 29). In diesem Sinne betonen auch die Erfinder des *dialogical self* nicht nur die Eingebundenheit des modernen, sich selbst entwerfenden Menschen in Dialoge mit anderen, sondern vor allem die Konstituiertheit des Selbst durch polyphone Dialoge, außerhalb derer es überhaupt keine Position gibt.

Als wichtigste theoretische Quelle für das Konzept der Dialogizität und mithin für alle drei erwähnten Modelle des Selbst gelten die Arbeiten des russischen Literaturtheoretikers Mikhail Bachtin und dessen Konzept des »polyphonen Romans« (Bachtin 1979). Schon die »innere Polyphonie« des *relational self*, meint Gergen beispielsweise mit Bezug auf Bachtin, führt dazu, dass unsere Existenz zutiefst dialogisch sein muss, da die Kluft zwischen Selbst und Anderen im polyphonen Dialog aufgehoben ist: »Self and other are locked together in the generation of meaning« (Gergen 1999, S. 131). Bachtins gegen einheitliche, festgelegte Bedeutungshierarchien gerichtete Vision des »dialogischen«, im Extremfall »polyphonen« Textes wehrt sich gegen eine vereinheitlichende, fixierende Lektüre, und diese Text- und Sprachkonzeption führt bei Bachtin tatsächlich zur Abkehr von einem individualistischen, »psychologischen« Subjektbegriff, der den Autor (und den Leser) als textexterne, autonom sinnstiftende Instanz begreift. Das sprechende, zeichenhandelnde Subjekt ist nie nur eines, sondern konstituiert sich als Stimme im Wort des anderen. Auch das Selbst kann – genau wie ein Wort, eine Äußerung, ein Text – seine Identität (seine Bedeutung) niemals autonom bestimmen, sondern es existiert nur auf der Schnittstelle soziokultureller Diskurse und Beziehungen. Dies bezeichnet Bachtin – und hier wird seine Patenschaft für alle drei erwähnten Theorien deutlich – als »dialogische Existenz« (vgl. Todorov 1995). Wie in musikalischen polyphonischen Kompositionen, in denen die einzelnen Stimmen oder Instrumente bisweilen in opponierender Weise zusammen spielen, sich ergänzen und brechen, so haben auch die Charaktere einer »polyphonic novel« nicht einfach nur unterschiedliche Rollen in der »einen« erzählten Welt. Sie stellen vielmehr selbst, jede für sich »autonom«, eine Vielzahl unterschiedlicher Welten und Perspektiven her, von denen auch die des Autors nur eine unter vielen ist (Todorov 1995, S. 27). Dieses konstruktivistische und pluralistische Verständnis des (durch und in Erzählungen konstituierten) Selbst steht beim *dialogical self* ebenso Pate wie beim *relational self*.

Das *dialogical self* unterscheidet sich allerdings in einem wichtigen Punkt vom rein diskursiven Selbst im Sinne Gergens und ist in diesem Punkt der oben skizzierten Auffassung John Shotters wieder näher: Hermans und Kempen heben die »leibliche« Basis unserer Selbstkonstruktionen hervor. Von Anfang an machen sie deutlich, dass – bei allen Aufspaltungsphantasien – die Selbstkonstruktionen und -kognitionen eines Subjektes nicht unter Missachtung der Tatsache konzeptualisiert werden dürfen, dass das konstruierende Subjekt der Welt, deren Bedeutung es konstruiert, auch leiblich einwohnt. Welche Ereignisse und Dinge für uns welche Bedeutung haben, ist nicht zuletzt bestimmt oder doch wenigstens geformt durch die Muster unserer Körperbewegungen, unsere stets auch leiblich vermittelte räumliche und zeitliche Orientierung in der Welt und unsere praktische Interaktion mit den »Gegenständen« in ihr. Die Rede ist, in Anlehnung an Maurice Merleau-Ponty, vom »body subject« und immer wieder vom »embodied self« (vgl. Hermans et al. 1992, S. 25).

Fraglich bleibt es gleichwohl, ob die polyphonen, anonymen Stimmen des *relational self* und des *dialogical self*, die ja nicht nur untereinander radikal unterschiedliche Positionen vertreten, sondern auch jede für sich flüchtig und inkonsistent agieren, wirklich in der Lage sind, einen Dialog zu führen, der irgendeine Form von (antwortendem) Verstehen voraussetzt? Oder gleicht das, was Gergen und auch Hermans und Kempen uns als Lesart des Bachtin'schen Prinzips der Dialogizität vorstellen, eher einem unkoordinierten Stimmengewirr, in dem vielfältige, inkommensurable Perspektiven neben einander existieren? Möglicherweise lassen die genannten Autoren außer Acht, dass, wer von Dialogen spricht, Fragen der Anerkennung oder Verständigung und damit verbunden auch die Frage nach den Partizipienten am Gespräch (und ihrer Intentionalität) erwarten muss. Ein Dialogbegriff, der von Diskussionsteilnehmern ausgeht, die keinen Anteil ihrer Positionen und Beiträge selbst bestimmt hervorbringen, lässt diese Fragen nur sehr bedingt zu (vgl. Straub u. Zielke 2005; Zielke 2005a; s. Kap. V).

Narrative Identität im sozialen Konstruktionismus

In vielen Versuchen, ein sozial konstruiertes Bild des Selbst zu generieren, wird die Inkohärenz, Fragmentiertheit, ja »Multiphrenie« dieses Selbst betont. Heißt das nun, auf jeglichen Anspruch an die Kohärenz des von einer Person gelebten Lebens, ihrer Erfahrungen und der auf diesen Erfahrungen basierenden Selbstinterpretationen verzichten zu müssen? Verpflichtet die konstruktionistische Sichtweise zur radikalen Absage an die mögliche oder angestrebte »Einheit« des Selbst? Und wenn dem so ist – wie gehen die konstruktionistischen Psychologien (und andere postmoderne Theorien des Selbst) damit um, dass Menschen zumindest glauben, dass sie über ein »authentisches« Selbst verfügen, dass sie sich selbst auch in unterschiedlichen Kontexten wieder erkennen, dass sie sich also in gewisser Weise als mit sich selbst »identisch« erleben? Wenn das Selbst als Einheit tatsächlich reine – für Gergen und andere sogar ideologisch erzwungene – Konstruktion ist, wie kommt es dann, dass zumindest sehr vielen Menschen die Erfahrung einer gewissen Einheit auch in sich verändernden Kontexten möglich ist?

Theorien narrativer Identität nehmen diese Frage auf: Erzählt ein Individuum seine Lebensgeschichte, so bringt es das eigene Leben als Ganzes symbolisch zur Sprache – diese Tatsache verleiht der Erzählung identitätskonstituierende Kraft. In gewisser Weise wird »narrative Identität« in solchen autobiographischen Erzählungen zugleich dargestellt und gebildet, denn sobald jemand seine Lebensgeschichte erzählt, muss er auch die widersprüchlichsten Ereignisse oder sogar widersprüchliche Aspekte der eigenen Identität in eine subjektiv und sozial sinnhafte Ordnung bringen und damit integrieren. Die besondere Struktur der Erzählung erlaubt dabei, dies zu tun, ohne die Differenz der einzelnen »Fragmente« völlig einzuebnen (vgl. Ricoeur 1988, Brockmeier 1999; Straub u. Zielke 2005). Einen Vorzug des Konzepts »Narrativität« für das sozialpsychologische Verständnis des Selbst sieht auch die konstruktionistische Autorin Burr in der Möglichkeit, damit »eine Theorie des Selbst zu entwickeln, welche nicht essentialistisch ist und dieses Selbst im Reich des Sozialen verortet« (2003, S. 142).

In Gergens (1998, S. 171) Ausführungen wird die Selbsterzählung zunächst kritisch als für den modernen Menschen besonders typische Form der Selbstpräsentation betrachtet. So sagt etwa die Art und Weise, wie Erinnerungen vergangener Ereignisse und Handlungen narrativ präsentiert werden, nicht viel über universelle interne kognitive Prozesse und Zustände (etwa Gedächtnisfunktionen oder narrative Kompetenzen) der erzählenden Person aus, sondern das Konzept »Erinnern« ist selbst ein »diskursives Artefakt« (Gergen 1998a, S. 191), das heute intelligiblen Varianten der Selbstdarstellung entspricht. Erinnerung wird genau dann hergestellt, wenn soziale Systeme oder Gruppen übereinkommen, unter bestimmten Bedingungen bestimmte Handlungen als (Resultate von) Erinnerungen oder Belege für Gedächtnis zu bezeichnen und andere nicht. Zur diskursiven Konstitution von Erinnerung kann auch die Einbindung des Erinnerten in ein wohlgeformtes Narrativ beitragen. Narrative Identität als »diskursive Leistung« bringt für Gergen erst die Fiktion dessen, was wir Identität nennen, hervor, etwa indem wir uns durch die Präsentation einer autobiographischen Erzählung als Subjekt versprachlichen (müssen), wenn wir beispielsweise das Pronomen »Ich« verwenden. Durch diesen und weitere sprachliche Akte erst erlangen wir das Gefühl dafür und den Status, Individuen mit besonderen Eigenschaften oder Fähigkeiten zu sein. Durch die Erzählung wird Identität in ihrer modernen, temporalen Form intelligibel und damit ist die Erzählung selbst ein Instrument, das Intelligibilität herzustellen vermag (vgl. Gergen 1998a, S. 188ff.).

Positiv zu werten ist dagegen die Möglichkeit des Erzählers oder der Erzählerin, Form und Inhalt der Selbstpräsentation – wiederum nach vorgegebenen soziokulturellen Mustern – zu variieren und dadurch potenziell auch aus dem »klassischen« Identitätsmodell auszubrechen. Jeder von uns kann und sollte demnach unterschiedliche Selbsterzählungen bilden und sogar verschiedene Varianten parat haben. Solche Varianten mögen einander ergänzen wie die Steine eines Mosaiks, sie können einander aber auch widersprechen oder widerstreiten und sich der Integration in eine einheitliche, kohärente und kontinuierliche Form widersetzen. Sie variieren in Abhängigkeit vom »relationalen« oder »dialogischen« Kontext, in dem man gerade spricht und handelt. Um diese Art der Identitätsbildung leisten zu können, sind Kompetenzen der Erzählerin erforderlich, die sich von den traditionellen Kriterien gelingender Identität unterscheiden: »One acquires not a deep and enduring ›true self‹, but a potential for communicating and performing a self« (1994, S. 206). Das erzählende Selbst der konstruktionistischen Psychologie (jedenfalls in der Variante Gergens) wird zu einem radikal kontext- und situationsabhängigen, versierten Selbst-Darsteller mit einem möglichst variantenreichen Repertoire – ganz im Sinne des »multiphrenen«, relationalen Selbst.

Die beschriebene Konzeptualisierung des Selbst als sozial bedingt wirft selbstverständlich auch neues Licht auf alle in der Psychologie behandelten Funktionsbereiche – denn auch kognitive oder affektive Prozesse und Zustände werden schließlich gängigerweise als individuelle und zugleich universelle »Funktionen« konzipiert und erforscht. Die Zentrierung der Psychologie auf das Individuum hat durch den kognitivistischen Zuschnitt psychischer Phänomene noch eine besondere Note gewonnen.

2 Kognition, Emotion und weitere Aspekte des Alltagshandelns: Forschungen der diskursiven Psychologie

Die Auffassung, dass der Gegenstand der Psychologie ein inhaltlich strukturierter sei und dass Bedeutungen fürderhin eine zentrale Rolle in den psychologischen Konstrukten spielen müssten – eine Forderung, die man heute von Seiten der Kulturpsychologie und des Sozialkonstruktionismus hört –, wurde bereits im Impuls der »kognitiven Revolution« gegen die behavioristische Gegenstandsbestimmung laut (Bruner 1990, S. 3–32). Im Anschluss an Bruner gilt es heute als ausgemacht, dass die kognitive Wende eigentlich eine »semantische« gewesen ist (Laucken 1998, S. 256). Allerdings hatte bereits Bruner gezeigt, dass gerade die Bedeutungszugewandtheit des frühen Kognitivismus schon bald dem repräsentationalistischen und funktionalistischen Informationsbegriff der kognitivistischen Wissensmodelle weichen musste (vgl. Zielke 2004, 2006c). Einige Vertreter konstruktionistischer Psychologien sind angetreten, einen nichtinformatorischen Bedeutungsbegriff zu formulieren und stark zu machen.

Kognition und Bedeutung

Ein am Paradigma des Computerfunktionalismus und der Informationsverarbeitung ausgerichteter Bedeutungsbegriff kann für den Konstruktionismus nicht mehr adäquat sein. Mit »joint action« im Sinne Shotters (s.o.) ist nun einmal nicht gemeint, dass computational modellierbare kognitive Verarbeitungssysteme struktursensitive Repräsentationen prozessieren und auf deren Basis soziale Abläufe wie Kommunikation, Interaktion und die Gesamtheit dessen gestalten, was wir als »soziale Wirklichkeit« bezeichnen. Der Konstruktionsbegriff der konstruktionistischen Psychologien sieht vor, dass »unsere« Konstruktionen keineswegs unser je eigener Besitz sind, und dass sie nicht im kognitiven System des oder der einzelnen durch die Prozessierung objektiver Repräsentationen, nun kognitivistisch als »Informationen« gefasst, entstehen. Vielmehr sind und bleiben auch scheinbar auf der Basis interner Prozesse aufgebaute Konstruktionen an soziale und kommunikative Prozesse gebunden beziehungsweise werden durch diese erst ermöglicht. Damit ist der wichtigste Schritt von der »Information« zur »Bedeutung« ausgedrückt. Ein Blick in die herkömmlichen Modelle der Wissensrepräsentation macht darüber hinaus schnell die kognitivistische Reduktion der »Inhalte« von Kognitionen auf den formalen Aspekt ihrer Verarbeitung deutlich (vgl. Graumann 1988). Verloren geht dabei die »Bedeutung von Kommunikation und Interaktion« und die Relevanz sozialen Handelns für »Wissen und Denken« (Flick 1995, S. 11).

Die konstruktionistische Kognitivismuskritik kann auf ähnliche Einwände aus anderen (Sub-)Disziplinen, etwa dem biologischen Konstruktivismus, der Handlungspsychologie oder der Kulturpsychologie zurückgreifen: Francisco Varela bemängelt, dass »in den bisher gegebenen Definitionen der Kognition der gesunde Menschenverstand völlig fehlt« (1990, S. 89; s.a. Dreyfus 1993); Walter Zitterbarth und Hans Werbik sprechen von der »Halbherzigkeit der kognitiven Wende« (1990). Jerome Bruner fasst zusammen: »Dieser Art von Informationsverarbeitung [...] entzieht sich alles, außer wohldefinierten und arbiträren Daten, die auf spezifische Weise verknüpft werden können. [...] Ein solches System kann weder mit Vagheit und Polysemie noch mit metaphorischen und konnotativen Beziehungen etwas anfangen« (Bruner 1997, S. 24f.). Und schließlich verorteten Shannon und Weaver, zwei Pioniere des informationstheoretischen Kognitivismus, die Frage, ob Nachrichten Bedeutungen vermitteln können, einst selbst außerhalb des Anwendungsbereichs ihrer Theorie: »[S]emantic aspects are irrelevant to the engineering problem« (Shannon u. Weaver 1949/1971, S. 3).

Als Gegenentwurf zum kognitivistischen Informationsbegriff ist in konstruktionistischen Diskursen häufig und ausdrücklich die Rede von sozialen und pragmatischen Prozessen der Bedeutungskonstitution, vom »meaning-making« (Gergen 1994, 1999) oder auch von »meaningfulness« (Shotter 2003). Was aber ist im hier verhandelten Sinn »Bedeutung«, wie ist sie zu konzeptualisieren? Diese schwierige und philosophisch anspruchsvolle Frage haben die konstruktionistischen Psychologien auch für sich selbst noch nicht in befriedigender Weise gelöst. Ich will auf zwei Punkte kurz eingehen. Wir haben gesehen, dass die Sprache als wichtigstes Symbolsystem gelten kann, innerhalb dessen die soziale Konstruktion von Wissen und Bedeutung stattfindet: Die Sprache einer Kultur stellt eine Art Zeichen- oder Bedeutungsvorrat zur Verfügung, den wir gebrauchen, um unserer Welt Sinn und Bedeutung zu verleihen. Um unseren Erfahrungen überhaupt irgendeine Bedeutung zu geben, um das, was wir wahrnehmen erstmals aufzufassen, benötigen wir Auffassungskonstrukte, Begriffe, Kategorien, die immer an die in einer Kultur verwendeten Symbolsysteme und den damit verbundenen Bedeutungsvorrat gebunden sind. »Language itself provides us with a way of structuring our experience of the world and of ourselves«, schreibt Burr (2003, S. 47). Aber dennoch muss dieses »Bedeutungsrepertoire«, auf das wir zugreifen, um uns selbst und unsere Welt gemeinsam zu »konstruieren«, flexibel und veränderbar sein, da es sich mit dem sozialen Wandel bewegen können muss. Am besten lässt sich dies für Begriffe wie »Homosexualität« oder »Frauenquote« nachvollziehen, deren Bedeutung sich mit gesellschaftlichen Veränderungen radikal gewandelt hat beziehungsweise durch diese erst entstanden ist. Dasselbe gilt aber prinzipiell für alle Begriffe. Bedeutung entsteht also, und hierin liegt der Unterschied zum kognitivistischen Wissensbegriff, in den Interaktionen zwischen den spechenden Akteuren, im Rahmen einer sozialen, bedeutungskonstitutiven Praxis (s. Kap. II, 2).

Konstruktionistische Theorien der Bedeutung betonen darüber hinaus deren »dialogische« Basis. Auch hier wird gerne auf Michail Bachtin und seine Theorie des Sprechens Bezug genommen (vgl. Gergen 1994, 1999; Hepburn 2005 u. a.; s. Kap. IV, 1). Shotter beschreibt in seiner von ihm selbst als »rhetorical-responsive«, »dialogical« oder »conversional« bezeichneten Variante des sozialen Konstruktionismus (1994, S. 6), dass unsere Fähigkeit zu repräsentieren der grundlegenderen Fähigkeit nachgeordnet ist, mittels derer Menschen sich im Sprechen aufeinander beziehen. Erst auf der Basis dieser dialogischen oder, wie Shotter auch schreibt, »responsiven« Formen des Wahrnehmens, Denkens und Sprechens, gewinnen sie den Ereignissen und Gegenständen ihrer Umgebung einen (gemeinsamen) Sinn ab (Shotter 1994, S. 2–6). Das »dialogische« oder »relationale« Prinzip, das die konstruktionistische Auffassung von Bedeutung bestimmt, ist so grundlegend, dass es in vielen anderen Aspekten konstruktionistischer Theoriebildung eine Rolle spielt, wie wir in Kapitel IV, 1 gesehen haben.

In den Forschungsarbeiten der *discursive psychology* ist die Kritik des Kognitivismus und des kognitivistischen Bedeutungsbegriffs ebenfalls präsent. »Gut erforschte« kognitivistische Konstrukte werden diskursanalytisch und kritisch »re-evaluiert« (vgl. insb. Potter et al. 1993). Wir werden nun Beispiele der diskursanalytischen Bearbeitung von Attribution, Erinnerung und Emotion skizzieren; darauf folgend werden dann – paradigmatisch für die Perspektive der *Foucauldian studies* – Studien zum Thema Sexualität betrachtet.

Attribution als soziale Handlung

Attributionen, so genannte Laienerklärungen alltäglicher Ereignisse, gelten als eines der zentralen Konstrukte der kognitivistischen Sozialpsychologie. Die Theorie der Kausalattribution, zuerst von Fritz Heider entwickelt (Heider 1958), beruht auf der Annahme, dass der menschlichen Kognition ein grundlegendes Prinzip eigengesetzlicher Strukturierung innewohnt. Dieses Strukturierungsprinzip funktioniert etwa wie folgt: Menschen versuchen, sich die Welt auf kohärente Weise zu erklären, um Handlungen und Ereignisse verstehbar und vorhersagbar zu machen – und so eine möglichst effektive Interaktion mit der sozialen Umwelt zu gewährleisten (vgl. Meyer u. Försterling 1993). Die nach Heiders Untersuchungen im Vollzug der sozialen Interaktion allgemein bevorzugte Erklärungsform ist dabei die, eine Erfahrung sinnvoll werden zu lassen, indem sie in einen ursächlichen Begründungszusammenhang eingebettet wird (vgl. Heider 1958, z. B. S. 80). Das Bedürfnis, Handlungen und Ereignisse ursächlich erklären zu können, ist für Heider eine grundlegende Eigenschaft menschlichen Denkens.

Der universalistische und individualistische Grundgedanke dieser Auffassung (der auch die nachfolgenden, an Heider anschließenden attributionstheoretischen Theorien kennzeichnet, z. B. Kelley 1967) wird aus Sicht der diskursiven Psychologie scharf kritisiert.

Attributionen, so schreiben zum Beispiel Hewstone und Augoustinos, beruhen auf sozialen Repräsentationen, sind also selbst »soziale Phänomene« (1995, S. 87). Edwards und Potter betonen noch pointierter den sozialen Handlungscharakter attributionaler Erklärungen: Auch scheinbar ganz individuell getätigte Attributionen müssten als Bestandteil sozialer Interaktionsabläufe interpretiert werden: »The approach that we recommend here is that causal attributions, both inside and outside the laboratory, can fruitfully be studied as social acts performed in discourse and not merely as cognitions about social acts, which happen to be expressed within conversation« (Edwards u. Potter 1993, S. 23). Die attributionalen Erklärungen im Alltag sind selbst als soziale Handlungen zu bewerten, nicht als den Handlungen übergeordnete theoretische Konstruktionen. Das durch sie verkörperte Wissen ist handlungsorientiert und interessengeleitet, aber dennoch nicht individuell aufgebaut oder verfügbar: »Within discursive psychology, the focus is changed from attitudes as mentally encoded, potentially enduring positions to the *practices* through which evaluation is conducted and evaluative positions attributed« (Potter et al. 1993, S. 393). Die Diskurspsychologen kritisieren hieran insbesondere, dass die herkömmliche Attributionstheorie wenig Einsicht dafür zeigt, dass der Sprache als kulturellem Symbolsystem maßgebliche Bedeutung auch für vermeintlich »individuelle« Attributionen zukommt. Die Attributionstheorie bleibt einem instrumentellen Sprachverständnis verpflichtet: »Language is part of method rather then part of theory« (Edwards u. Potter 1993, S. 23). Die diskursive Psychologie setzt demgegenüber auf ein Verständnis der konstitutiven Rolle von Sprache als einer kulturellen, sozialen Praxis, an der die Attribuierenden partizipieren.

Welche Auswirkungen ergeben sich daraus für das psychologische Wissen über Attributionen und die dabei ablaufenden Prozesse? Attributionen können aus dieser Perspektive nicht als Ergebnis interner, individueller kognitiver Prozesse verstanden werden, sondern sind sozialen Ursprungs. Sie sagen daher nicht unbedingt etwas über universelle, intrapsychisch ablaufende Mechanismen der Informationsverarbeitung aus, sondern ermöglichen Einsichten in die »vorherrschenden Erklärungs- und Bedeutungssysteme einer Gesellschaft« (Edwards u. Potter 1993, S. 87). Das gilt auch für in der kognitiven (Sozial-)Psychologie nach wie vor unreflektiert als universal verhandelte »Tendenzen« der menschlichen Informationsverarbeitung im Bereich der sozialen Wahrnehmung, wie etwa den fundamentalen Attributionsfehler (Ross 1977) oder den Akteur-Beobachter-Unterschied (Jones u. Nisbett 1972). Der fundamentale Attributionsfehler, so die Argumentation Augoustinos', kann beispielsweise auch als Folge der »herrschende[n] Ideologie des Idealismus innerhalb der europäischen und nordamerikanischen Kultur« verstanden werden (Augoustinos 1995, S. 83; vgl. auch Hewstone u. Augoustinos 1995). In der gängigen Literatur ist dieser kulturrelativistische Reflex allerdings kaum präsent, sondern die Tendenz, eher auf die Person als auf die Situation zu attribuieren, gilt in (sozial-)psychologischen Lehrbüchern nach wie vor als Universalie menschlichen Denkens und Handelns (z. B. Meyer u. Försterling 1993, S. 208f.). Auch die Konsistenz von unterschiedlichen Kognitionen oder von Kognitionen und Handlungen – im Sinne der Attributions- oder Dissonanztheorie (z. B. Festinger 1957) – wird in alltäglichen sozialen Interaktionen nicht gesucht, sondern durch deren Struktur erst konstituiert.

Zusammenfassend: Psychologische Befunde über das Wesen attributionaler Prozesse werden ihres universalistischen Anspruchs enthoben. Die von ihnen festgehaltenen Merkmale gelten in den Texten der diskursiven Psychologie nicht mehr als allgemeine Merkmale individuell ablaufender Informationsverarbeitungsmechanismen, sondern sie werden als historisch-kulturell kontingente diskursive Strategien ausgewiesen, denen das Denken und Handeln der Individuen in einer Kultur entspringt.

Erinnerung als diskursive Strategie

Erinnerungen werden im Konstruktionismus nicht als interne Zustände, sondern als »diskursive Artefakte« klassifiziert (Gergen 1994; s. Kap. IV, 1). Edwards und Potter haben sich noch eingehender als Gergen mit dem Begriff der Erinnerung befasst, einige Aspekte ihrer Diskursanalyse am Konstrukt der individuellen »Erinnerung« (»memory«) erläutert (1992, S. 30ff.; 1995) und dabei das kognitivistische Verständnis von Erinnerungen um ein diskursives

Element erweitert. Sie beziehen sich in ihrem bekannten Analysebeispiel auf eine 1981 von dem Kognitionspsychologen Ulrich Neisser durchgeführte Analyse von Zeugenaussagen zur Watergate-Affäre.[2]

In ihrer konstruktionistischen Relektüre der Aussagen des Hauptzeugen John Dean und Neissers kognitivistischer Interpretation zeigen Edwards und Potter, dass all die unterschiedlichen textuellen Belege für »akkurate« oder aber »fehlerhafte« Erinnerungen Deans, die Neisser auf der Basis der Protokolle ausweist, ebenso gut als Belege für die effektive Anwendung rhetorischer Mittel und Strategien gelesen werden können und dass diese Strategien nicht zuletzt ein bestimmtes Bild von Deans Person beziehungsweise seiner persönlichen Haltung ergeben: So hatte Neisser etwa die Tatsache, dass Dean sehr zutreffend die Kernsachverhalte wiedergeben hatte, viele Details (z. B. die Reihenfolge der Gespräche) jedoch durcheinander brachte, kognitivistisch als »inferenzbedingte Erinnerungsfehler« (Neisser 1981) interpretiert – eine Interpretation, die auch heute in kognitionspsychologischen Lehrbüchern nachzulesen ist (siehe etwa Anderson 2001). Edwards und Potter dagegen widersprechen dem Allgemeingültigkeitsanspruch dieser kognitivistischen Interpretation, die sie als »personality-oriented disposition account« bezeichnen (1995, S. 19) und zeigen mit ihrer diskursanalytischen Rekonstruktion, dass allein durch pragmatisch-strategische Sprechhandlungen und durch die in diesem Sinne »rhetorische« Qualität der einzelnen Aussagen das »Wahre« vom »Falschen« geschieden wird.

Für alle Beteiligten an dem Verhör zeigen sie (anhand entsprechender Protokoll- und Transkriptpassagen), dass und wie jedermann sich bemüht, die Glaubwürdigkeit der je eigenen Version der »Wahrheit« zu verteidigen« (Edwards u. Potter 1995, S. 32): So präsentieren alle Zeugen die »Wahrheit« dessen, was geschehen ist, als

2 Es handelt sich um den Hauptzeugen in der Watergate-Affaire, John Dean, der Aussagen über den Verlauf und den Inhalt von Gesprächen im Oval Office und über weitere Ereignisse im Weißen Haus zur Amtszeit Nixons machte. Nachdem diese Zeugenaussagen zu Protokoll gegeben worden waren, stellte sich heraus, dass Nixon die Gespräche aufgezeichnet hatte. Auf den Vergleich der Dokumente bezieht sich Neissers und nachfolgend Edwars und Potters Analyse.

das, was jeder rational denkenden Person bei Kenntnis der Sachlage doch offensichtlich sein müsste. Dagegen werden eigenschaftsbezogene, »dispositionelle« Gründe für die fehlerhaften oder unzutreffenden Aussagen der anderen Beteiligten angeboten. Diese »Strategie«, so Edwards und Potter, sei übrigens ein »klassischer Zug«, der auch die Rhetorik wissenschaftlicher Texte auszeichne: Das, was als wahr zu gelten hat, bedarf keiner weiteren Begründung, wogegen alles, was als falsch zu gelten hat, über spezielle, dem »eigentlichen« Geschehen externe Prozesse erklärt wird. Im letzten Fall handele es sich eben oft genug um »spekulative dispositionelle« Erklärungen von Erinnerungsfehlern. Die beiden Autoren kritisieren, dass es für das Verständnis der im alltäglichen Leben tatsächlich stattfindenden Erinnerungsvorgänge relevanter wäre, zu prüfen, auf welche Weise Ausdrücke wie »Akkuranz«, »Verifikation« oder auch »Wahrheit« als pragmatisch situierte (»occasioned«) Elemente des Diskurses rhetorisch eingesetzt werden (Potter u. Edwards 1995, S. 32f.). Auch diejenigen kognitivistischen Interpretationen, die sich von der unnatürlichen Situation der Laborexperimente zu Erinnerungsprozessen befreien wollten und Feldanalysen natürlicher Interaktionen durchführten, wie Neisser dies getan hat, setzten dagegen »Wahrheit« als etwas voraus, das dem Psychologen in Form des »direkten Inputs« zugänglich sein kann – einen solchen »unkontaminierten« Input aber kann es im Sinne der diskursiven Psychologie auch über die exakteste Methode nicht geben. Ihr Hauptargument gegen Neisser ist daher, dass seine Analyse der »pragmatisch situierten« Qualität von John Deans Bericht nicht Rechnung trage und die Tatsache ignoriere, dass »die *Wahrheit* Deans von seinem Bericht*modus* nicht zu trennen ist« (Edwards u. Potter 1995, S. 17; Übers. d. Verf.).

Emotionen als soziale Inszenierungen

Die Betonung der sozialen Qualität psychischer Zustände und Prozesse hat beträchtliche Auswirkungen auf die Konzeptualisierung aller psychologischen Konstrukte und Begriffe: Begriffe des Psychischen erhalten ihre Aussagekraft nicht mehr dadurch, dass sie auf etwas Innerpsychisches (oder Gegenständliches) verweisen, sondern durch die Aushandlung ihrer Bedeutung in der Sprache einer Kultur oder Gesellschaft. Dort werden, folgt man dieser Auffassung, auch ganz »private« psychische Interna als solche konstituiert. Vor ihrer öffentlichen, diskursiven Konstruktion existieren sie (in einer für Menschen zugänglichen Weise) überhaupt nicht. Der Unterschied zwischen dieser konstruktionistischen Perspektive und der »herkömmlichen« Auffassung in der Psychologie lässt sich besonders eindrücklich am Konzept emotionaler Zustände illustrieren.

Zunächst sind bestimmte Handlungen oder Interaktionen, die normalerweise als typische »Vehikel« emotionalen Ausdrucks gelten, als soziale Inszenierungen (*performances*) zu verstehen, die eben nicht Ausdruck eines Gefühls oder einer Emotion sind, sondern für ihre Verständlichkeit, ja für ihren reibungslosen Ablauf die Bezugnahme auf Gefühle erfordern. Auch höchst auffällige, zunächst nicht ohne weiteres erklärbare Handlungen – wenn etwa erwachsene Personen mit verzerrtem Gesicht laut schreien – werden verständlich und sozial akzeptabel, wenn sie auf das Gefühl starker Wut bezogen werden können. Daraus ergibt sich eine Reihe möglicher, ebenfalls emotional aufgeladener Anschlusshandlungen, etwa beruhigend auf den Betreffenden einzureden oder mit einer Gegenaggression zu reagieren. Diese Sichtweise kehrt das Verhältnis zwischen dem emotionalen »Zustand« und seinem »Ausdruck« in symbolischen Handlungen oder in der Sprache um: Nicht Gefühle verleiten oder motivieren zu bestimmten Handlungen, sondern man stellt durch gemeinsames Handeln Situationen her, in denen von Gefühlen die Rede ist und in denen alle Beteiligten sich selbst und anderen Gefühlszustände zusprechen, um die ablaufenden Handlungen verständlich und sinnvoll erscheinen zu lassen. In diesem Sinne »stellen« die Akteure Gefühle tatsächlich auf performative Weise »her«. Gergen spricht von »emotionalen Szenarien« oder auch von »emotional performance« (Gergen 1994, S. 224). Ein Szenario ist eine Art Skript für aufeinander bezogene Handlungen mehrerer Akteure, etwa wie in einem Theaterstück. Stellt man sich eine solche Inszenierung vor, wird klar, dass auch und gerade solche performativen Akte, denen wir emotionale Zustände zuschreiben, nicht dem individuellen Seelenleben des gerade Handelnden, physiologischen Vorgängen oder der kognitiven Interpretation individueller Wahrnehmung entspringen, sondern jede *performance*, die zu einem solchen Theaterstück gehört, ist von den an sie anschließenden oder ihr vorhergehenden weiteren Handlungen abhängig. Durch sie erst erlangt sie Intelligibilität oder überhaupt Bedeutung. Jeder Zustand oder Prozess, dem emotionale Qualität zugesprochen wird, würde ohne vorbereitende, begleitende und an ihn anschließende Handlungen unverständlich bleiben und gar nicht als »emotional« erscheinen. Kurz: Ohne soziale Inszenierung wäre eine bestimmte Empfindung eben kein Gefühl: »Without the actions of others – preceding, simultaneous to, and following the performance of emotion – the emotion would be unintelligible as such« (Gergen 1998b, S. 20).

Emotionen als kulturell intelligible Konstruktionen

Emotionswörter (»emotion terms«) wie »Wut«, »Liebe« oder »Depression« dienen uns in der unüberschaubaren Vielfalt des alltäglichen sozialen Lebens als Schlüsselbegriffe für spezifische Konversationen und Interaktionen. Sie indizieren, welche Handlungen als »emotional« zu interpretieren sind und sorgen für besondere Performanz. In jeder Kultur existieren eine spezifische Gestik, Mimik oder andere Spezifika des Körperausdrucks, die genau dann Intelligibilität konstituieren (also sozialfunktional relevant und nützlich sind), wenn sie als emotional beziehungsweise als Emotionsausdruck interpretiert werden (vgl. Averill 1982). Emotionspsychologische Diskurse und Forschungen sollten sich daher darauf konzentrieren, »hinter« der individuellen »emotional performance« die soziokulturellen Interaktionsmuster zu erkunden, in die sie eingebettet ist.

Betrachten wir als Beispiel die *performance* von Wut oder Ärger, deren diskursive, mimische und gestische oder weitere Ausdrucksmittel wie folgt beschrieben werden können: Ärger ist normalerweise eingebettet in ein kulturell je unterschiedliches Szenario, zu dem ein vorhergehender Affront gehört, welcher der Inszenierung erst ihre Bedeutung verleiht. Weiterhin bereitet die *performance* von Ärger die Bühne für darauf folgende *performances* – etwa von Entschuldigung oder Verteidigung. Darauf könnte im ersten Fall das

Szenario der Vergebung folgen. Diese – und mögliche weitere – Handlungen, hebt Gergen hervor, legitimieren einander und bilden zusammen genommen eine Art kulturelles Skript für soziale Handlungszusammenhänge. Sie sagen uns, wie wir uns – emotional gesehen – verhalten sollen, wie wir (uns) fühlen sollen, welche emotionalen Zustände in einer sozialen Situation überhaupt möglich sind, ohne dass dem Handelnden abgesprochen wird, über eine intelligible Identität zu verfügen: Eifersucht oder Neid sind angemessen, wenn ein Rivale auftaucht – nicht aber, wenn die Ampel zu früh auf rot schaltet (vgl. Gergen 1994, S. 224). Die konkreten emotionsgenerierenden Inszenierungen sind wiederum in größere Interaktionsmuster eingebettet, in kulturell bestimmte Emotionsszenarien, die besagen, wann welche Inszenierung welchen Gefühls recht am Platz oder überhaupt legitim ist, und die sich von Kultur zu Kultur unterscheiden. Es sind also im Grunde immer »kulturspezifische emotionale Szenarios«, die erkundet werden müssen, um Emotionen zu erforschen (Gergen 1999, S. 136). Auch die *emotional performances* sind damit funktionale Bestandteile von Beziehungen oder Beziehungsnetzen. Ohne soziale Beziehungen kann keine Interaktion, keine Inszenierung, keine zugeschriebene Intelligibilität zustande kommen, mithin keine Emotion und kein Selbst.

Emotionsäußerungen aus Sicht der diskursiven Psychologie

Derek Edwards und Vivien Burr vertreten, ähnlich wie Gergen, die Auffassung, dass die wissenschaftlich-psychologische Erforschung emotionaler Zustände sich auf die Untersuchung von Emotionswörtern und die bei ihrer Verwendung genutzten »discursive devices and rhetorical skills« sützen müsse. Sie solle sich nicht etwa auf die Suche nach vermeintlich durch diese Termini ausgedrückten internen emotionalen Zuständen beschränken (Burr 2003, S. 127; vgl. Edwards 1997, Kap. 7). Auf die Existenz von Emotionen als »entities or states inside us« kann aus der Rede »über« sie nicht geschlossen werden. Wie im Falle von Gergens konstruktionistischer Emotionsauffassung geraten Emotionen auch in den Texten der diskursiven Psychologie zu »discursive resources« oder »tactical moves«, mittels derer man im sozialen Interaktionsgeschehen die

»richtige« *performance* auf die Bühne bringt, die eigenen Handlungen legitimiert, den Anteil am gemeinsamen Gespräch sichert oder die Handlungen konkreter und generalisierter anderer als irrational und unpassend beziehungsweise als adäquat und rational darstellt. In den Texten der diskursiven Psychologie finden sich viele Beispiele, die veranschaulichen, wie die sozialfunktionale Genese von Emotionsäußerungen zu rekonstruieren ist.

1 Die interaktive Konstruktion von »Sorge«

Ein anschauliches Beispiel liefert einen Reihe neuerer diskursanalytischer Untersuchungen zu Emotionsäußerungen, die in Gesprächen eines telefonischen Krisendienstes, aufgenommen wurden (z. B. Potter u. Hepburn 2003; Potter u. Edwards 2001; Hepburn 2005). Von der »National Society for the Prevention of Cruelty to Children« wurde eine anonyme, telefonische »Helpline« für Fälle des Missbrauchs oder der Misshandlung von Kindern eingerichtet. In England werden derartige Helplines für die unterschiedlichsten sozialen Bereiche hochfrequent genutzt: Es existieren Helplines für Gesundheitsfragen, Mobbing, psychische Störungen, Drogenmissbrauch, Jugend- oder Kinderschutz. Bereits Sacks hatte 1992 Konversationen im Rahmen einer vergleichbaren Telefonseelsorge-Institution für Selbstmordgefährdete untersucht und konnte eine Anzahl typischer Kennzeichen solcher Diskurse festhalten.

Potter und Hepburn (2003, S. 198) fragen in ihrer diskurspsychologische Studie danach, welche Rolle psychologischen Konstrukten, etwa »Sorge« oder »Betroffenheit« (»concern«), bei der Bewältigung der spezifischen, asymmetrischen Konversationssituation zukommt, die für solche Telefongespräche typisch ist. Die Forscher rekonstruieren den »gekonnten Umgang« mit problematischen Situationen in solchen Gesprächen und zeigen damit die strategische Bedeutung von typischen »Emotionsausdrücken«, wie etwa der Bekundung von Sorge oder Betroffenheit, auf. Auf diese Weise soll die Bedeutung des psychologischen Konstrukts »Sorge« neu bestimmt werden.

Einige Analyseergebnisse seien hier zur Veranschaulichung aufgezählt: So bringt etwa die Anruferin mit dem Gesprächseinstieg »I'm concerned about« nicht einfach nur ihre Sorge zum Ausdruck, sondern konstruiert mit dieser spezifischen Art des Gesprächsbeginns zugleich eine bestimmte Vorlage für den weiteren Verlauf des Gesprächs: Die Äußerung der Besorgnis wird beispielsweise von beiden Interaktanden – dem offziellen Helpline-Mitarbeiter und der anonymen Anruferin – als Auftakt und zugleich Legitimation für eine darauffolgende Erzählung des besorgniserregenden Vorfalls durch die Anruferin behandelt. Wie kommt dies zustande? Für den Mitarbeiter, den »child protection officer«, der den Anruf entgegennimmt, scheint die Äußerung der Sorge einen spezifischen Aufforderungscharakter zu haben. Wie sich an zahlreichen Beispielen illustrieren lässt, veranlasst ein solcher Gesprächseinstieg ihn oder sie fast immer dazu, Rückfragen, die sich auf den Ablauf der erzählten Ereignisse beziehen (»did your hear how it started?«) zurückzustellen zugunsten von Fragen über die Intensität oder Dauer der Sorge (»is this somethin' that you've been worried about for a while …«?). Potter und Hepburn interpretieren dies so, dass solche Konstruktionen des Gefühls der Besorgnis/Sorge zunächst einmal auf die gemeinsame Entwicklung beziehungsweise Hervorlockung eines längeren Narrativs ausgerichtet sind. Dadurch verschafft sich der Anrufer also Raum für einen Aushandlungsprozess (vgl. Potter u. Hepburn 2003, S. 208), er sichert sich durch einen Gesprächseinstieg über »Sorge« zunächst einmal die gemeinsame Fortsetzung des Gesprächs mit dem Helpline-Mitarbeiter. Das macht einen Unterschied zu Gesprächen, in denen eine exakte Definition der beobachteten Problematik am Anfang steht (der Anrufer beginnt mit der Beschreibung des »Vorfalls«) – denn diese Anrufe könnte der Helpline-Mitarbeiter nämlich eventuell gleich mit der zuständigen Polizeidienststelle verbinden (Potter u. Hepburn 2003, S. 210).

Die Konstruktion von Sorge oder Besorgnis am Anfang eines Gespräches hat aber noch eine weitere Funktion. Sie ist auch eine Form des Umgangs mit den Asymmetrien, die in solchen Gesprächssituationen zwangsläufig vorliegen: Der Anrufer allein weiß Bescheid über das zu berichtende Ereignis; allein die Helpline-Mitarbeiterinnen dagegen verfügen über exaktes Definitionswissen, welches angibt, was ein Helpline-adäquater Vorfall ist und was an die Polizei weiterzuleiten ist. Indem nun der Anrufer selbst nicht mit einer Definition beginnt, schiebt er diese Entscheidung auf. Der Helpline-Mitarbeiter, der diese Entscheidung zu treffen hat, kann dies im Laufe des – gemeinsam generierten – Narrativs tun, da ihm nicht sofort eine Einordnung abverlangt wird, wie im Falle eines Gesprächs, das mit der Beschreibung des »Vorfalls« beginnt. Auch dies kann als Evidenz für die »handlungsgenerierende« und nicht etwa nur beschreibende Funktion solcher Besorgnis-Konstruktionen gewertet werden (Potter u. Hepburn 2003, S. 218f.). Selbstverständlich gibt es nach einem solchen Einstieg unterschiedliche »Verlaufstypen« des Gesprächsfortgangs (S. 219f.); ebenso sind Konstruktionen von Besorgtheit möglich, ohne sich der entsprechenden Lexik direkt zu bedienen, so etwa über Selbstbekundungen im Stile von »I'm going out of my bleedin' head« (S. 223), bevor die Ereignisbeschreibung beginnt.

2 Wo bleibt die psychologische Erklärung von »Sorge«?

Resümieren wir: Die Konstruktion von Sorge am Beginn eines Gesprächs generiert einen gemeinsamen Aushandlungsprozess, der mehrere interaktive Züge beinhaltet: Die Helpline-Mitarbeiterin erfragt und der Anrufer erzählt das betreffende Ereignis, die jeweiligen gegenseitigen Wissensvorsprünge werden dabei implizit thematisiert und reflektiert, dadurch wird die Helpline-Mitarbeiterin ihrer offiziellen Rolle, das Gespräch von ihrer Seite aus zu steuern, vorübergehend enthoben. Die Mitarbeiterin hat dadurch – zumindest eine Zeit lang – die Möglichkeit, einen Anruf ernst zu nehmen, ohne ihre offizielle Aufgabe und Funktion zu verletzen, bevor sie von der »Wahrheit« oder »Gegebenheit« der Notsituation überzeugt ist: die Sorge des Anrufers bietet ihr dafür zunächst einen plausiblen Grund. Die Mitarbeiterin kann hier legitimerweise zunächst neutral bleiben und dennoch ihrer Rolle gerecht werden. Damit kann das, was zuvor als Ausdruck des »inneren Zustandes« der Sorge eines Beteiligten galt, als strategisches Diskursmoment der Konversation, als interaktiv von beiden Beteiligten »hergestellt« gelten. Die kognitivistische Auffassung, dass Handlungen – welcher Art und welches Inhalts auch immer, insbesondere aber Handlungen, die auf mentale oder psychische Zustände zu verweisen scheinen – eine Umsetzung oder ein Ergebnis kognitiver, interner Prozesse seien, ist damit vom Tisch.

Was ist an dieser Lesart des »besorgt-Seins« als sozialem Akt psychologisch? Was macht diesen Akt zu einem realen Bestandteil des »emotional scenario« im Sinne Gergens, wenn er doch – der hier gegebenen Erklärung folgend – ausdrücklich nicht auf einen inneren Zustand verweist? Dafür bieten die konstruktionistischen Ausführungen nur den Hinweis, dass hier die »Einstellung« des Sprechenden zum berichteten Ereignis als Grund für die weiteren Handlungen aller Beteiligten konstruiert wird. Allein die sprachliche Zuschreibung des verhandelten »Gefühlszustandes« an eine Person kann als Evidenz herhalten, sichtbar etwa in der Grammatik des Ich-Bezugs auf Seiten der Anrufenden (»I'm concerned«) und die Attribution des besorgten Zustandes durch den »Helpline officer« an den Anrufer (»Let's have a chat about what *your* concerns are«). Die zugeschriebene Emotion der Sprecherin wird von ihr selbst und vom Gesprächspartner genutzt, um die komplexen interaktional-pragmatischen Anforderungen des Gesprächs zu bewältigen – und damit ist sie auch erklärt. Auch für genuin psychologische Fragen, plädieren die Autoren, sei es sinnvoller, nach der sozialfunktionalen Rolle von Sorge-Konstruktionen zu fragen als danach, »ob die Anrufer wirklich besorgt sind oder nicht« (Potter u. Hepburn 2003, S. 233).

Bei aller Plausibiliät scheinen auch die scharfsinnigen konstruktionistischen Analysen zur Verwendung von Emotionstermini damit nur begrenzt erklärungskräftig. Emotionen entstehen und wirken diesem Erklärungsansatz zufolge über ihre soziale Funktion im Diskurs, in der sozialen Praxis. Emotionen existieren qua Funktion innerhalb sozialer Inszenierungen, »sie selbst« wären ohne die sie begleitenden, ihr vorausgehenden und nachfolgenden Handlungen und Interaktionen gar nicht erkennbar, machten keinen Sinn. Dem mag man zustimmen. Die hier vertretene konstruktionistische Sichtweise besagt aber darüber hinaus, dass Emotionen sich allein aus ihrer sozialen Funktion im interaktiven Prozess ergeben, dass sie darin aufgehen. Das heißt dann auch: Individuen »haben« ihre Gefühle nur in der Weise, wie Schauspieler ihre Rolle einnehmen. Emotionen sind damit nicht viel mehr als der sozialen Situation angemessene Verhaltensmuster. Womit soll dann zum Beispiel die besondere »Erlebensqualität« von Emotionen erklärt werden? Wenn Gergen konstatiert, Emotionen würden »frequently more colorful« erlebt als andere soziale Handlungen (1994, S. 223), verweist er selbst auf eine durch sozialfunktionale Inszenierung nicht erklärte Besonderheit emotionaler Zustände, die eine eher phänomenologische Betrachtungsweise nahe legen würde. Der Sozialpsychologe Uwe Laucken stellt hier die Frage, ob gerade in Szenen oder Geschichten, in denen Gefühle eine Rolle spielen, Individuen nicht immer auch durch ihre individuelle Auslegung der Inszenierung verstrickt sind (vgl. etwa Laucken 2000). Dies bedenkend sollte der konstruktionistische Diskurs über Emotionen möglicherweise auch auf die leibliche Verfasstheit der Sprechenden eingehen. Beides wäre in eine »Grammatik« der Zuschreibung von Gefühlszuständen, wie sie Potter und Hepburn vorschwebt, noch aufzunehmen – allerdings unter dem Stichwort Selbstzuschreibung.[3]

Foucauldian studies: der Abschied vom sozialen Konstruktionismus

Willig (2001) wirft der diskursiven Psychologie und den konstruktionistischen Psychologien überhaupt vor, dass die ausschließliche Fokussierung auf Sprache und Texte im Widerspruch stehe zur »action-orientation« und zur Auffassung, dass Diskursverläufe »strategisch« organisiert und alle Äußerungen innerhalb eines Diskurszusammenhangs von Motiven und Interessen bestimmt seien: Gerade die (real existenten) Interessen und Motive der Diskurspartizipienten, so Willig, blieben doch in den Diskursen und Forschungen der diskursiven Psychologie bewusst ausgespart: »Discursive Psychology brackets, and yet relies upon, a notion of motivation or desire, which it is incapable of theorizing« (Willig 2001, S. 102). Dies wird als Defizit der konstruktionistischen Diskursanalyse gesehen, dem die *Foucauldian studies* etwas entgegensetzen wollen. Sie beanspruchen, so schreibt etwa Parker, nicht nur Texte im engeren Sinne, son-

3 Der Anspruch einer ausführlichen, systematischen und kritischen Rekonstruktion des sozialkonstruktionistischen Emotionsmodells wird in den konstruktionistischen Texten allerdings auch nicht erhoben, die Emotion als performance wird lediglich als Beispiel sozialkonstruktionistischer Wissensbildung vorgestellt. Für eine kritische und anspruchsvolle Analyse der herkömmlichen, nach dem bedingungsanalytischen Modell konzipierten emotionspsychologischen Forschungen, die Aspekte der sozialkonstruktivistischen Sichtweise integriert, vgl. Laucken (1989), Kochinka (2004).

dern alle bedeutungshaltigen Aspekte des Lebens zu untersuchen (vgl. Parker 1999). Damit meint er, dass die konkreten materiellen und/oder sozialen Grundlagen und Konsequenzen, die der einen diskursiven Konstruktion vorausgingen beziehungsweise sich aus der anderen ergeben, in die diskursiven Bedeutungen mit einfließen müssten.

Durchführung und Herangehensweise

Willig hat diskursanalytische Studien im Sinne der *Foucauldian discourse analysis* zur Sexualerziehung, Sexualpraktiken, Safer Sex und zu Aids durchgeführt (1999a, 1999b). Der konstruktionistische Zugang besteht darin, nach den Bedeutungen zu suchen, die sich in den alltäglichen Diskursen über Sexualität, sexuelle Praktiken, Verhütungspraktiken und so weiter bilden und diese Praktiken prägen. Im Zentrum der Diskursanalyse steht das erklärte Ziel, die in den entsprechenden »diskursiven Konstruktionen« (etwa die Rede über Safer Sex, Kondombenutzung, Vertrauen in sexuellen Beziehungen usw.) »enthaltenen« Subjektpositionen aufzuzeigen.

Die Diskursanalytikerin will durch ihre Forschungen aufdecken, welche Handlungen durch die Struktur der Diskurse als intelligibel und akzeptabel etikettiert werden, und welche aus der Reihe akzeptabler, intelligibler Varianten des Selbst und damit verbundener Konstrukte ausgeschlossen werden – etwa indem es nicht möglich ist, vernünftig oder ohne pathologisierende Zuschreibungen über sie zu sprechen. Die Qualifizierung oder Disqualifizierung von Selbst- und Weltverhältnissen zeigt sich der Auffassung Willigs nach nicht nur in Diskursen, sondern realisiert oder vollzieht sich durch diskursive Praktiken. Diskurse »positionieren« Subjekte: »The object of my research was to understand the way in which discourses positioned participants in relation to safer sex practices« schreibt Willig (S. 113). Diskursen wird hier – ganz im Sinne Foucaults – eine Art eigener Intentionalität oder Subjektstatus zugesprochen.

Die »Subjektpositionen« wirken sich insofern auf die konkreten Lebensumstände und Handlungsweisen der Diskursteilnehmer aus, als sie bestimmte Dinge, die im Zusammenhang mit Sexualpraktiken gesagt oder getan werden können eben erleichtern und fördern, andere jedoch erschweren, verbieten oder sogar verhindern. So kann die Rede über »ungeschützten Sex« diesen mit Vertrauen und emotionalem Engagement verbinden (und seine Praxis damit fördern), die Benutzung von Kondomen dagegen als Signal für einen Mangel an Vertrauen werten (und dadurch »Safer-Sex«-Praktiken erschweren). Auf diese Weise lässt sich am konkreten Fall zeigen, dass und inwiefern die Handlungsweise von Subjekten nicht Ergebnis individueller, auf Vernunftprinzipien basierender Überlegungen ist, sondern »a way of positioning oneself within a network of social meanings and significations« (Willig 1999a, S. 112). Dabei ist diese Positionierung keineswegs bewusst von den sprechend-handelnden Subjekten geplant, sondern wir alle, so die Logik der *Foucauldian studies*, können uns der diskursiv quasi »vorprogrammierten« Selbst-Positionierung im Sinne der einen und gegen die anderen Praktiken überhaupt nicht oder nur durch subversive Praktiken und nur bis zu einem gewissen Grad entziehen.

Subjektpositionen in Diskursen über »Safer Sex«

Die Studie von Willig bringt verschiedene diskursive Konstruktionen zum Vorschein. Die Beispiele reichen von »sex-as-temptation« (sexuelle Bedürftigkeit und Begehrlichkeit, welche die Handlungs- und Entscheidungsfähigkeit des Individuums bedroht) über »sex-as-romance« (hier werden die safer-sex-Praktiken als Hindernis für das Erleben von Verliebtheit konstruiert) bis zu der Position, in der »sex-as-male-preserve« beschrieben wurde (womit Frauen als »unschuldige Opfer« der HIV-Infektion dargestellt werden). Die Interpretation der Ergebnisse innerhalb des Theorierahmens eines an Foucault orientierten Diskursbegriffs geht allerdings über einen rekonstruktiven Anspruch – der etwa bei der Diskursanalyse im Sinne der diskursiven Psychologie im Vordergrund steht – hinaus und bewertet die rekonstruktiv erarbeiteten Konstrukte, etwa dahingehend, inwieweit sie »empowering« oder »disempowering« bezüglich Safer-Sex-Praktiken sind (so etwa Willig 1999a, S. 118ff.). Im zitierten Beispiel sind alle drei genannten Positionen »disempowering«: Sie halten die sexuell Aktiven auf unterschiedliche Weise dazu an, Safer-Sex nicht zu praktizieren, entweder über die Plausibilisierung außerehelicher Leidenschaft (Subjektposition des »sex-as-tempation«) oder um die vertrauensvolle und »schöne« Romanze nicht zu zerstören (»sex-as-romance«) oder über die Unfähigkeit der weiblichen Sexualpartner, die Handlungen, die zum sexuellen Verkehr führen, zu kontrollieren und zu gestalten (»sex-as-male-preserve«).

Dem fügt die Autorin konkrete Empfehlungen an für eine Praxis der Sexualerziehung, die eine Veränderung dieser Diskurspositionen ermöglichen soll: So sollen Kondome als feste Bestandteile des Repertoires an »persönlichen Hygieneartikeln« präsentiert werden, um der Assoziation von Safer Sex mit »casual sex«, also in romantischer Hinsicht bedeutungsloser Promiskuität, entgegen zu wirken. Grundsätzlich sollte die Assoziation von romantischer Liebe (»romance«) und bestimmten Varianten der Ausübung von Sexualität gelockert werden (Willig 1999a, S. 120).

Mit einer konstruktionistischen Auffassung ist weder die Fragehaltung noch die Art der Ergebnispräsentation in Einklang zu bringen. Ziel der Diskursanalyse im Foucault'schen Sinne ist es, politisch oder moralisch fragwürdige, durch hegemoniale Diskurse erzwungene »Subjektpositionen« anzuprangern beziehungsweise solche Positionierungen zu ermöglichen, die man für richtig oder besser hält und die durch diese Diskurse bislang ausgegrenzt wurden. Letzteres trägt dem konstruierten Charakter von unseren Moralvorstellungen und politischen Motiven nicht Rechnung. Darüber hinaus müsste erklärt werden, wie sich die Macht der Diskurse umlenken lässt, insbesondere da die Forschenden (wie im skizzierten Beispiel deutlich wird) bewusste, politisch begründete »Veränderungen«, nicht etwa subversive »Umdeutungen« diskursiver Praktiken (Foucault 1976; vgl. Butler 1990) im Sinn haben. Die etwa von Willig und Parker vorgebrachte Kritik am Vorgehen der diskursiven Psychologie mag berechtigt sein, die *Foucauldian studies* selbst aber bieten keine befriedigende Alternative an. In ihren Texten verabschiedet sich der *critical realism*, wie die Bezeichnung ausdrückt, von einigen, vielleicht den zentralen Grundsätzen konstruktionistisch inspirierter Forschung und Theoriebildung.

Kapitel V: Offene Fragen

In den vorangegangenen Kapiteln wurde bis auf wenige Ausnahmen die kritische Diskussion der konstruktionistischen Positionen zugunsten ihrer kohärenten Darstellung zurückgestellt. Der soziale Konstruktionismus hat sich jedoch nicht nur der Kritik »von außerhalb« zu stellen, sondern es gibt auch »interne« kritische Diskussionen. Burr (2003) führt in ihrem einführenden Überblickswerk zum sozialen Konstruktionismus ein Kapitel mit kritischen Fragen an, in dem einige dieser internen »Debatten« nachzulesen sind; und es gibt verschiedene Sammelbände, die sich mit Problemen und Fragen einer »social constructionist psychology« befassen (so etwa Parker 1998; Nightingale u. Cromby 1999). Gergen hat einen neueren Band mit wichtigen älteren und einigen neueren Aufsätzen publiziert, in dem zu Theorie- und Praxisproblemen der konstruktionistischen Psychologien Stellung bezogen wird (Gergen 2001b), und die Zeitschrift »Theory & Psychology« hat zwei Sonderausgaben dem Thema »Social Constructionism« gewidmet (2001, Vol. 11,3 sowie 2002, Vol. 12,5), in denen sich ebenfalls Beiträge zu allen gängigen Positionen finden. Eine Auswahl kritischer Argumente und Fragen soll nun auch hier abschließend präsentiert werden.

Zur Sprache kommen wird erstens die Frage nach den Akteuren oder Subjekten, die am Diskurs beziehungsweise an der »sozialen Praxis« partizipieren, damit verknüpft ist eine genauere Analyse des konstruktionistischen Diskurs- und Praxisbegriffs (V, 1). Ein weiterer Abschnitt befasst sich mit der Frage des »embodiment«. Vor allem aus der Sicht des *critical realism* (Harré, Parker, Willig) geht es um die Frage, ob die konstruktionistische Psychologie auch die Einsicht in die leibliche Verfasstheit oder Leibgebundenheit des Handelns beziehungsweise des menschlichen Daseins integrieren kann (V, 2). Der dritte Abschnitt fragt nochmals nach den relativistischen

Implikationen des konstruktionistischen Denkens, die sowohl theorieimmantent als auch -exmanent vielfach Anlass zur Kritik geben. Die damit verbundene Diskussion wird zuweilen unter dem Stichwort »relativism-realism debate« zusammen gefasst (V, 3). Und viertens können und müssen aus allen genanten Positionen methodologische Konsequenzen gezogen werden – ganz gleich ob man nun die eine oder die andere Position vertritt. Der Frage, ob und in welcher Weise diese im sozialen Konstruktionismus aufgegriffen und umgesetzt werden, werde ich im letzten Abschnitt (V, 4) nachgehen.

1 Psychologie ohne Subjekt

Das Fehlen des Akteurs

Als ein empfindliches Defizit der konstruktionistischen Psychologie gilt vielen Kritikerinnen, aber auch zahlreichen Freunden des Konstruktionismus die Frage nach den Akteuren. Auch wenn man sich von einer vorrangig auf das Individuum und seine »internen« Prozesse fixierten Psychologie verabschieden will, so spielen doch auch in konstruktionistischen Theorieszenarien Akteure eine Rolle: Irgendjemand tritt – zumindest implizit – als Träger von Interessen und strategischen Absichten auf, irgendjemand scheint doch die »Anschlusshandlungen« auszuführen, deren interaktive Dynamik und Verlauf der typische Gegenstand konstruktionistischer Beschreibungen ist. Wie sollte man sich die soziale Praxis und die Diskurse vorstellen, die das tägliche Brot konstruktionistischer Psychologen sind, wenn man sich keine Vorstellung von den an diesen Interaktionszusammenhängen beteiligten Akteuren machen kann, wenn die Art und Weise ihrer Beteiligung ausgeklammert bleibt? Und wenn diese Vorstellung möglich wäre – was an einer Analyse jener Handlungszusammenhänge wäre dann noch *psychologisch*?

Burr macht hier insbesondere für die diskursive Psychologie einen Widerspruch aus, wenn sie kritisch bemerkt: »Discursive Psychology appears to privilege the individual person as the active constructor of events. However it has not addressed the nature of the person as user of discursive devices and interpretative repertoires«

(2003, S. 183). Das alltägliche, praktische Leben der Person werde vollständig ausgeklammert zugunsten einer Analyse der Verwendung von Sprache. »Although discursive psychology implicitly characterises the person to build socially credible and defensible accounts it does not explicitly address the psychological status of this«, schreibt die Autorin sehr direkt, und wenig später folgt noch pointierter der Vorwurf: »Just what kind of ›person‹ we need to create in our psychology in order to understand what it means to be a discourse-user remains a mystery to us« (2003, S. 183f.).

Kenneth Gergen ist in zahlreichen Texten zum *relational self* dem von Burr benannten »Geheimnis« durchaus nachgegangen (s. Kap. IV, 1). Auch in Arbeiten von John Shotter oder Jonathan Potter ist ein Konzept des Selbst präsent, das mit der von Gergen skizzierten Position viel gemeinsam hat (Shotter 1994, Potter 1996), wenngleich diese diskurspsychologischen Arbeiten nur am Rande auf Fragen der Identität und des Selbst zu sprechen kommen: In allen drei Fällen liegen also durchaus Versuche vor, eine konstruktionistische Theorie des Partizipienten oder des Akteurs zu entwerfen. Allerdings verabschieden alle genannten Ansätze die Möglichkeit eines kohärenten Selbst und damit auch der Intentionalität und Handlungsfähigkeit der Person als substanzialistisch, um sich damit von der Illusion des »starken« Subjektes, das als eigenständiger Sinnstifter völlig autonom handeln könne, zu distanzieren. Auch die narrative Organisation von Differenzen in der Person zu einer zwar variablen, jedoch kohärenten Selbsterzählung wird – etwa bei Gergen – als Instrument eines Zwangsmechanismus beschrieben. Der binäre Gegensatz (kohärentes, autonomes »Subjekt« vs. fragmentiertes, sozial und diskursiv determinierts *relational self*) wird dabei durch die konstruktionistische Theoriebildung allerdings konstruiert – gerade der Bezug auf die Selbstnarration mag dies verdeutlichen.

Schließlich stellt schon die Konzeptualisierung personaler Identität als »narrative Identität« eine Alternative zu »modernistischen«, allzu eindeutig auf Selbstidentität und Autonomie ausgerichteten Konzepten dar. Hier wird allerdings ein Modell entworfen, welches unterschiedliche Haltungen, Ich-Positionen, Persönlichkeits- oder Identitätsfragmente, Aspekte der Selbstwahrnehmung und -präsentation so aufeinander bezieht, dass deren Differenz nicht eingeebnet wird, sie aber dennoch in einen diachron geordneten Sinnzusammenhang integriert werden können (vgl. Straub 2002; Straub u. Zielke, 2005; Brockmeier 1999, 2000, 2003). In der philosophischen Theorie der Erzählung, insbesondere Paul Ricoeurs dreibändigem Werk »Zeit und Erzählung« (1988), wird die spezifische zeitkonstitutive Struktur der Erzählung betont, in der ja Ereignisse in eine zeitliche, dabei aber nicht einfach chronologische, sondern subjektiv und sozial sinnhafte Ordnung gebracht werden. Nicht zuletzt in dieser Struktur besteht der Wert des narrativen Ansatzes für die Identitätstheorie und -forschung, denn diese Struktur ermöglicht es, heterogene Identitätsaspekte in einer autobiographischen Erzählung zu verbinden, ohne sie einander auf synchron beschreibender Ebene unter Verwendung bestimmter Äquivalenzbeziehungen zuzuordnen. Manche Autoren sind der Auffassung, Theorien narrativer Identität könnten eine Art »dritten Weg« darstellen, da sie dem zum eigenständigen Handeln fähigen Subjekt nicht ganz den Rücken kehren, dennoch aber die heterogene Struktur eines solchen Subjekts in ihren Entwürfen betonen (vgl. ausführlicher auch Straub u. Renn 2002; Straub u. Zielke 2005). Die Möglichkeit eines solchen »dritten Modells« zwischen dem starken, autonomen »modernen Subjekt« und dem selbst- und identitätslosen *relational self* entgeht den konstruktionistischen Theorien des Selbst, und daraus ergeben sich verschiedene begrifflich-theoretische Schwierigkeiten.

Begriffliche Schwierigkeiten

Probleme eines subjektlosen Kritikbegriffs

Die drängende Frage nach den Akteuren taucht nicht nur im Zusammenhang mit konstruktionistischen Modellen des Selbst auf, sondern sie ist auch in metatheoretischer Perspektive relevant. So haben alle sozialkonstruktionistischen Ansätze, manche mehr, manche weniger, den Anspruch, eine kritische Theoriebildung voranzutreiben, die nicht zuletzt die Aufdeckung und Veränderung sozialer Ungleichheits- oder Machtverhältnisse ermöglicht. Gerade dieser kritische Anspruch wirft die Frage nach dem Subjekt auf, in dessen Namen die kritisch-emanzipatorische Position eingenommen wird, ebenso wie nach der Identität dessen, der dann als legitimer Nutznießer der angestrebten Emanzipation gelten darf. Beides weist der Sozialkonstruktionismus zurück im Bestreben, subjekt- und repräsentationskritisch vorzugehen: gilt ein solches Subjekt der Kritik doch selbst als Produkt diskursiver, relationaler (und machtdurchsetzter) Prozesse, in denen die vermeintlich kritische »Intention« dieses Subjektes eine bestimmte, ihm selbst nicht bekannte Funktion erfüllt. Nicht zuletzt um dieses »Dilemma« zu vermeiden, sind viele konstruktionistische Theoretiker der Ansicht, dass der kritische Gestus konstruktionistischer Theoriebildung dringend der Verschmelzung mit »postmodernen«, machtkritischen Theorieentwürfen bedarf (Gergen 1994, 2001a; Potter 1996).

Gleichwohl bleibt zu prüfen, ob die Versuche, dieses Dilemma etwa mit Bezug auf Foucaults Machttheorie zu umgehen (vgl. Willig 1999b; Parker 1999), dem von Foucault ins Spiel gebrachten »nichtrepressionalistischen« Machtbegriff tatsächlich gerecht werden (s. dazu auch Kap. IV, 2): Beispielsweise liegt ein vorrangiges Ziel des *critical realism* darin, die »Geschichte von Unterdrückung und Ausbeutung«, die bestimmten (z. B. rassistischen oder sexistischen) Diskursen zugrunde liegt und diese stützt, zu beschreiben und zu entlarven (Cromby u. Nightingale 1999, S. 13). Es ist fraglich, ob diese Auffassung tatsächlich vom aufklärerisch-emanzipatorischen Anspruch einer Kritik, die nach der Aufhebung von Herrschaft und Unterdrückung und nach der Emanzipation »freier Subjekte« strebt, so weit entfernt ist.

»Polyphonie«: Dialog oder Stimmengewirr?

Konstruktionistische Modelle des Selbst, die dieses als fragmentiert, plural, multipel oder multiphren bestimmen, stützen sich auf den (Bachtin'schen) Begriff der Dialogizität (vgl. VI, 1). Im Zentrum ihrer Entwürfe stehen nicht substanzielle, personale Identitäten – sondern Dialoge, an deren Knotenpunkten das, was wir das »Selbst« nennen, entsteht. An dieser Stelle wäre zu fragen, wie der bei Hermans und Kempen sowie in Gergens späteren Arbeiten immer häufiger verwendete Begriff des Dialogs eigentlich zu verstehen ist. Sind die »polyphonen«, häufig anonymen Stimmen und Sichtweisen, die ja nicht nur für radikal unterschiedliche Positionen stehen, sondern auch jede für sich flüchtig und inkonsistent agieren, wirklich in der Lage, einen Dialog zu führen? Kann es sich dabei, wenn wir das als minimales Bestimmungsmerkmal des Begriffs akzeptieren, um einen Dialog handeln, der ja zumindest irgendeine Form von antwortendem Verstehen voraussetzt? Auch ein unverbundenes Nebeneinander inkommensurabler »Stimmen« mag zwar als Zeichen von Vielfalt gelten, aber keineswegs automatisch als eine Vielfalt, die im Selbst etwas in Bewegung setzen und dieses bereichern könnte (vgl. Straub u. Zielke 2005; Zielke 2006b). Was bedeutet eigentlich eine dialogische Beziehung, und wie verändert der Dialog die an ihm Beteiligten?

Wo Gergen die Reichhaltigkeit und Horizonterweiterung beschwört, die durch möglichst »plurale«, also von unterschiedlichen Stimmen geführte Dialoge entsteht, lässt sein enthusiastischer Stil den Leser beinahe vergessen, dass eine produktive Auseinandersetzung unterschiedlicher Positionen miteinander, bei der sich alle Beteiligten verändern und – wenn man so will – ihr Spektrum an »possible realities« oder auch »possible selves« erweitern, nicht automatisch erfolgt, wenn diese Positionen den eigenen Standpunkt jeweils nicht behaupten, wie es der antiindividualistische, relativistische Anspruch des sozialen Konstruktionismus nahe legt. Denn wieso sollte, wer ohne Einsatz argumentiert, mit konträren Perspektiven auf produktive Weise streiten?

Ein anonymer Diskurs- und Praxisbegriff

Die Weigerung, die kulturellen Akteure als individuell Handelnde zu konzeptualisieren, macht den Praxis- oder Diskursbegriff in vielen konstruktionistischen Entwürfen »apragmatisch« und anonym. Dabei widerspricht dies der Intention dieser Entwürfe. Man will ja eigentlich die eher starre, strukturalistische »apersonale« Sprach- und Bedeutungskonzeption (im Sinne Saussures, aber auch Foucaults) durch ein Bild von Diskursen und Praktiken ersetzen, das diese als soziale Sprachen zeichnet. Als symbolische Interaktionsformen, welche aus den konkreten, alltäglichen Praxisformen der Rede und den alltäglichen Beziehungen entstehen. Hier aber liegt das

Problem: Um dieses Bild des »lebendigen« durch das alltägliche Sprechen von seinem Systemcharakter befreiten Diskurses auch psychologisch adäquat zu entwerfen, müsste auch die Realisierung der Konventionen dieses Diskurses durch die Sprecher begrifflich gefasst werden können. Und dies müsste in einer Weise geschehen, dass den sprechen Handelnden ein gewisser, kreativer Spielraum der Auslegung bleibt.

Die nicht weiter begründete oder erläuterte Behauptung, dass die Diskurse und Praktiken ein Bedeutungsrepertoire vorgeben, das den zahlreichen miteinander in Beziehung stehenden Akteuren, die in unzählige Aushandlungsprozesse »verstrickt« sind, zur Verfügung steht, bleibt unbefriedigend. Wie Bedeutung im Rahmen sozialer Praktiken konstituiert wird, lässt sich nicht in Absehung der Frage beantworten, wie (kraft welcher Kompetenzen beispielsweise) der oder die einzelne am Diskurs partizipiert, wie der Akteur seine bestehende Rolle mitgestaltet und in dieser Mitgestaltung »umdeutet«, wie die Diskursteilnehmerin symbolisch handelt, kommuniziert, antizipiert, interagiert, sogar kritisiert und sich emanzipiert. Dem konstruktionistischen Ideal zufolge soll die soziale, diskursive Praxis dagegen überhaupt nicht durch subjektive Leistungen, etwa durch die subjektive Auslegung kultureller Wissensbestände und sozialer Regeln bestimmt sein. Vielmehr ist oft zu lesen, dass die Diskurse selbst »den Akteur« und dessen vermeintliche Intentionen hervorbringen. Es ist und bleibt ein Widerspruch: Zwar sollen Diskurse und kulturelle Praktiken dasjenige, was diese Akteure wissen und tun, nicht determinieren, gleichwohl können den Akteuren eigene, nicht sozial vorbestimmte Leistungen kaum zugerechnet werden.

In Gergens oder Potters Beschreibungen der sozialen Praxis ist zwar die Rede von »micro-social process« und »joint action« – niemals aber davon, dass die Handelnden in ihrem Interagieren Absichten verfolgen, Situationen einschätzen und so weiter. Gerade zum pragmatischen Auffassungsraster gehört aber beides: erstens handelnde Personen, zweitens die interaktive, nicht durch die Intentionen dieser Personen abgedeckte Koordination von Handlungen (vgl. dazu auch Laucken 1998). Im konstruktionistischen Praxisbegriff scheint nur der zweite Aspekt bedacht, der Akteur (auch ein Akteur, den man explizit nicht als autonomes Subjekt versteht) bleibt ausgespart. Die Pragmatik von Bedeutungen wird damit in vielen beispielhaften Illustrationen allzu sehr in die Nähe sozialer Funktionalität gerückt: Der Bedeutungsgehalt einer (Sprach-)-Handlung ergibt sich durch ihre Funktion in einem sozialen Zusammenhang, in konkreten sozialen Beziehungen, für die an den Beziehungen und Interaktionen beteiligten »Partner« aber hat der Konstruktionismus keinen Begriff. Soll man sich diese als »psychische Systeme« im Sinne Luhmanns vorstellen – oder eben doch als soziale Akteure im Sinne Meads, die immerhin über ein Bewusstsein ihrer selbst im Spiegel der Erwartungen anderer verfügen? So recht scheint vielen konstruktionistischen Autoren keines dieser Angebote zuzusagen.

Ich habe andernorts den anonymen Praxisbegriff des Konstruktionismus ausführlicher aus der Sicht sozialwissenschaftlicher Praxistheorien (Bourdieu 1976, 1999) und der (neo-)pragmatistischen Philosophie (Putnam 1995, 1999; Rorty 1981, 1989) kritisiert (vgl. Zielke 2004, 2006a). Der Sozialpsychologe Uwe Laucken hebt in seiner Rezeption des Sozialkonstruktionismus immer wieder die Notwendigkeit eines – zusätzlich zum sozial-diskursiven Kontext vorhandenen – »individualsemantischen« pragmatischen Kontextes hervor. Dazu gehören etwa neben den Anschlusshandlungen anderer auch die denkbaren Anschlusshandlungen derselben Person (Laucken 2000, S. 52; vgl. auch 1998). Ein solcher individualsemantischer Kontext existiert für den Konstruktionismus anscheinend nicht, jedenfalls nicht als eigenständiger semantischer Raum. Vielmehr ist etwa für Gergen Bedeutung ausschließlich als »emergent property of coordinated action« (1999, S. 145) denkbar – und die Regeln, nach denen diese Koordination verläuft, sind bereits durch Konventionen vorgegeben: »In the roughly ordered state of ordinary cultural life, action-supplement-coordinations are already in place« (1994, S. 266). Der Handlungssinn ist zu keinem Teil im Selbst der Akteure, ihrer Intentionalität oder Handlungsfähigkeit verankert, sondern »joint action« in Gergens Variante ist ein Element anonymer sozialer und in gewisser Weise: apragmatischer Diskurse. Denkt man dies konsequent weiter, kann der Konstruktionismus kaum beanspruchen, mehr zu sein als reine Sprach- oder Diskurstheorie.

2 Embodiment

Die polarisierende Gegenüberstellung des individuell und autonom handlungsfähigen Subjektes und anonymer, transsubjektiver »sozialer Strukturen« hat zur Entstehung einer eigenen, internen »agency-structure«-Debatte unter konstruktionistischen Psychologinnen geführt (Burr 2003, S. 182ff.). Das Bestreben, eine »dritte Position« zu finden zwischen der subjektivistischen (oder kognitivistischen) Perspektive, die soziale Handlungen stets nur durch das Nadelöhr des diese Handlungen planenden und kontrollierenden Subjekts zu definieren und analysieren verspricht, und der anonymen Beschreibung sozialer Strukturen oder Diskurse wird im Konstruktionismus in den letzten Jahren verstärkt unter dem Stichwort »embodiment« propagiert (vgl. z. B. Harré 1999; Butt 1999; Nightingale u. Cromby 1999). Das schlagende Argument lautet: Auch die leibliche Komponente von Handlungen wirkt sich auf den Zugang von Personen zur sozialen Realität aus. Die Realisierung oder Umsetzung sozialer, in Diskursen transportierter Regeln durch die Akteure findet immer im Vollzug ihrer auch leiblichen Partizipation statt – und diese geht nicht auf in diskursiver Bedeutung. Der Philosoph und Psychologe Rom Harré hat sich auf überzeugende Weise gegen Gergens »radikalen Relativismus« gewandt und diesem vorgeworfen, der Körper könne in Gergens System nicht mehr sein als ein »Diskurseffekt«. Der *critical realism* verwendet dagegen die Tatsache, dass soziale Konstrukteure auch leiblich präsent und aktiv sind, als Argument für die Verankerung des Wissens in der Person und – über den praktischen Umgang mit den Dingen – auch in der Welt (vgl. ähnlich auch auch Butt 2001; Burr 2003; Zielke 2004, 2006c).

Man muss nicht unbedingt phänomenologisch argumentieren, um eine solche Position zu begründen, man kann dies jedoch tun. Der französische Phänomenologe Merleau-Ponty gilt als einer der bedeutendsten philosophischen Vertreter dieser Auffassung. In der »Phänomenologie der Wahrnehmung« (1966) konzentrierte er sich auf die Untersuchung des vorprädikativen Erfahrungshorizonts, den er als denjenigen Ort versteht, an den jede Form der Reflexion irgendwie gebunden oder in dem sie situiert ist. Der Leib fungiert als Bedingung des ›In-der-Welt-Seins‹ und ermöglicht eine Vermittlung zwischen objektiv Gegebenem und subjektiv Erlebtem. Dies gilt aber, so Merleau-Ponty, »nicht für jeden möglichen Körper, den man, wenn man will, als eine Informationsmaschine betrachten kann, sondern für diesen tatsächlichen Körper, den ich meinen nenne, [...] der schweigend hinter meinen Worten und meinen Handlungen steht« (Merleau-Ponty 1984, S. 14; zit. nach Becker 1998, S. 275). Wenn der Leib, wie etwa die Phänomenologen mit Bezug auf Merleau-Ponty betonen, »Bedingung des In-der-Welt-Seins« ist, nicht nur Medium und Vermittler, prägt er das Feld präreflexiver Erfahrung (Waldenfels 1980). Leibsein ist dann nicht mehr allein mit einer bestimmten biologischen Ausstattung beschrieben, die unseren Zugang zur Welt begründet oder ermöglicht, sondern der Weltbezug des Menschen ist in sein leibliches Dasein eingelassen, der Leib Instanz seiner Verankerung in der Welt. Es ist die Rede vom »inkarnierten Weltbezug« (Becker 1998, S. 287). Die Vorstellung einer (auch) leiblich vollzogenen Ausführung oder Umsetzung sozialer Regeln lässt sich sowohl gegen den solipsistischen Kognitivismus richten als auch gegen einen streng apersonalen Konstruktionismus, der sich ausschließlich auf Sprach- und Diskursanalyse verlegt. Substantielle Bestandteile des sozialen, in der Praxis verankerten »Alltagswissens« sind möglicherweise zu einem stärkeren Grad leiblich »repräsentiert« als beide Positionen unterstellen (vgl. auch Dreyfus 1993; Varela 1990).

Die Auffassung, dass unser Wissen von der Welt, von soziokulturellen Regelsystemen und insbesondere auch von unserem »Selbst« zu einem nicht unerheblichen Anteil »leibliches« (»embodied«) Wissen ist, welches präreflexiven Status hat, spielt in das Verhältnis von Stuktur und Handlung beziehungsweise Subjektivismus und Objektivismus hinein und löst – so die Verfechter dieser Perspektive – diese Dualismen möglicherweise sogar auf (vgl. Burr 2003, S. 196; Nightingale u. Cromby 2002). Was wir oben als »subjektive Realisierung« sozialer Regeln, Normen oder Bedeutungen bezeichnet haben, muss nicht als durch die Diskurse erzwungene »Internalisierung« im Foucault'schen Sinne (so sehen es viele Vertreter der Focuauldian Studies), aber auch nicht als rational-kognitive Übernahme verstanden werden (so versteht es wohl der Kognitivist). Es kann sich auch um ein »praktisches«, nicht zuletzt auch leiblich-inkorporiertes Aufgreifen sozialer Regeln handeln, welches das handelnde Subjekt zwar als sozial bestimmt, nicht aber determiniert erscheinen lässt.

Pierre Bourdieu hat argumentiert, dass die aktive Partizipation des Akteurs an der Praxis als leibliches In-der-Welt-Sein zu verstehen ist (Bourdieu 1999). Daher entsteht der Habitus, so Bourdieu, als inkorporierte Erfahrung des Subjekts mit der sozialen Welt, welche die Subjekte keinesfalls rational und autonom steuern, ja nicht einmal vollständig reflektieren können. Diese Position gewährleistet dennoch einen gewissen Grad an individueller Auslegung der sozialen Regeln, die, indem sie über den Habitus inkorporiert werden, in eigene subjektive, individuell unterschiedliche Konstruktionen umgeformt werden. Hans Joas hat diese Freiheitsgrade des sozial handelnden Individuums mit Bezug auf George Herbert Meads Theorie des sozialen Selbst noch stärker als Bourdieu betont und als »Kreativität des Handelns« bezeichnet (Joas 1992). In jedem Fall aber gilt: Dieser »gewisse Grad« an individueller Realisierung, Umdeutung, Auslegung, Kreativität oder wie auch immer wir es nennen wollen, ist unabdingbar, um von Partizipation, von Dialog und auch von Kritik sprechen zu können. Die konstruktionistischen Psychologien tun also gut daran, sich mit der Frage ihrer Konzeptualisierung in der Zukunft noch intensiver auszusetzen.

3 Relativismus

Der relativistische Grundton des konstruktionistischen Denkens steht in Spannung zu anderen Prämissen. Einerseits hatte sich die »Bewegung« der sozialkonstruktionistischen Psychologie nicht zuletzt als Gegenbewegung zur neopositivistisch-empiristischen Wissenschaftsauffassung des Mainstreams und in diesem Sinne auch als Gegenprogramm zum philosophisch-methodologischen »Realismus« verstanden. Andererseits stand ja auch das Selbstverständnis als eine »kritische« Theorie von Beginn an Pate. Wie aber kritisch sein, ohne gültige, nicht konstruierte und nicht vollständig perspektivisch bestimmte Kriterien für die Wahrheit und die Richtigkeit von Aussagen oder Handlungen nennen zu können? Dieses »Dilemma« prägt bis heute die Debatten und Diskurse unter konstruktionistischen Psychologinnen und Psychologen.

Die einzige den Menschen zugängliche Realität der Dinge ist eine konstruierte Realität, angesiedelt im symbolischen Reich der Bedeutung oder der Sprache. Diese Auffassung kann sicher vielen konstruktionistisch denkenden Psychologinnen zugeschrieben werden. Aber folgt daraus, dass dasjenige, was (möglicherweise) außerhalb des Diskurses existiert, überhaupt keinen Einfluss auf unser Denken und unsere Sprache, kurz: auf die uns verfügbaren Bedeutungen hat? Genau hieran, kann man etwas lapidar sagen, scheiden sich die Geister innerhalb der konstruktionistischen Psychologien. Die zitierte Aussage, die, recht besehen, ja nur den Menschen als »Sinnwesen« oder Geisteswesen begreift, nicht etwa die »Welt« als in Form von Sinn- und Bedeutungsstrukturen existent beschreibt, birgt für manche das Risiko, die materielle Basis des alltäglichen Lebens die leiblichen Verankerung des menschlichen Daseins in der (materiellen) Umwelt zu negieren – und damit nicht zuletzt auch reale Machtstrukturen unkenntlich zu machen (so etwa Nightingale u. Cromby 1999, Willig 2001, Parker 1999). Für andere ist dieses Problem durch die Trennung zwischen der dem menschlichen Geist zugänglichen »Welt« (sinn- und bedeutungsstrukturiert) und der zwar existenten, aber außersprachlichen »materiellen« oder rein physikalischen »Welt« ausgehebelt. Wie auch immer die realen Bedingungen oder Verhältnisse sind – ihre Bedeutung als politische, repressive Machtstrukturen erhalten sie für uns erst durch ihr Vorkommen in historisch und kulturell variablen Diskursen (so etwa für Gergen 1994 oder Potter 1996).

Da diese Fragen natürlich auch die Kriterien für den Geltungsanspruch von Aussagen über die »Welt« betreffen, was wiederum die Aussagekraft wissenschaftlicher Theorien erheblich einschränkt, mischen sich in der zuweilen recht hitzig geführten »relativism-realism debate« (Burr 2003, S. 22ff.) wissenschafts- und erkenntnistheoretische mit theoretischen Positionen. Verhandelt werden darüber hinaus nicht nur Fragen und mögliche Konsequenzen eines epistemischen, sondern auch eines moralischen Relativismus (s. V, 2). Ich stelle die wichtigsten Positionen knapp dar.

Kenneth Gergens Variante des Konstruktionismus und die der diskursiven Psychologie gelten als die Relativismus-affinen Positionen. Deren Vertreterinnen haben sich gegen Vorwürfe, sie leugneten die »Existenz« einer außersprachlichen Welt, in zahlreichen Artikeln, Aufsätzen oder Interviews verwahrt (z. B. Potter 1996, Edwards et al. 1995, Gergen 1994, 1999). Man kann einer relativistischen Sprach- und Erkenntnistheorie anhängen, ohne diese Welt in Abrede zu stellen. Edwards, Ashmore und Potter geben in ihrem oft zitierten Aufsatz »Rocks and Furniture« zu bedenken, dass wir nun einmal keinen bedeutungsfreien, nichtsprachlichen oder nichtsymbolischen Zugang zur Welt haben – auch der »härteste Fels« kommt nur als Repräsentation, Symbol in meine Welt, in der er für mich etwas bedeutet. Erst in dem Moment, in dem wir die »world of discourse« betreten haben, gewinnt dieser Stein eine Bedeutung – dann aber ist er auch »soziale Konstruktion«: Er wird klassifiziert als Fels, Kieselstein oder Edelstein, er wird geschützt, gesammelt oder geworfen – kurz gesagt: »Rocks are cultural, too« (Edwards et al. 1995, S. 30). Auch das deutlich hör- und fühlbare Klopfen auf die Tischplatte, angeführt als zusätzlicher Beweis des Relativismus-Gegners für die »außersprachliche« Realität bestimmter Entitäten – »This [bang!] is no mere social construction!«, schreiben Edwards et al. –, ist schließlich weder für den Sprecher, noch für die, die ihm zuhören oder von ihm mit diesem Argument angegriffen werden, eine nurmehr physikalisch existente, aus Schallwellen bestehende, bedeutungs- und kulturfreie Größe. Etwas polemisch, wenngleich treffend, schließen die Autoren: »The realist thumps the table. What a loud noise! Much louder than talk. Much more gritty. Much more real. And yet we insist that this noise, being produced in *this* place at *this* time in the course of *this* argument, *is* an argument, *is* talk« (S. 28f.). Gergen, der für seine beharrlich wiederholte Aussage bekannt ist, derzufolge nichts in der Welt eine bestimmte Zeichenfolge zwingend verlangt, hat dies anhand ähnlicher Beispiele illustriert.

Wie aber sieht es mit der Gegenseite aus? Parker (1992, 1998) und Willig (2001) seien als aktuelle Vertreter genannt, die sich in Großbritannien an dieser Debatte beteiligten. Sie plausibilisieren, von einer konstruktionistischen Grundauffassung ausgehend, die Notwendigkeit der Position eines *critical realism*. Mit Bezug auf Parker (1992) argumentiert Willig zwar für eine »dekonstruktivistische« Haltung gegenüber scheinbar selbstverständlichen »Realitäten«, fordert aber, dass die konstruktionistisch-psychologische Wissensbildung, wenn sie tatsächlich eine Form der »social critique« im Auge habe, über diesen dekonstruktivistischen Gestus hinaus gehen müsse. Sie dürfe nicht nur aufzeigen, dass Realitäten immer auch anders sein könnten, sondern sie müsse auch in der Lage sein, zu »erklären, warum die Dinge sind, wie sie sind, und wie sie besser sein könnten« (Willig 1999b, S. 38; Übers. v. d. Verf.). Über die augenscheinliche Inkonsistenz dieser Argumentation (wie soll vom selben Standpunkt aus zuerst »dekonstruiert« werden und dann das normativ Richtige, nämlich »wie es besser sein könnte«, angegeben werden?) versucht man sich mit der Trennung zwischen »epistemischem Relativismus« (ja) und »ontologischem Relativismus« (nein) hinweg zu helfen (vgl. auch Parker 1999, S. 36). Es bleibt zu fragen, ob diese Positionen, wenn sie denn Konsistenz beanspruchen wollen, damit nicht näher an Gergen und Edwards et al. sind, als sie selbst angeben: Denn auch Gergen, Edwards, Ashmore oder Potter würden wohl unterschreiben, dass der Sozialkonstruktionismus nur »ontologically mute«, nicht aber »morally indifferent« sei. Sie insistieren nur darauf, dass keine moralische Position unabhängig von den soziokulturellen Bedingungen, auf die sich bezieht, beschrieben oder vertreten werden kann (z. B. Gergen 1994, S. 79–84).

Pragmatischer Realismus, metatheoretischer Relativismus?

Gergen wendet sich gegen das Argument, eine relativistische Position sei mit Beliebigkeit gleichzusetzen, sie verpflichte dazu, jede Äußerung für gleichermaßen wahr, gleichermaßen interessant, jede Handlung für gleichermaßen richtig oder legitim zu halten. Die Möglichkeit, Äußerungen und Handlungen kritisch zu beurteilen, so Gergen, ist und bleibt ein wichtiger Bezugspunkt für die konstruktionistische Theoriebildung. Gleichwohl sind die Möglichkeiten der Kritik begrenzt: Es ist darauf zu achten, dass man nicht selbst implizit oder explizit universalisierende Wahrheits- oder Rechtsansprüche voraussetzt, an denen die ideologische Kontaminiertheit des zur Kritik stehenden Wissens oder die Verwerflichkeit der zu kritisierenden Handlungen gemessen wird (Gergen 1994, S. 45).

Auch die selbstverständlichsten, die vermeintlich grundlegenden moralischen Prinzipien sind, so Gergen, relativ zu einer bestimmten

Sprache, einer Lebensform, einer Kultur. Recht besehen sei schon die Frage nach »richtig« oder »falsch« eine typisch moderne, binäre Konstruktion und nicht etwa eine universal gültige Unterscheidung (1999, S. 16). Trotz dieser generell moralkritischen Stoßrichtung können und wollen sozialkonstruktionistische Ansätze aber kritische Analysen gesellschaftlicher Praxis sein – der sozialkonstruktionistische Standpunkt verbietet dabei lediglich, einen erwünschten Endzustand mit situationsübergreifendem Geltungsanspruch auszubuchstabieren. Gerade die relativistische Auffassung, argumentiert Gergen, fordere immer dazu auf, fraglos und selbstverständlich erscheinende Äußerungen und Handlungen auf die spezifischen, immer auch von Machtbeziehungen bestimmten, Kontextbedingungen hin zu befragen, unter denen sie ihre Bedeutung als selbstverständlich oder fraglos erlangen konnten. »Konstruktionstische Argumentationen«, schreibt Gergen, »regen zu Überlegungen bezüglich Moral und Politik an – sie bevorzugen aber nicht bestimmte Ideale gegenüber anderen« (2002, S. 287, Übers. v. d. Verf.).

Wie soll man sich diese kritischen »Überlegungen« vorstellen? Möglich und wünschenswert ist allein die kritische Analyse und die Entlarvung des Althergebrachten und Etablierten als perspektivisch und ideologisch – aber nur mit dem Ziel, einen neutralen Boden für den Dialog mit möglichst vielen anderen Positionen zu bereiten? Kritik, schreibt Gergen an anderer Stelle, sei dann nicht mehr und nicht weniger als »an invitation to a dance, a game, or a form of life« (1997, S. 77). Weder die enthusiastische Färbung noch die liberalistische Konnotation dieser euphemistischen Metaphorik sollte über ihre radikalen Implikationen hinwegtäuschen: Erstens gerät Gergen damit in die Nähe einer skeptizistische Position mit der üblichen Problematik aller skeptizistischen Positionen, denn das Fazit aus einem solchen »Kritikbegriff« wäre: Jedes emanzipatorische Ziel und jeder kritische Einwand ist selbst wieder ideologisch und muss relativiert werden, allein die Richtigkeit des Zweifels, die Tatsache, dass überhaupt kritisiert und hinterfragt werden soll, scheint unhinterfragt zu gelten. Das ist selbst ein normativer Anspruch, der begründet werden müsste. Zweitens läuft der kritische Anspruch dann doch irgendwann ins Leere, wenn er sich nicht an konkreten Thesen festmachen kann, die mit Geltungsansprüchen verbunden sind. Kritik hebt sich dann selbst auf: Sobald der Kritiker von der Position der Randständigkeit zum Mainstream avanciert ist und sich Gehör verschafft hat, ist er selbst Ziel der Kritik (vgl. Zielke, 2004, 2006e).

Gergen bezieht sich auf die Position des (philosophischen) Pragmatismus, den er als pragmatischen, »situierten« Realismus versteht (2001b, S. 423ff.). Damit meint er, in konkreten Situationen durchaus moralische Kriterien zur Anwendung bringen und zugleich auf der Ebene der Metatheorie deren soziale Konstruiertheit reflektieren zu können. Auf die Frage nach Geltungs- oder Wahrheitsbedingungen würde man dann immer die »pragmatische Frage« stellen, die eben nicht nach allgemeiner, sondern situativer Wahrheit oder Richtigkeit fragt, sondern lautet: »What follows when we make these kinds of proclamations? ... What consequences follow from such an analysis« (2001b, S. 424ff.)?«[1] Auch diese Argumentation bleibt allerdings problematisch, da die Bewertung der »Konsequenzen« auch wieder auf Geltungsansprüche zurückgreifen müsste: Wann sind denn diese pragmatischen Konsequenzen derart, dass ich die entsprechende Handlung kritisiere oder etwas gegen sie unternehme, wann sind sie es nicht? Wonach soll dies entschieden werden?

Auch Gergen braucht hier mindestens ein formales Kriterium, nach dem soziales Handeln auch situationsübergreifend beurteilt werden kann, wenn er die Möglichkeit, dieses Handeln zu kritisieren nicht preisgeben will. In neueren Arbeiten greift er dafür auf den Begriff »viability« zurück: Handlungen oder Äußerungen sind dann zu unterstützen, wenn sie das Zusammenleben beziehungsweise das »in-Beziehung-Treten« möglichst vieler auch unterschiedlicher Lebensformen ermöglichen (vgl. Gergen 2005). Dieses »Kriterium« einer wertneutralen »Viabilität« gälte es allerdings noch genauer auszubuchstabieren (vgl. Zielke 2005a, 2006c).

---

1 Zu kritisieren ist allerdings, dass Gergens Lesart pragmatistischer Bedeutungstheorien auch wieder droht, deren Position relativistisch auszulegen und die auf einen »Fallibilismus ohne Skeptizismus« gründende pragmatistische Wahrheitstheorie (Peirce) auf eine vereinfachende Nützlichkeitsagumentation zu reduzieren.

4 Methodologie

Ein unausgeführter Empiriebegriff

Vertreterinnen und Vertreter der diskursiven Psychologie verweisen oft auf die Methode der Diskursanalyse, um ihren Ansatz zu beschreiben. Was aber fördert die psychologische Diskursanalyse wirklich zu Tage? Es kann dies kein Wissen über die »Welt« sein, da diese Welt ja in den Diskursen und Konversationen keinesfalls abgebildet ist. Wir können aus den Ergebnissen von Diskursanalysen aber etwas lernen über die Art und Weise der Konstruktion dieser Welt im sozialen Bereich. Ist die Diskursanalyse damit eine empirische Methode – oder ist sie es nicht? Wenn ja, welche Art der Empirie oder Erfahrung lässt sich mit ihrer Hilfe rekonstruieren? Welche Fragen nach welchen empirischen Vorkommnissen stellen Diskurspychologen, die sie dann mit Hilfe der Diskursanalyse zu beantworten versuchen?

In vielen Formulierungen der *discursive psychology* beschränken sich diesbezügliche Erläuterungen auf einen »agnostischen« Standpunkt bezüglich des Status empirischer Sachverhalte »hinter« den Diskursen. »The constructionism in discursive psychology is certainly not an attempt to deny the ›objective reality‹ of phenomena, which would be as realist a move as endorsing that reality. [...] Rather it is considering the role of those phenomena in terms of peoples' descriptions, glosses, categories, orientations and so on« (Potter 2003a, S. 787f.). Methodisch rekonstruierbare Empirie verweist damit immer die empirische Realität des Konstruierens selbst. Willig schreibt der Methode der diskursiven Psychologie immerhin zu, dass sie damit die die Kategorie »Erfahrung« als ontologische Kategorie hinterfrage und jede Erfahrung wieder als eine diskursive Konstruktion rekonstruiere, die je nach strategischem Interesse »eingesetzt« werde (Willig 2001, S. 195). Auch Gergen sieht das wohl ähnlich, wenn er vorschlägt: »Given the difficulty in locating the referent for the term ›experience‹, let us adopt a constructionist standpoint and attend to discourse about experience« (1994, S. 71).

Gibt es also keine »eigentliche« Erfahrung? Nun, viele Diskurspsychologen – und das gilt auch für Gergen – sind der Ansicht, diese Frage müsse gar nicht geklärt werden. Die Ziele und die Mittel und

Wege der Diskursanalyse bestehen unabhängig von der Frage, ob diskursive Konstruktionen einen Referenten haben beziehungsweise ob es überhaupt etwas außerhalb des Diskurses gibt, das auf dessen Inhalt und Form einwirkt. Was empirisch vorliegt, sind Diskurse und Konversationen beziehungsweise deren verschriftete »Objektivationen«. An diesen kann man mit konkreten Analysen ansetzen, hier kann die diskursanalytische Rekonstruktionsarbeit beginnen – und enden. Die Ergebnisse erklären die Produktionsbedingungen diskursiver Bedeutungen, es ist nicht nötig, »davor« zu klären, ob solche Bedeutungen einen Referenten haben, ob die leibliche Verfasstheit der Konstrukteure oder gar ihre Intentionalität sich in der Art und Beschaffenheit ihrer Konstruktionen niederschlägt beziehungsweise wie das geschieht. Man kann nicht wissen, ob dies der Fall ist oder nicht, und damit muss man leben.

Gergens konstruktionistischer Empiriebegriff geht noch weiter: Der Konstruktionismus ist nicht nur erstens an die Vorgabe gebunden, »ontologically mute« zu bleiben, sondern er setzt zweitens voraus, dass die »empirische« oder »außersprachliche« Realität, wenngleich ihre Existenz nicht angezweifelt wird, nicht auf eine Art und Weise existiert, die sich darauf auswirkt, wie wir von dieser Realität sprechen (können). Davon ausgehend kommt Gergen dann – radikaler als die diskursive Psychologie – zum Schluss, dass es keine Methodologie oder methodologischen Grundsätze gebe, die man als dem sozialkonstruktionistischen Gegenstandsverständnis angemessen bezeichnen könne. Nicht nur die Repräsentation von Erfahrungen durch Methode, sondern jegliche Rekonstruktion von Erfahrungen durch methodengeleitete Analysen wird strikt ablehnt. Nur wenn man so weit geht, ist wirklich jede Methode gleich gut oder gleich schlecht, da wissenschaftliche Begriffe und Theorien keine empirischen Sätze darstellen, sondern sich »frei flottierend« in Sprachspielen bilden, völlig losgelöst von der empirischen Realität, auf die sie sich nur scheinbar beziehen (vgl. z. B. Gergen 1987, 1999).

Erst mit der zweiten Annahme – derzufolge die sprachexterne Realität, wenn sie existiert, sich nicht auf unser Denken, Handeln und Sprechen auswirkt – kann man das Verhältnis von Erfahrung und Begriff guten Gewissens als nicht wirklich reflexionswürdig bezeichnen. Diese Annahme, keineswegs eine zwingende Schlussfolgerung der ersten Annahme – derzufolge wir keinen sprach- und konstruktionsfreien Zugang zur Wirklichkeit haben, also eigentlich alle »ontologisch schweigsam« sein müssten –, macht tatsächlich die Suche nach einem dem konstruktionistischen Gegenstandsverständnis angemessenen Erfahrungsbegriff obsolet.

Wissenschaft ohne empirische Methode?

Im Selbstverständnis des sozialen Konstruktionismus als wissenschaftlicher psychologischer (Sub-)Disziplin bleibt damit die Frage des Verhältnisses zwischen Empirie und Theorie nicht nur ungeklärt, sondern sie wird überhaupt nicht gestellt. Daraus ergeben sich einige Unstimmigkeiten: Zunächst zeigen viele konstruktionistisch ausgerichtete und auch einige von Gergens eigenen Arbeiten (insbesondere zum Begriff des Selbst), dass auch ein sozialkonstruktionistischer Theoretiker nicht umhin kann, als Erfahrungswissenschaftler zu sprechen und auf die Realität alltagsweltlicher Kontexte und empirischer Studien hinzuweisen, um Begriffe einzuführen, zu veranschaulichen, zu plausibilisieren.

Noch wichtiger scheint der folgende Punkt: Verlegt man sich darauf, Theorien völlig von jeder empirischen Referenz abzukoppeln (wie Gergen das tut), sagt man sich faktisch von der Psychologie als empirischer Wissenschaft los (auch wenn keine Desavouierung empirischer Forschung beabsichtigt war). Denn eine Psychologie, die sich nicht erfahrungswissenschaftlich versteht (weder im behavioristischen noch im subjektorientierten, im phänomenologischen oder hermeneutischen Sinn), hat im Grunde keinen eigenen Gegenstandsbereich mehr, sondern ist entweder reine Text- oder Sprachwissenschaft oder aber Sozialstrukturanalyse.

Lässt man das Theorie-Empirieproblem dagegen außer Acht – dies ist eher die Strategie der diskursiven Psychologie – und betreibt »fröhlich« empirische Forschung, gekoppelt an eine relativistische Metatheorie, ohne sich eine Definition dafür abzuverlangen, was unter der empirischen Realität sozialen Handelns verstanden wird, verfängt man sich in Widersprüche. Besonders ihr kritischer Anspruch führt oft dazu, dass konstruktionistische Psychologinnen und Psychologen von den eigenen Forschungen erwarten, dass diese nicht nur soziale Missstände rekonstruieren, sondern dazu beitragen, diese zu beheben oder zu verändern. Es wurde in den zitierten Forschungsbeispielen immer wieder deutlich, dass auch konstruktionistische Forscherinnen etwas über die Erfahrungen realer Subjekte aussagen und für diese und in deren Sinn etwas ausrichten wollen.

Gerade dieser letzte Punkt legt eine ausführlichere Diskussion des Verhältnisses von metatheoretischem, theoretischem und forschungspraktischem Anspruch der konstruktionistischen Psychologien nahe. Eine solche Diskussion würde nicht zuletzt dazu beitragen, die konstruktionistischen Psychologien als kritische kulturwissenschaftliche Alternative zum Mainstream der akademischen Psychologie zu etablieren, der bis heute vom Spannungsverhältnis zwischen naturwissenschaftlicher Methode und kognitivistischer Theorie belastet ist.

Ein Interview mit Ken Gergen

B. Z.: Ken Gergen, vor 20 Jahren haben Sie mit Ihrem Aufsatz »The social constructionist movement in psychology« das Projekt einer sozialkonstruktionistischen Psychologie einem breiteren Publikum innerhalb der akademischen Psychologie vorgestellt. Heute gelten Sie als der bekannteste Psychologe, der für diesen Ansatz steht. Mittlerweile gibt es nicht nur unterschiedliche Theorien und Forschungstraditionen innerhalb einer konstruktionistischen Psychologie, es gibt regelrechte Debatten darüber, was die wichtigsten Charakteristika dieser Bewegung sind und wie ihre Beziehung zur »Mainstreampsychologie« aussieht. Worin besteht Ihrer Auffassung nach der wichtigste Unterschied zwischen der konstruktionistischen und der »traditionellen« Psychologie?

K. G.: Das ist eine Frage von sehr großer Reichweite, auf die wir im Laufe unseres Dialogs sicher noch mehrere Male stoßen werden. Aber es gibt doch einen grundlegenden Unterschied, der das Verständnis vieler weiterer Aspekte erleichtert: Die traditionelle Psychologie ist in ihrem Kern essentialistisch. Das heißt, sie geht davon aus, dass mentale Prozesse real sind und dass man durch die korrekte Anwendung empirischer Forschungsmethoden zu einem Verständnis des Wesens dieser Prozesse gelangen kann. Im Gegensatz dazu sind konstruktionistische Psychologen der Auffassung, dass schon die Vorstellung mentaler Prozesse ihren Ursprung in bestimmten kulturellen und historischen Zuweisungen hat. Der Diskurs des Geistes und die Vielzahl der mit ihm verbundenen Aktivitäten sind kulturelle Konstruktionen. Empirische Forschung kann die Konturen dieses Diskurses selbst nicht beleuchten, sie kann immer nur ein je anderes kulturelles Verständnis der Person hervorbringen.

Aus der Sicht des Konstruktionismus ist es nicht sinnvoll, sich auf das Testen von Hypothesen über die Annahme bestimmter Realitäten zu verlegen. Man ist eher dazu angehalten, sich zu fragen, wie es kommt, dass wir genau von diesen Annahmen ausgehen, und was die gesellschaftlichen Implikationen davon sind, eine solche Sprache ernst zu nehmen. Wir würden zum Beispiel nicht einfach eine Hypothese über das Unbewusste oder über Kognitionen testen, sondern zunächst einmal fragen, was es für gesellschaftliche Funktion haben kann, von der Realität dieser Diskurse auszugehen. Dies sind historische, kulturelle und ideologische Fragen. Wenn man sich von bestimmten psychologischen Diskursen positive Implikationen erwartet, gibt es mindestens zwei viel versprechende Formen, sie empirisch zu erforschen. Erstens kann man diese positiven Funktionen in Diskursen aufzeigen und demonstrieren, etwa über Diskursanalysen oder Ethnographien. Zweitens kann man, um die Realitäten, von denen man möchte, dass sie ernst genommen werden, besonders anschaulich und lebendig wirken zu lassen, auch darüber hinausgehende empirische Illustrationen dieser Realitäten anstreben.

Allgemein fordert die konstruktionistische Auffassung jedoch dazu heraus, das Potential empirischer Forschung neu zu überdenken: Wenn wir nicht vorhaben, »Wahrheiten« über das Psychische zu etablieren – wie sollen wir dann unsere eigenen Forschungsbeiträge verstehen? Auf welche Weise bringen wir damit unserer Gesellschaft oder der Welt einen Nutzen? Hier möchte ich erstens auf das Potential hinweisen, das darin liegt, Theorien einerseits verständlich und anschlussfähig zu formulieren, zugleich aber neue Verständnisweisen menschlichen Handelns in ihnen vorzustellen. Arbeiten, die dies leisten, können zugleich kritisch und generativ sein. Ich glaube zweitens, dass wir uns verstärkt darum bemühen sollten, die unterschiedlichen gesellschaftlichen Gruppen, deren Aktivität wir wertschätzen, durch unser wissenschaftliches Tun zu unterstützen. Das Modell »gemeinschaftlichen Forschens« ist hier ein guter Weg. Drittens können wir jede Form nützlicher Praxis durch geeignete Forschungstätigkeit fördern: Therapeuten und Therapeutinnen tun dies auch schon seit Jahrzehnten (wenngleich ich starke Bedenken gegenüber dem medizinischen Modell habe, auf dem bis heute die meisten ihrer Praktiken beruhen). Um ein Beispiel zu nennen: Wieso sollten wir nicht, anstatt Prozesse der

Entscheidungsfindung zu untersuchen, Praktiken guter Entscheidungsfindung schaffen? Anstatt Altruismus zu untersuchen, könnten wir Praktiken entwickeln, die altruistisches Handeln »generieren« – und so weiter.

Es gibt so viel mehr zu sagen über neue Ausrichtungen der Forschung, innovative Methoden, kreative Formen der Repräsentation und Ähnliches. Diese wenigen Bemerkungen können hier nur an der Oberfläche kratzen.

B. Z.: Der Begriff der »Repräsentation« ist immer noch eine führende Metapher der kognitivistischen Psychologie, wenn es darum geht, mentale Prozesse oder Funktionen zu erklären. Die Vorstellung, dass Erkenntnis die Welt so repräsentiert, wie sie ist, bildet auch das Fundament der positivistischen Wissenschaftsauffassung, die in der Psychologie immer noch vorrangig ist. In vielen Ihrer Texte haben Sie ein Kapitel oder wenigstens einige Seiten zur »Kritik der Repräsentation« aufgenommen. Welche Alternative hält der Konstruktionismus denn der »traditionellen« Sichtweise von Wissen als Repräsentation entgegen?

K. G.: Es gibt zwei grundlegende Probleme, die konstruktionistische Psychologen im traditionellen Repräsentationsbegriff sehen. Das erste Problem ergibt sich aus der kognitivistischen Orientierung, die ja den Prozess der Repräsentation im Kopf des Individuums lokalisiert (damit sind wir wieder beim Problem der mentalen Prozesse). Diese Sichtweise beizubehalten, bedeutet nicht nur, dass wir all die traditionellen Probleme eines cartesianischen Dualismus und die unlösbaren epistemologischen Probleme erben. Für viele steht die repräsentationalistische Konzeption von Wissen darüber hinaus auch in Zusammenhang mit einer problematischen individualistischen Ideologie. Für konstruktionistisch orientierte Psychologen dagegen ist der Prozess der Repräsentation ein sozialer; gemeinsam handeln wir Repräsentationen der Welt aus – in der Sprache, in Bildern, Diagrammen und anderen sozialen Artifakten.

Dies führt uns zu einem zweiten Einwand gegen traditionelle Auffassungen von Repräsentation, und zwar nun mit Bezug zur positivistischen Auffassung, dass Sprache als eine Art Landkarte oder Abbildung der Welt fungieren könne. Wenn wir unsere Theorien beständig an der Realität testen, so die Annahme, werden wir die kruden und unzutreffenden Theorien aussortieren und uns den

»wahren« Erklärungen der Welt oder des menschlichen Geistes nähern können. Diesbezüglich sind die meisten empirisch arbeitenden Psychologen Anhänger Poppers. Aus konstruktionistischer Perspektive dagegen leiten sich all unsere Beschreibungen und Erklärungen der Welt aus den Beziehungen zwischen Menschen ab. Man könnte vielleicht sagen: unterschiedliche Interpretationsgemeinschaften oder einfach unterschiedliche Praktiken führen typischerweise zu unterschiedlichen Verständnisweisen der Welt, unterschiedlichen Realitäten oder Ontologien.

Geschriebene und gesprochene Sprache ist die für uns wichtigste Form der Repräsentation. Daraus wird auch schnell einsichtig, dass unsere Repräsentationssysteme nicht »realitätskonstituiert« sein können, sondern »sozial konstruiert« sein müssen. Die Traditionalisten haben versucht, universelle und transhistorische Wahrheiten zu etablieren, sie möchten klar zwischen in einem transzendentalen Sinn »wahren« und »falschen« Sätzen unterscheiden. Für den Konstruktionisten dagegen gibt es immer nur die Wahrheit einer lokalen Gemeinschaft. Und lokale Wahrheiten sind stets historisch und kulturell kontingent.

B. Z.: Sie haben die Bedeutung der Sprache hervorgehoben. Für die meisten konstruktionistischen Wissenschaftler bildet eine zur Abbildtheorie alternative Sichtweise der Sprache sozusagen das Herzstück ihrer Auffassung. Ist es richtig zu behaupten, dass der Fokus auf Sprache und Diskurs besonders wichtig für das soziale Element des sozialen Konstruktionismus ist?

K. G.: Sicher, die Betonung der Sprache war und ist zentral für die konstruktionistische Forschung und Theoriebildung, und wenn man die Sprache als fundamental und zutiefst sozialen Ursprungs versteht, dann kann man vielleicht schließen, dass Sprache in der Definition des Sozialen schlechthin eine zentrale Rolle zukommt. Meiner Ansicht nach ist der Fokus auf Sprache allerdings zu eng. Vielmehr sollten wir alle Formen intelligibler Aktivitäten als fundamental sozial ansehen: Nicht nur gesprochene wie geschriebene Sprache, sondern auch die Intelligibilität der meisten alltäglichen Aktivitäten (einschließlich der Art, wie wir lächeln oder lachen, wie wir gehen, gestikulieren, sitzen, essen und so weiter) entsteht im Kontext menschlicher Handlungsweisen.

B. Z.: Würde dieses pragmatische Fundament jedes bedeutungskonstitutiven sozialen Prozesses beziehungsweise jeder »Sprache« im weiteren Sinne, auf das Sie hier hinweisen, nicht auch implizieren, dass auch außerdiskursive Entitäten, wie »Materialität«, »Machtbeziehungen« oder auch »Leiblichkeit« einen Einfluss darauf haben müssen, was sich als intelligibel etabliert?

K. G.: Auf jeden Fall steht der Konstruktionismus einer pragmatischen Bedeutungsauffassung nahe. Wie Wittgenstein sehen die meisten Konstruktionisten Sprache als eine Form sozialen Handelns, nicht etwa als externen Ausdruck von Bedeutungen, die »im Kopf« sind. Hier ist es allerdings wichtig zu sehen, dass konstruktionistische Thesen immer als Beiträge zur Metatheorie und zur Theorie fungieren. Das heißt, sie sagen etwas aus über alle Erklärungen bedeutungsvollen Handelns (als Theorie der Theorie), und sie stellen zugleich selbst eine Theorie bedeutungsvollen Handelns dar. Als Metatheorie fragen wir zum Beispiel danach, wie – in unterschiedlichen Handlungszusammenhängen – Erkenntnisansprüche generiert werden oder die Repräsentation von Wissen funktioniert. Auf der theoretischen Ebene dagegen werden wir vielleicht eine ganze Reihe unterschiedlicher Theorien »anbieten«, die in unterschiedliche Richtungen weisen, je nach ihren spezifischen Zwecken oder Werten.

Was die Arbeit auf der metatheoretischen Ebene betrifft, ist es hier besonders wichtig, dass Konstruktionisten keinen Anspruch auf die »Wahrheit des Konstruktionismus« erheben – das würde das Projekt selbst zunichte machen. Meiner Auffassung nach erfordert dies, die wissenschaftliche Arbeit als »Reise mit leichtem Gepäck« aufzufassen. Das heißt, je ausdifferenzierter oder artikulierter die Metatheorie wird, desto mehr muss sie auch das Risiko mit an Bord nehmen, einige ihrer Elemente als »gegeben« vorauszusetzen. Auf dieser Ebene finde ich es daher unklug, Fragen der Leiblichkeit, der Macht und dergleichen aufzunehmen. Wenn man es tut, wird bald deutlich, dass eigentlich alles einbezogen werden müsste (z. B. die Ökonomie, die Umwelt, die Physiologie, die Evolution usw.). Auf der theoretischen Ebene dagegen, kann es sinnvoll sein, viele verschiedene »Realitäten« in Betracht zu ziehen. Für einen mag Leiblichkeit oder »embodiment« sinnvoll sein, für die anderen sind Fragen der Macht zentral, und so weiter.

B. Z.: Ich würde gerne noch ein wenig genauer auf methodologische Fragen zu sprechen kommen. Von konstruktionistischen Psychologen durchgeführte Forschungen haben viel mit der Metatheorie und Praxis qualitativer Forschung gemeinsam. Wie sieht in Ihren Augen die Beziehung zwischen der konstruktionistischen Psychologie und qualitativer Forschung aus? Gibt es so etwas wie eine konstruktionistische Methodologie und Forschung?

K. G.: Konstruktionistische Forscherinnen und Forscher haben die Entwicklungen im Bereich qualitativer Methoden immer unterstützt, und die meisten konstruktionistischen Forschungen verwenden tatsächlich auch solche Methoden. Das liegt zum Teil daran, dass qualitative Methoden die Funktion kritisieren, die Methoden als Instrument zur Herstellung »transzendenter Wahrheiten« im Positivismus zugewiesen wird. Traditionell arbeitende experimentelle Psychologen gehen zum Beispiel davon aus, dass Experimente Ursache-Wirkungs-Beziehungen aufdecken können, während konstruktionistische Psychologinnen der Auffassung sind, dass kausale Erklärungen nur eine bestimmte, für viele Zwecke kontraproduktive Art und Weise darstellen, Realitäten zu konstruieren.

Die qualitative Sozialforschung lädt zu neuen Arten der Forschung ein und stellt Methoden zur Verfügung, die den von den Forschenden selbst favorisierten Annahmen und Werten besser entsprechen: Wenn man experimentelle Manipulation vermeiden möchte, dann wird man vielleicht mit Narrationen oder Ethnographien arbeiten; wenn man an der Entwicklung und Verbesserung der sozialen Verhältnisse interessiert ist, dann ist vielleicht Aktionsforschung der passende Ansatz. Generell sind qualitative Methoden liberalisierend und stehen schon in diesem Sinne in scharfem Kontrast zur strengen, an exakte Verfahrensvorgaben gebundenen Orientierung traditioneller experimenteller und statistischer Untersuchungen.

Dennoch wäre es meiner Auffassung nach sowohl in konzeptioneller als auch in pragmatischer Hinsicht ein Fehler, die traditionellen Forschungsmethoden aufzugeben. In den Fällen, wo Vorhersagen nützlich sein können (etwa bei Vorhersagen von Wählerverhalten), leisten solche Methoden einen wichtigen Beitrag. Sie können auch genutzt werden, um öffentliche Deliberationen anzustoßen (so wie durch die Studien von Asch oder Milgram zum Beispiel). Daher sollten wir diese Traditionen bewahren. Der Fehler bestand bislang in ihrer hegemonialen Expansion, welche die Potentiale dieses Feldes bedroht.

B. Z: Vielleicht können Sie hier noch einmal ganz konkret beschreiben, was empirische Forschung im Sinne des sozialen Konstruktionismus bewirken kann. Was zeigen uns empirische Befunde dann eigentlich auf, wenn Sie nicht als Rekonstruktion empirischer Realitäten gelten können? Worüber können wissenschaftliche Theorien uns wirklich etwas sagen?

K. G.: Wie gesagt, ich habe im Prinzip gar nichts gegen das, was wir für empirische Beschreibungen der Welt halten, oder sagen wir, gegen solche Erklärungen, die mit Elementen arbeiten, die als »Beobachtungen« markiert sind. Ich wende mich nur gegen die Art und Weise, wie solche Erklärungen eingesetzt werden, um alternative Konstruktionen der Welt zu unterdrücken. Und gerade »empirische« Forschungsresultate implizieren eben oft eine »Wahrheit«, die über die Grenzen der Gemeinschaft hinausgeht.

In bestimmten Praxisfeldern allerdings kann empirische Forschung oft von großem Nutzen sein. Der Bereich Medizin ist hier ein gutes Beispiel. In der Regel akzeptieren Vertreter westlicher Kulturen die in der Medizin gängige materialistische Sichtweise der Realität, ebenso den Wert, der der Erhaltung menschlichen Lebens beigemessen wird. Deshalb sind in diesem Bereich empirische Befunde sehr wertvoll für uns. Solange man nämlich in dem konzeptuellen Rahmen der modernen medizinischen Diskurse verbleibt, zeichnen diese ein exaktes Bild von Krankheit und Heilung. Wir sollten aber niemals aus den Augen verlieren, dass die westliche Medizin eine kulturelle Konstruktion darstellt. In der Tat wird es ja gerade zu einer zentralen Frage für die Zukunft der Menschheit, ob wir eine immer längere Lebensspanne fördern können. Mit den stetig anwachsenden Bevölkerungszahlen scheinen wir uns auf eine unhaltbare globale Situation zu zu bewegen.

Ähnlich verhält es sich mit psychologischen Forschungsfeldern, wenn man etwa an Arbeiten zur Intelligenzforschung oder zur Psychopathologie denkt. Wenn man von bestimmten apriorischen Annahmen ausgeht, können Intelligenztests oder auch psychopathologische Tests verwendet werden, um die verschiedensten »interessanten« Aspekte zu ergründen, zum Beispiel die geringere Intelligenz bestimmter ethnischer Gruppen oder die stärkere Neigung von Frauen, an depressiven Erkrankungen zu leiden. Diese Forschungen halte ich für politisch verwerflich. Ihre gesellschaftlichen Auswirkungen halte ich für schädlich. Wir sollten den Ontologien, auf denen solche Forschungen basieren, widerstehen und die Realität ihrer Ergebnisse dekonstruieren.

B. Z.: Hier wird die kritische Haltung der konstruktionistischen Psychologie deutlich spürbar. Heißt das, dass Sie nicht nur kritisch gegenüber unreflektierten ontologischen Annahmen an sich sind, sondern auch gegenüber den ganz konkreten Effekten bestimmter Äußerungen oder Handlungen?

K. G.: Gegen ontologische Aussagen habe ich an sich nichts einzuwenden, im Sinne von Aussagen über das Wesen dessen, was existiert. Implizit machen wir schließlich ständig ontologische Aussagen. Sobald ich den Ober bitte, mir ein Bier zu bringen, stimme ich ihm implizit darin zu, dass Bier existiert. Erst dann, wenn wir diesen Annahmen die Implikation »wahr« oder »real« zumessen, und zwar über alle kulturellen und traditionellen Grenzen hinweg, rate ich zur Vorsicht. Tatsächlich verwenden wir sehr oft und sehr gerne Ontologien. Wir sollten dies nur immer sehr vorsichtig tun, mit Blick auf deren Tradition – ohne damit alle anderen zu zerstören. An dieser Stelle stimme ich Ihrem Vorschlag zu, dass wir insbesondere die Effekte sprachlicher Zuschreibung sehr kritisch und aufmerksam reflektieren müssen.

B. Z.: Nochmals zur Frage der Kritik: Für die meisten konstruktionistischen Wissenschaftler/innen, und ich denke das gilt auch für Sie, ist es immer zentral gewesen, dass ihre Texte eine enge intertextuelle Beziehung zu unterschiedlichen Traditionen der Kritik aufweisen (sei es zur Tradition der Ideologiekritik der sozialen oder wissenssoziologischen oder aber der poststrukturalistischen Kritik). In Ihrem Buch »Social Construction in Context« verweisen Sie allerdings auf die »Grenzen der reinen Kritik«. Wie wichtig oder zentral ist die »kritische« Haltung für das aktuelle Selbstbild des Konstruktionismus?

K. G.: Was meine Haltung zur Kritik betrifft, so bin ich nach wie vor der Auffassung, dass kritisches Arbeiten und Denken essenziell ist. Die kritische Analyse ist ein wichtiges Mittel, diejenigen Positionen und Praktiken herauszufordern, die die traditionellen Werte der eigenen Gemeinschaft zerstören. Zugleich aber macht es mich manchmal etwas besorgt, dass die kritische Arbeit zum »Hauptstandpunkt« einer konstruktionistischen Psychologie geraten könnte. Kritik stellt zwar ein wichtiges Instrument für diejenigen dar, die durch ihre Forschung gesellschaftliche Veränderungen ermöglichen wollen – dieses Instrument unterliegt allerdings ernsthaften Beschränkungen. Zum Beispiel habe ich festgestellt, dass meine eigenen kritischen Arbeiten oft in Polarisierungen mündeten. Diejenigen, die Ziel meiner Kritik waren, waren nur selten dankbar dafür, dass ich ihre »Schwachstellen« ausgewiesen habe. Es gab nur sehr wenig Versuche ihrerseits, auf die Kritiken zu antworten; man zog vor, sie einfach zu missachten. Und aus dem Gefühl, ungerechtfertigt angegriffen worden zu sein, entsteht dann oft die Tendenz, sich gegen den Feind von außen noch enger zusammen zu schließen. Wenn man es so sieht, erscheint Kritik nicht unbedingt als die erstrebenswerteste Option, wenn man gesellschaftliche Veränderung voranbringen möchte.

Mit der Zeit habe ich immer mehr den Eindruck gewonnen, dass der effektivste Weg in Richtung Veränderung darin besteht, inspirierende oder involvierende Vorschläge zu unterbreiten. Viele Menschen sind bereit, Traditionen zu folgen, die gar nicht wünschenswert in ihrem eigenen Sinne sind – einfach deshalb, weil dies die Traditionen sind, die sie kennen und verstehen, und weil sie sich nicht vorstellen können, wie es anders sein könnte. Hier ist Kritik in der Regel so gut wie vergebens. Wenn man dagegen viel versprechende Alternativen in Aussicht stellt, eröffnen sich neue Handlungsmöglichkeiten. Genau dies lässt sich am Beispiel der »Explosion« qualitativer Methoden beobachten: Die Kritik der traditionellen experimentellen Forschung allein hatte kaum einen sichtbaren Effekt auf neue Arbeiten. Als Forscherinnen und Forscher jedoch damit begannen, neue Formen narrativer Forschung zu entwickeln, partizipative Ethnographie, Diskursanalyse, Autoethnographie und ähnliches zu betreiben, fanden junge Forschende das attraktiv. Sie griffen diese Methoden erfreut auf, ohne im Allgemeinen den fundamentalen metatheoretischen Paradigmensprung zu realisieren, der damit verbunden war.

B. Z.: In neueren Veröffentlichungen fällt auf, dass das Programm einer auch in der Praxis wirksamen konstruktionistischen Psychologie immer stärker in den Vordergrund rückt. Welches sind die psychologischen Praxisfelder oder Anwendungsbereiche, in denen der soziale Konstruktionismus die bedeutsamsten Veränderungen bewirken kann oder will?

K. G.: Ich bin zutiefst beeindruckt davon, wie konstruktionistische Ideen von verschiedenen Praxisfeldern absorbiert werden. Ich nehme an, dass diese Vereinnahmung darin begründet ist, dass solche Felder bereits mit im Kern sozialkonstruktionistischen Sichtwesen experimentieren und im Konstruktionismus eine nützliche theoretische Explikation und Unterstützung ihrer Unternehmungen finden. Wie auch immer, das größte Maß an Synergie von Theorie und Praxis findet man im Bereich der Psychotherapie. »Narrative Therapie« wird heute in vielen Ländern praktiziert; das gilt auch für die systemische Familientherapie, der die Betonung der gemeinsamen Konstruktion von Bedeutung im Konstruktionismus ebenfalls entspricht. Sowohl die »Lösungsorientierte Therapie« als auch die Kurztherapie nutzen das Potential der diskursiven Rekonstruktion des Lebens, von Vertretern dieser Richtungen stammt auch die dekonstruktivistische Kritik der Psychodiagnostik. Die konstruktivistische Bewegung innerhalb der Psychotherapie, in der lange eine kognitive Perspektive dominant war, ist mittlerweile sehr offen für die soziale Perspektive des Konstruktionismus. Und schließlich werden konstruktionistische Techniken mittlerweile von sehr vielen Therapeuten verwendet, die sich an der pathologisierenden Rhetorik stören, die unsere Haltung gegenüber ungewohnten Verhaltens- und Erlebensformen immer stärker dominiert.

Die Organisationsforschung stellt einen weiteren Schauplatz für konstruktionistische Entwicklungen dar. Viele Forschungen und Diskurse der Organisationstheorie sind schon seit langem vom postmodernen Denken (zu dem auch der Konstruktionismus gehört) beeinflusst und befassen sich damit, wie Narrative und Metaphern verwendet werden, um Organisationen zusammenzuhalten (oder auseinander zu dividieren). Praktisch tätige Organisationspsychologinnen und -psychologen haben von diesen Diskussionen profitiert, und heute bedienen sich viele in der Organisationsentwicklung tätige Psychologen narrativer Methoden. Meine Kolleginnen und Kollegen im Taos-Institut (www.taosinstitute.net) haben eine beeindruckende Praxis der Organisationsentwicklung unter dem Namen »Appreciative Inquiry« vorgestellt. Diese Praxis wird nun auf der ganzen Welt angewendet, es gibt auch ein hervorragendes Buch über wertschätzendes Forschen, »AI – Der Weg zur Spitzenleistung«, geschrieben von den deutschsprachigen Autoren M. zur Bonsen und C. Maleh.

Im Erziehungswesen ist die Betonung gemeinschaftlicher pädagogischer Praktiken bereits eine Selbstverständlichkeit. Dies ist zum Teil darin begründet, dass Pädagogen immer stärker für die kulturelle Konstruktion von Wissen sensibilisiert sind, nicht zuletzt durch das Phänomen des Multikulturalismus. Darüber hinaus findet man in den USA aktuell aber auch schon breit angelegte Bildungsprogramme, die sich für gemeinschaftliches Schreiben, dialogische Pädagogik und studentisches Teamwork einsetzen. Konstruktionistische Ideen sind auch den Pädagogen nützlich, die mit Menschen arbeiten, die traditionellerweise als »behindert« etikettiert werden. Indem Alternativen zum Stereotyp »behindert« ausgewiesen und entwickelt werden, lassen sich viel versprechende pädagogische Praktiken erkunden. Es gibt weitere Entwicklungen in Richtung einer sozialkonstruktionistischen Praxis in der Beratungspsychologie, der Sozialarbeit, der Mediation und anderen Bereichen der Konfliktarbeit – aber vielleicht reicht das Obenstehende, um die Ausdehnung der konstruktionistischen Dialoge auf Praxisfelder anzudeuten.

B. Z.: Lassen Sie uns noch zu einem anderen Bereich Ihrer Arbeit kommen, und zwar zu Ihrer Theorie des Selbst. Das »relationale Selbst«, so wie sie es beschreiben, scheint so fundamental in sozialen Beziehungen verankert zu sein, dass jede Spur von Selbstreflexion oder Autonomie dieses Selbst als Illusion im Dienste einer ethnozentrischen, individualistischen Konstruktion erscheint und dekonstruiert werden sollte. Wie kann denn ein relationales Selbst, das ja Ihrer Theorie zufolge bewusst realisieren kann, dass es nichts als bare Konstruktion ist, tief in Beziehungen engagiert sein und Dialoge mit anderen führen? Und gleich noch eine weitere Frage: Ist es eigentlich wirklich notwendig, so wie Sie es vertreten, die Vorstellung personaler Identität überhaupt zurückzuweisen, um der konservativen Idee des »starken« Subjekts etwas entgegensetzen zu können? Wie sieht es mit jenen Theorien des Selbst aus, in denen das typisch moderne »Subjekt«, das Selbst als rationaler, autonomer Akteur, Sinnstifter und Entscheidungsträger zwar ebenfalls zur Kritik steht, eine bestimmte Form der (aspirierten) kohärenten personalen Identität aber dennoch angenommen wird (so etwa in Paul Ricoeurs Theorie Narrativer Identität)?

K. G.: Ich fürchte, dass einige dieser Fragen Spuren der traditionellen modernen Auffassung davon enthalten, wie man Theorien zu bewerten hat. Insbesondere meine ich damit die Annahme, dass die Funktion von Theorien darin bestehen müsse, eine rationale, kohärente Beschreibung ihres »Gegenstandes« zu bieten. Wenn wir diese Sichtweise durch eine konstruktionistische Auffassung von Sprache als Handlungszusammenhang oder als Praxis ersetzen, dann ist es nicht unbedingt ein Problem, dass einige Theorien vielleicht die konzeptuellen Szenarien anderer ausschließen oder ihnen widersprechen. Das heißt, meine Untersuchung zum *relational self* erhebt gar nicht den Anspruch, alternative Ansätze – etwa aus der Phänomenologie, der Psychoanalyse oder auch aus dem Kognitivismus – auszumerzen oder zu ersetzen. Es geht vielmehr darum, innerhalb der Psychologie eine handlungsrelevante Alternative zu diesen eher individualistischen Ansätzen anzubieten. Indem wir einen Diskurs führen, der Beziehungen real werden lässt, laden wir zu neuen und gemeinschaftlicheren Praktiken ein.

Für mich heißt das, eine Theorie menschlichen Handelns zu entwickeln, die das Individuum nicht als »seinen« Beziehungen vorgängig darstellt, sondern zeigt, dass erst der relationale Prozess des »in-Beziehung-Tretens« einen Diskurs des »individuellen Selbst« hervorbringt (oder auch nicht). Diesem Ansatz folgend, kann man sich die Entstehung von Identität (von einer prometheisch gedachten Fluidität bis hin zu einer im strengen Sinn essenziell gedachten, statischen Identität) nur aus relationalen Prozessen heraus vorstellen. Eine narrative Identität zu haben, meint dann, eine Geschichte von Beziehungen in einer Kultur zu haben.

B. Z.: Zum Schluss noch eine andersartige Frage, die aber doch an Fragen des sozialen Selbst und der personalen Identität anschließt: Wie ist Ihre persönliche und wissenschaftliche Biographie mit der Geschichte des sozialen Konstruktionismus, als Projekt oder als sich formierender Bewegung, verbunden? Können und möchten Sie abschließend noch etwas von der Person Ken Gergen erzählen?

K. G.: Es ist immer ein wenig kompliziert, über mich selbst zu sprechen, besonders dann, wenn ich weiß, dass, was auch immer ich sage, mit Blick auf ein breites Publikum (re-)konstruiert werden wird, das heißt, wenn ich zu »niemand bestimmtem« spreche. Idealerweise würde ich es viel passender finden, mich mit jedem Leser, jeder Leserin für eine Weile zusammensetzen zu können und so der Konstruktion des Selbst im Kontext des jeweiligen Dialoges Raum zu geben. Damit meine ich auch, dass ich sehr viele unterschiedliche Geschichten erzählen könnte, die mein persönliches Leben mit sozialkonstruktionistischen Ideen verbinden.

Ein früher Versuch, dies zu tun, findet sich in McGarty und Haslams Buch »The Message of Social Psychology« (der entsprechende Aufsatz findet sich auch auf meiner Website www.swarthmore.edu/SocSci/kgergen1). In dieser speziellen Geschichte geht es hauptsächlich um mein früheres Engagement als empirischer Wissenschaftler, die kritische Reflexion dieser Einstellung, die Ablehnung durch den »Mainstream«, die Entstehung der konstruktionistischen Alternative und immer stärker werdender Netzwerke von konstruktionistischen, gemeinschaftlichen Aktivitäten.

Um den dort nachzulesenden Bericht noch zu erweitern, würde ich, insbesondere für die Leserinnen und Leser dieses Interviews, auch zahlreiche Kapitel meiner Erfahrungen mit deutschen Wissenschaftlern anfügen. In meiner Arbeit finden sich Spuren früher theoretischer Auseinandersetzungen mit Wolfgang Stroebe und Hans Albert, produktive Gespräche mit Paul Baltes, Gerd Gigerenzer, Norbert Groeben, Margaret Wintermantel, Helm Stierlin, Jürgen Straub und Horst Gundlach sowie eine Anzahl zutiefst produktiver Auseinandersetzungen mit Carl Graumann und Hans Westmeyer. Deutsche Wissenschaftlerinnen und praktische Psychologen, die für einen Gastaufenthalt am Swarthmore College waren, haben ebenfalls zahlreiche produktive Dialoge angeregt. Ich habe sehr gute Erinnerungen an Abende zu Hause mit Lothar Duda, Ulrike Willutzki, Wolfgang Frindte, Ernst Schraube, Torsten Padberg, Thomas Köhler und Susanne Jacob. Nicht nur diese Beziehungen haben meine Arbeit inspiriert, sondern auch die langwährende moralische Unterstützung durch Heiko Ernst. Ebenso verdankt sich die Entwicklung meines Denkens manchen innovativen Ideen und Praktiken von Joachim Brandstetter, Uwe Flick, Eugene Epstein, Klaus Deissler und Karin Roth. Dies ist nur der Beginn der Geschichte von Beziehungen in Deutschland, die zu meiner Entwicklung beigetragen haben. Was auch immer noch folgen mag: Mein Schreiben und meine Arbeit sind ein Tribut an eine Geschichte von Beziehungen.

B. Z.: Ken Gergen, ich danke Ihnen sehr für dieses Gespräch.

Aus dem Amerikanischen von Barbara Zielke.

Literatur

Anderson, J. R. (2001): Kognitive Psychologie. Heidelberg u. Berlin.

Argyle, M. (1992): Soziale Beziehungen. In: Stroebe, W.; Hewstone, M.; Codol, J.-P.; Stephenson, G. M. (Hg.): Sozialpsychologie. Eine Einführung. Berlin u. Heidelberg, S. 232–257.

Augoustinos, M. (1995): Ideologie und soziale Repräsentationen. In: Flick, U. (Hg.): Psychologie des Sozialen. Repräsentationen in Wissen und Sprache. Reinbek, S. 200–217.

Austin, J. L. (1962): How to do things with words. Oxford.

Austin, J. L. (1946): Other minds. In: Proceedings of the Arestotelian Society, Reprint in: Philosophical Papers. Oxford, 1970, S. 76–116.

Averill, J. R. (1982): Anger and Agression. An Essay on Emotion. New York u. a.

Bachtin, M. (1979): Die Ästhetik des Wortes. Übersetzt von R. Grübel u. S. Reese, herausgg. Von R. Grübel. Frankfurt a. M.

Becker, B. (1998): Leiblichkeit und Kognition. In: Gold, P.; Engel A. K. (Hg.), Der Mensch in der Perspektive der Kognitionswissenschaften. Frankfurt a. M., S. 270–288.

Berger, P. L.; Luckmann, T. (1966): Die gesellschaftliche Konstruktion der Wirklichkeit. Frankfurt a. M., 1996.

Bergmann, J. R. (1994): Ethnomethodologische Konversationsanalyse. In: Fritz, G.; Hundsnurscher, F. (Hg.), Handbuch der Dialoganalyse. Tübingen, S. 3–16.

Billig, M. (1991): Ideologies and beliefs. London.

Bloor, D. (1976): Knowledge and social imagery. London.

Blumer, H. (1969): Symbolic Interactionism. Perspective and Method. Eaglewood Cliffs.

Boesch, E. E. (1991): Symbolic action theory and cultural psychology. Berlin.

Bohnsack, R. (1997): Dokumentarische Methode. In: Hitzler, R.; Honer, A. (Hg.): Sozialwissenschaftliche Hermeneutik. München, S. 191–212.

Bourdieu, P. (1976): Entwurf einer Theorie der Praxis auf der ethnologischen Grundlage der kabylischen Gesellschaft. Frankfurt a. M.

Bourdieu, P. (1988): Homo adademicus. Translated by Peter Collier. Stanford.

Bourdieu, P. (1999): Sozialer Sinn. Kritik der theoretischen Vernunft. Frankfurt a. M.

Brockmeier, J. (1999): Erinnerung, Identität und autobiographischer Prozess. Journal für Psychologie, 7, S. 22–42.

Brockmeier, J. (2000): Autobiographical time. Narrative Inquiry, 10,1, S. 51–73.

Brockmeier, J. (2003): Die Zeit meines Lebens. Journal für Psychologie, 2, S. 4–32.

Brockmeier, J.; Harré, R. (2001): Narrative. Problems and promises of an alternative paradigm. In: Brockmeier, J.; Carbaugh, D. (Hg.): Studies in Autobiography, Self and Culture. Amsterdam, S. 39–58.

Bruner, J. S. (1990): Acts of Meaning. Cambridge.

Bruner, J. S. (1997): Sinn, Kultur und Ich-Identität. Zur Kulturpsychologie des Sinns. Heidelberg.

Bruner, J. S.; Goodnow, J.; Austin, G. A. (1956): A Study of Thinking. New York, 1962.

Bruner, J. S.; Postman, N. (1948): Symbolic value as an organizing factor in perception. Journal of Social Psychology 27, S. 203–208.

Bublitz, H. (2003): Judith Butler zur Einführung. Hamburg.

Burman, E. (1999): Whose Constructionism? Points from a feminist perspective. In: Nigthingale, D. J.; Burman, E.; Parker, I. (Hg.) (1993): Discourse Analytic Research. Repertoires and readings of texts in action. London.

Burr, V. (1999): The extra-discursive in social constructionism. In: Nightingale, D.; Cromby, J. (Hg.): Social Constructionist Psychology: A Critical Analysis of Theory and Practice. Buckingham.

Burr, V. (2003): Social constructionism. 2. Aufl. London.

Burr, V.; Butt, T. (2004): Invitation to Personal Construct Psychology. Second Edition. London.

Butler, J. (1990): Das Unbehagen der Geschlechter. Frankfurt a. M.

Butler, J. (1998): Haß spricht. Zur Politik der Performativen. Berlin.

Butt, T. (1999): Realism, constructionism and phenomenology. In: Nightingale, D.; Cromby, J. (Hg.): Social constructionist psychology. A Critical Analysis of Theory and Practice. Buckingham, S. 127–140.

Butt, T. (2001): Social Action and Personal Constructs. Theory & Psychology 11, 1, S. 75–95.

Cicourel, A. V. (1968): Methode und Messung in der Soziologie. Frankfurt a. M.
Cole, M. (1996): Cultural Psychology. A once and future discipline. Cambridge.
Collins, H. M. (1985): Changing Order. London.
Cromby, J. (2004): Between Constructionism and Neuroscience: The Societal Co-constitution of Embodied Subjectivity. Theory & Psychology, 14, 6, S. 797–820.
Cromby, J.; Nightingale, D. (1999). What's wrong with social constructionism? In: Nightingale, D. u. Cromby, J. (Hg): Social Constructionist Psychology. A Critical Analysis of Theory and Practice. Buckingham, S. 1–20.
Danziger, K. (1997): The varieties of social construction. Theory & Psychology, 7, 3, S. 399–416.
Davidson, G. C.; Neale J. M. (1998): Klinische Psychologie. München, 2002.
Denzin, N.; Lincoln, Y. (Hg.) (1994): Handbook of Qualitative Research. Thousand Oaks.
Derrida, J. (1976): Die Schrift und die Differenz. Frankfurt a. M.
Derrida, J. (1983): Grammatologie. Frankfurt a. M.
Diehl, M. (1994): Das Ende des ›Selbst‹ – oder: Die unerträgliche Leichtigkeit der Identitätslosigkeit in einer postmodernen Gesellschaft. Handlung Kultur Interpretation, 6, S. 112–118.
Doi, T. (1982): Amae. Freiheit in Geborgenheit. Zur Struktur der japanischen Psyche. Frankfurt a. M.
Dreyfus, H. L. (1993): Was Computer noch immer nicht können. Deutsche Zeitschrift für Philosophie 41, S. 653–680.
Eagleton, T. (1983): Einführung in die Literaturtheorie. 4. Aufl, Stuttart.
Eberle, T. (1997): Ethnomethodologische DIskursanalyse. In: Hitzler, R.; Honer, A. (Hg.): Sozialwissenschaftliche Hermeneutik. München, S. 245–280.
Edwards, D. (1997): Discourse and cognition. London.
Edwards, D.; Ashmore, M.; Potter, J. (1995): Death and furniture. The rhetoric, politics and theology of bottom line arguments against relativism. History of Human Sciences, 8, S. 25–49.
Edwards, D.; Potter, J. (1992): Discursive Psychology. London.
Edwards, D.; Potter, J. (1995): Attribution. In: Harré, Rom; Stearns, P. (Hg.): Discursive Psychology in Practice. London.
Festinger, L. (1957): The Relation between Behavior and Cognition. In: Gruber, H. E.; Hammond, K. R.; Jessor, R. (Hg.). Contemporary Approaches to Cognition. Cambridge, S. 127–150.

Fleck, L. (1935): Entstehung und Entwicklung einer wissenschaftlichen Tatsache. Frankfurt a. M., 1980.
Flick, U. (Hg.) (1995): Psychologie des Sozialen. Repräsentationen in Wissen und Sprache. Reinbek.
Fodor, J. (1975): The Language of Thought. Cambridge.
Foucault, M. (1976): Der Wille zum Wissen. Sexualität und Wahrheit, I. Frankfurt a. M., 1995.
Foucault, M. (1973/1988): Die Archäologie des Wissens. Frankfurt a. M. (Original 1969)
Fox, D.; Prilleltensky, I. (1997): Critical Psychology. An Introduction. London.
Frank, M. (1984): Was ist Neostrukturalisms? Frankfurt a. M.
Fuchs, M. (1997): Erkenntnispraxis und die Repräsentation von Differenz. In: Assmann, a.: Friese, H. (Hg.): Identitäten. Erinnerung, Geschichte, Ientität 3. Frankfurt a. M., S. 105–137.
Garfinkel, H. (1967): Studies in ethnomethodology. Eaglewood cliffs.
Garfinkel, H. (1973): Das Alltagswissen über soziale und innerhalb sozialer Strukturen. In: Arbeitsgruppe Bielefelder Soziologen (Hg.): Alltagswissen, Interaktion und gesellschaftliche Wirklichkeit. Reinbek, S. 189–260.
Garver, N (1999): Die Unbestimmtheit der Lebensform. In: Lütterfels, W.; Roser, A. (Hg.): Der Konflikt der Lebensformen in Wittgensteins Philosphie der Sprache. Frankfurt a. M., S. 37–52.
Gergen, K. J. (1973): Social psychology as history. Journal of Personality and Social Psychology 26, S. 209–320.
Gergen, K. J. (1985): The social constructionist movement in modern psychology. American Psychologist 40, S. 266–275.
Gergen, K. J. (1987): The language of psychological understanding. In: Stam, H. J.; Rogers, T. B.; Gergen, K. J. (Hg.): Metapsychology and the Analysis of Psychological Theory. New York, S. 115–129.
Gergen, K. J. (1990): Die Konstruktion des Selbst im Zeitalter der Postmoderne. Psychologische Rundschau, S. 191–199.
Gergen, K. J. (1991): The Saturated Self. Dilemmas of Identity in Contemporary Life. New York.
Gergen, K. J. (1994): Realities and Relationships. Soundings in Social Construction. London.
Gergen, K. J. (1996a): Das übersättigte Selbst. Identitätsprobleme im heutigen Leben. Heidelberg.
Gergen, K. J. (1997): The Place of the Psyche in a Constructed World. Theory and Psychology 7, S. 723–746.

Gergen, K. J. (1998a): Erzählung, moralische Identität und historisches Bewusstsein. Eine sozialkonstruktionistische Darstellung. In: Straub, J. (Hg.): Erzählung, Identität und historisches Bewusstsein. Die psychologische Konstruktion von Zeit und Geschichte. Frankfurt a. M., S. 170–203.

Gergen, K. J. (1998b): Constructionism and realism. How are we to go on? In: Parker, I. (Hg.): Social Constructionism, Discourse and Realism. London.

Gergen, K. J. (1999): An invitation to social construction. London.

Gergen, K. J. (1999): Horizons of Human Inquiry«. In: Kenneth, G. J., An invitation to social construction. London, S. 90–114.

Gergen, K. J. (2001a): Social Construction in Context. London.

Gergen, K. J. (2001b): Construction in contention: toward consequential resolutions. Theory & Psychology, 11, 3, S. 419–432.

Gergen, K. J. (2002): Konstruierte Wirklichkeiten. Eine Hinführung zum sozialen Konstruktionismus. Stuttgart.

Gergen, K. J. (2005): Understanding as Relationship. Cultural Psychology in Global Context. In: Straub, J.; Weidemann, D.; Kölbl, C.; Zielke B. (Hg.): Pursuit of Meaning. Advances in Cultural and Cross-Cultural Psychology. Bielefeld, S. 83–102.

Gergen K. J.; Gergen, M. M. (1988): Narrative and the self as relationship. In: Berkowitz, L. (Hg.): Advances in experimental social psychology, Vol. 21. New York, S. 17–56.

Everyday understanding. Social and Scientific Implications. London.

Gergen, K. J.; Gergen, M. M. (2003): Social Construction. A Reader. London.

Gergen, K. J., Zielke, B. (2006): Theory in Action. Einleitung. Theory & Psychology, 16, 3, S. 299–311.

Gergen, M. M. (Hg.) (1988): Feminist thought and the structure of knowledge. New York.

Gergen, M. M. (2003): Life Stories. Pieces of a Dream. In: Gergen, M.; Gergen, K. (Hg.): Social Construction. A Reader. London, S. 65–77.

Gilligan, C. (1982): In a different voice: Psychological theory and women's developments. Cambridge.

Goffman, E. (1959): The Presentation of Self in Everyday Life. New York (dt.: Wir alle spielen Theater. Die Selbstdarstellung im Alltag. München, 1969).

Goffman, E. (1961); Asylums. Garden City.

Graumann, F. C. (1988): Phänomenologische Psychologie. In: Handwörterbuch Psychologie. München, S. 538–543.

Grodin, D.; Lindlof, T. R. (1996): Constructing the Self in a Mediated World. London u. a.

Habermas, J. (1968): Erkenntnis und Interesse. Frankfurt a. M., 1994.
Hacking, I. (2001): Multiple Persönlichkeit. Zur Geschichte der Seele in der Moderne. Frankfurt a. M.
Hammersley, M. (2003): Conversation analysis and discourse analysis: methods or paradigms? In: Discourse & Society, 14, 6, S. 751–781.
Harré, R. (1999): Discourse and the embodied person. In: Nightingale, D.; Cromby, J. (Hg.): Social Constructionist Psychology. A Critical Analysis of Theory and Practice. Buckingham, S. 97–112.
Harré, R. (2000): Varieties of Theorizing and the Project of Psychology. Theory and Psychology 19, 1, S. 57–62.
Harré, R.; Gillet, G. (1994): The discursive mind. Thousand Oaks.
Harré, R.; Langenhove, V. (Hg.) (1999): Positioning Theory. Oxford.
Harré, R.; Secord, P.F. (1972): The explanation of social behaviour. Oxford.
Heider, F. (1958): The Psychology of Interpersonal Relations. New York.
Henriques, J.; Hollway, W.; Urwin, C., Venn, C.; Walkerdine, V. (Hg.) (1984): Postmodernism and the Social Sciences: A Thematic Approach. London.
Hepburn, A. (2003): An Introduction to Critical Social Psychology. London.
Hepburn, A. (2005): Getting Closer at a Distance. Theory and the Contingencies of Practice. Theory & Psychology, 15, S. 327–342.
Hepworth, J. (1999): The social construction of anorexia nervosa. London.
Hermans, H. J. M.; Kempen, H. J. G. (1993): The Dialogical Self. Meaning as Movement. San Diego.
Hermans, H. H.; Kempen, H. C. (1998): Moving Cultures: The Perilous Problems of Cultural Dichotomies in a Globalizing Society. American Psychologist, 53, 1111–1120.
Hermans, H. J. M.; Kempen, H. J. G.; van Loon, R. J. P. (1992): The Dialogical Self. Beyond Idividualism and Rationalism. American Psychologist 47, 1, S. 23–33.
Hewstone, M.; Augoustinos, M. (1995): Soziale Attributionen und soziale Repräsentationen. In U. Flick (Hrsg.), Psychologie des Sozialen. Repräsentationen in Wissen und Sprache. Reinbek, S. 78–99.
Hibberd, F. J. (2001): Gergen's Social Constructionism, Logical Positivism and the Continuity of Error: Part 2: Meaning-as-Use. Theory and Psychology, 11, 3, S. 323–346.
Holzkamp, K. (1972): Kritische Psychologie. Frankfurt a. M.
Horkheimer, M.; Adorno, T. (1947): Die Dialektik der Aufklärung. In: Gesammelte Schriften, Frankfurt a. M.
Hügli A.; Lübcke, P. (Hg.) (2000): Philosophie im 20. Jahrhundert; Bd. 2, Wissenschaftstheorie und Analytische Philosophie. Reinbek.
Husted, J. (1993): Sprechakte – John Langshaw Austin: Handeln mit Hilfe

der Sprache. In: Hügli, A.; Lübcke, P. (Hg.): Philosophie im 20. Jahrhundert, Band 2, Wissenschaftstheorie und Analytische Philosophie, S. 236–249.
Joas, H. (1992): Die Kreativität des Handelns. Frankfurt a. M.
Jones, E. E.; Nisbett, R. E. (1972)): The actor and the observer. In: Jones, E. E.; Kanourse, D. E.; Kelley, H. H.; Nisbett, R. E.; Valins, S.; Weiner, B. (Hg.): Attribution. Perceiving the causes of behaviour. Morristown, NJ, S. 79–94.
Kelley, H. H. (1967): Attribution theory in social psychology. In: Levine, D. (Hg.): Nebraska Symposium on Motivation. Lincoln.
Kelly, G. A. (1955): The pychology of personal constructs. 2 Bde. New York.
Kessler, S.; McKenna, W. (1978): Gender. An Ethnomethodological approach. New York.
Knorr-Cetina, K. (1984): Die Fabrikation von Erkenntnis. Mit einem Vorwort von Rom Harré. Frankfurt a. M.
Kochinka, A. (2004): Emotionstheorien. Begriffliche Arbeit am Gefühl. Bielefeld.
Kuhn, T. S. (1962): The Structure of Scientific Revolutions. Chicago, dt. Frankfurt a. M., 1969.
Kuhn, T. S. (1973): Die Struktur wissenschaftlicher Revolutionen. Um das Postscriptum erweiterte Ausgabe von 1969, Frankfurt a. M.
Kvale, S. (1992): Psychology and Postmodernism. London.
Latané, B.; Darley, J. (1970): Unresponsive bystander. Why doesn't he help? New York.
Latour, B.; Woolgar, S. (1979): Laboratory Life. The social construction of scientific facts. Beverly Hills.
Laucken, U. (1989): Denkformen der Psychologie. Dargestellt am Entwurf einer Logographie der Gefühle. Bern.
Laucken, U. (1998): Sozialpsychologie. Geschichte, Hauptströmungen, Tendenzen. Oldenburg.
Laucken, U. (2000): Der Sozialkonstruktivismus und die semantische Wissenschaft vom Menschen. In: Handlung Kultur Interpretation. Bulletin für Psychologie und Nachbardisziplinen 9, 1, S. 37–65.
Lewin, K. (1947): Frontiers in group dynamics II. Human Relations 1,2, S. 143–153.
Laucken, U. (2003): Theoretische Psychologie. Denkformen und Sozialpraxen. Oldenburg.
Lynch, M. (1985): Discipline and the material form of images: an analysis of scientific visibility. Social Studies of Science, 15, S. 37–66.
Mannheim, K. (1929): Ideologie und Utopie. Frankfurt a. M., 1952.
Marcuse, H. (1967): Der eindimensionale Mensch. Darmstadt, 1987.

Matthes, J. (Hg.) (1992): Zwischen den Kulturen. Die Sozialwissenschaften vor dem Kulturvergleich. Soziale Welt, Sonderband 8, Göttingen.
McNamee S.; Gergen, K. J. (Hg.) (1992): Therapy as Social Construction. London.
Mead, G. H. (1934): Geist, Identität und Gesellschaft. dt. Frankfurt a. M., 1995.
Merleau-Ponty, M. (1966): Phänomenologie der Wahrnehmung. Berlin.
Meyer W.-U.; Försterling, F. (1993): Attributionstheorie. In: Frey, D.; Irle, M. (Hg.): Theorien der Sozialpsychologie. Bd. 1: Kognitive Theorien. Göttingen, S. 175–214.
Miller, J. G. (1984): Culture and the development of everyday social explanation. Journal of Personality and Social Psychology 46, S. 961–978.
Miller, J. G. (1997): Theoretical issues in cultural psychology. In: Berry, J.W.; Poortinga, Y.H., Pandey, J. (Hg.), Handbook of cross-cultural psychology, Bd. 1, Theory and Method. Boston, S. 85–128.
Moser, H. (1995): Grundlagen der Praxisforschung. Freiburg i. B.
Mulkay, M. (1985): The Word and the World. London.
Mulkay, M.; Gilbert, G. N. (1982): What is the ultimate question? Some remarks in defence of the analysis of scientific discourse. Social Studies of Science 12, S. 309–319.
Münker, S.; Roesler, A. (2000): Poststrukturalismus. Stuttgart.
Nagl, L. (2001): How hard I find it to see what is right in front of me. Wittgenstein's quest for ›simplicity and ordinariness‹. In: Nagl, L.; Mouffe, C. (Hg): The legacy of Wittgenstein: Pragmatism or Deconstruction? Frankfurt a. M., S. 157–162.
Neisser, U. (1979): Kognition und Wirklichkeit. Stuttgart.
Neisser, U. (1981): John Dean's Memory: A case study. Cognition, 9, S. 1–22.
Nencel, L.; Pels, P. (1991) (Hg.): Constructing knowledge. Authority and critique in social science. London.
Nightingale, D.; Cromby, J. (1999) (Hg): Social Constructionist Psychology. A Critical Analysis of Theory and Practice. Buckingham.
Nightingale, D.; Cromby, J. (2002): Social constructionism as ontology. Exposition and Example. Theory and Psycholgy, 12, 5, S. 701–713.
Orford, J. (1992): Community Psychology. Theory and Practice. Chichester.
Parker, I. (Hg.) (1992): Discourse Dynamics. Critical Analysis for Social and Individual Psychology. London.
Parker, I. (Hg.) (1998): Social Constructionism, Discourse and Realism. London.
Parker, I. (Hg.) (1999): Critical reflexive humanism and critical constructionist psychology. In: Nigthingale, D. J.; Cromby, J. (Hg.): Social Constructionist Psychology. Buckingham, S. 23–36.

Piaget, J. (1954): The construction of reality in the child. New York.
Potter, J. (1996): Representing Reality. Discourse, rhetoric and social construction. London.
Potter, J. (2000): Post-cognitive psychology. Theory & Psychology 10, 1, S. 31–37.
Potter, J. (2003a): Discursive psychology: between method and paradigm. Discourse & Society, 14,6, London: Sage, 783–794
Potter, J. (2003b): Discourse Analysis. In: Hardy, M.; Bryman, A. (Hg.): Handbook of Data Analysis. London, S. 607–624.
Potter, J.; Edwards, D. (2001): Discursive social psychology. In: Robinson, W. P.; Giles, H. (Hg.): The new handbook of language and social psychology. London, S. 103–118.
Potter, J.; Edwards, D. (2003): Rethinking cognition. On Coulter on Discourse and Mind. Human Studies 26, S. 165–181.
Potter, J.; Hepburn, A. (2003): I'm a bit concerned – early actions and psychological constructions in a child protection helpline. Research on Language and Social Interaction, 36,S. 197–240.
Potter, J.; Edwards, D.; Wetherell, M. (1993): A model of discourse in action. American Behavioral Scientist 36, S. 383–401.
Potter, J.; Wetherell, M. (1987): Discourse and Social Psychology. Beyond Attitudes and Behaviour. London.
Putnam, H. (1995): Pragmatismus. Eine offene Frage. Frankfurt a. M.
Putnam, H. (1999): Repräsentation und Realität. Frankfurt a. M.
Quine, W. V. O. (1960): Word and Object. Cambridge.
Radtke, L.; Stam, H. (Hg.) (1992): Power/Gender. Social relations in theory and practice. London.
Ratner, C. (1997): Cultural psychology and qualitative methodology. Theoretical and empirical considerations. New York.
Renn, J.; Zielke, B. (2006): Das Trauma der Hirnforschung. Der Einzug der Neurobiologie in die psychoanalytische Traumatologie als Symptom der gesellschaftlichen Naturalisierung des Subjektiven. In: Reichertz, J., Zaboura, N.: Akteur Gehirn – oder das vermeintliche Ende des handelnden Subjekts. Wiesbaden, S. 239–260.
Ricoeur, P. (1988): Zeit und Erzählung, Bd. 1: Zeit und historische Erzählung. München.
Rorty, R. (1981): Der Spiegel der Natur. Eine Kritik der Philosophie. Frankfurt a. M.
Rorty, R. (1982): Consequences of Pragmatism. Brighton, Minneapolis.
Rorty, R. (1989): Kontingenz, Ironie und Solidarität. Frankfurt a. M.
Rosa, H. (1999): Lebensformen vergleichen und verstehen. Eine Theorie

der dimensionalen Kommensurabilität von Kontexten und Kulturen. In: Handlung, Kultur, Interpretation, 8, 1, S. 10–42.
Rose, N. (1989): Governing the Soul. The Shaping of the Private Self. London.
Ross, L. (1977): The intuitive psychologist and his shortcomings: Distortions in the attribution process. In: Leonard Berkowitz (Hg.), Advances in Experimental Social Psychology, Vol. 10. New York.
Sacks, H. (1963): Sociological description. Berkeley Journal of Sociology, 1, S. 1–16.
Sacks, H.; Schegloff, E. A; Jefferson, G. (1974): A simplest systematics for the organisation of turn-taking for converstion. Language, 50, S. 696–735.
Sarbin, T.; Kitsuse, J. I. (1994): Constructing the Social. London.
Saussure, F. de (1916): Grundfrage der allgemeinen Sprachwissenschaft. Berlin, 1967.
Scheler, Max (1926): Die Wissensformen und die Gesellschaft. Bern, 1980.
Schegloff, E. A. (1988): Description in the social sciences I: Talk-in-interaction. Papers in Pragmatics, 2, S. 1–24.
Schulte, J. (1989): Wittgenstein. Eine Einführung. Stuttgart.
Schütz, A.; Luckmann, T. (1979): Strukturen der Lebenswelt. Frankfurt a. M.
Shannon C. E., Weaver, W. (1949): The mathematical theory of communication. New York 1971.
Shotter, J. (1994): Conversational Realities. Constructing Life through Language. London.
Shotter, J. (2003): ›Real Presences‹: Meaning as Living Movement in a Participatory World, in: Theory & Psychology, 13, 4, S. 435–468.
Simons, H. W; Billig, M. (Hg.) (1994): After Postmodernism. Reconstructing Ideology Critique. London.
Sloan, T. (2000): Critical Psychology. London.
Smedslund, J. (1988): Psycho-logic. Berlin.
Stäheli, U. (2000): Poststrukturalistische Psychologien. Bielefeld.
Steier, F. (1991) (Hg.): Research and Reflexivity. London.
Straub, J. (1999): Handlung, Interpretation, Kritik. Grundzüge einer textwissenschaftlichen Handlungs- und Kulturpsychologie. Berlin.
Straub, J. (2001): Psychologie und Kultur, Psychologie als Kulturwissenschaft. In: Appelsmeyer, H.; Billmann-Mahecha, E. (Hg.), Kulturwissenschaften. Felder einer prozessorientierten wissenschaftlichen Praxis. Weilerswist.
Straub, J. (2002): .Personale Identität. In: Straub, J.; Renn, J. (Hg.): Transitorische Identität. Der Prozessharakter des modernen Selbst. Frankfurt a. M., S. 85–113.

Straub, J.; Renn, J. (Hg.) (2002): Transitorische Identität. Der Prozesscharakter des modernen Selbst. Frankfurt a. M.

Straub, J.; Shimada, S. (1999): Relationale Hermeneutik im Kontext interkulturellen Verstehens. In: Deutsche Zeitschrift für Philosophie 47, 3, S. 449–477.

Straub, J.; Zielke B. (2005): Autonomie, narrative Identität und die postmoderne Kritik des sozialen Konstruktionismus: »Relationales« und »dialogisches« Selbst als zeitgemäße Alternativen? In: Jäger, F.; Straub, J. (Hg.): Was ist der Mensch, was Geschichte? Bielefeld, S. 153–165.

Sugiman, T. (2005): Theory in the Context of Collaborative Inquiry. Theory & Psychology, 15, S. 311–326.

Sutcliffe, P.; Jones, J. (1962): Personal Identity, multiple personality and hypnosis. International Journal of Clinical and Experimental Hypnoses, 142, S. 741–743.

Todorov, T. (1995): The Dialogical Principle. Minneapolis.

Varela, F. J. (1990): Kognitionswissenschaft – Kognitionstechnik. Frankfurt a. M.

Waldenfels, B. (1980): Der Spielraum des Verhaltens. Franfkurt a. M.

Walkerdine, V. (2002): Challenging Subjects: Critical Psychology for a new millenium. Palgrave.

Weber, H. (2000): Sozial-konstruktivistische Ansätze. In: Otto, J.-H., Euler, H. u. Mandl, H. (Hg.), Emotionspsychologie. Ein Handbuch. Weinheim, S. 139–151.

Weingart, P. (2003): Wissenschaftssoziologie. Bielefeld.

Wenzel, H. (1995): Gibt es ein postmodernes Selbst? Neuere Theorien und Diagnosen der Identität in fortgeschrittenen Gesellschaften. Berliner Journal für Soziologie, S. 113–131.

Werbik, H. (1985): Psychologie und Psychonomie. Zur Notwendigkeit der Unterscheidung zweier Wissenschaften. In: Burrichter, C.; Inhetveen, Rüdiger; Kötter, R. (Hg.), Technische Rationalität und rationale Heuristik. München, S. 109–112.

Wexler, P. (1983): Critical social psychology. Boston.

Wiggins, S.; Potter, J.; Wildsmith, A. (2001): Eating Your Words: Discursive Psychology and the Reconstruction of Eating Pratctices. In: Journal of Health Psychology, 6, 1, S. 5–15.

Willig, C. (1999a): Discourse Analysis and Sex Education. In: Willig, C. (Hg.), Applied Discourse Analysis. London.

Willig, C. (1999b): Beyond appearances: a critical realist approach to social constructionist work. In: Nightingale, D.; Cromby, J. (Hg.), Social Constructionist Psychology. Buckingham, S. 37–51.

Willig, C. (2001): Introducing qualitative research in psychology. Buckinham.
Wittgenstein, L. (1921): Tractatus logico-philosophicus. Frankfurt a. M., 1995.
Wittgenstein, L. (1953): Philosophische Untersuchungen. Frankfurt a. M., 1995.
Wittgenstein, L. (1969): Über Gewissheit. Frankfurt a. M.
Zielke, B. (2002): Die Konstruktion der Naivität. Rezensionsaufsatz zu K. J. Gergen, ›An invitation to social construction‹. Handlung Kultur Interpretation. Zeitschrift für Sozial- und Kulturwissenschaften 11, 2, S. 382–395.
Zielke, B. (2003): Das Subjekt als Ort der ›Umdeutung‹. Das Werk Judith Butlers im Kontext zweier einführender Neuveröffentlichungen. Handlung Kultur Interpretation. Zeitschrift für Psychologie und ihre Nachbardisziplinen, 12, S. 343–364.
Zielke, B. (2004): Kognition und soziale Praxis. Der Soziale Konstruktionismus und die Perspektiven einer postkognitivistischen Psychologie. Bielefeld.
Zielke, B. (2005a, January): The case for dialogue. Reply to »Social Constructionism as Cultism« by Carl Ratner (December 2004) [12 paragraphs]. Forum Qualitative Sozialforschung/ Forum: Qualitative Social Research [on-line journal], 6 (2), Art. 13. Available at: http://www.qualitative-research.net/fqs-txte/2-05/05–2–13-e.htm.
Zielke, B. (2005b): Die Diskurse des Psychischen. Perspektiven und Probleme einer sozialkonstruktionistischen Psychologie. Journal für Psychologie, 13, S. 171–182.
Zielke, B. (2006a, January): Not »anything goes«. A critical assessment of Social Constructionism. Forum Qualitative Sozialforschung / Forum: Qualitative Social Research [On-line Journal], available at: http://www.qualitative-research.net (dt.: Nicht »anything goes«. Eine kritische Einschätzung des Sozialen Konstruktionismus, verfügbar über: http://www.qualitative-research.net).
Zielke, B. (2006b): Das dialogische Selbst: Interkulturelle Kommunikation »in« der Person? Journal für Psychologie, 15, S. 50–75.
Zielke, B. (2006c): Sozialer Konstruktionismus und Kulturpsychologie. Eine vergleichende Analyse in der Perspektive einer pragmatistischen Handlungspsychologie. Handlung Kultur Interpretation, 15, S. 150–178.
Zielke, B. (2006d): From cognition to culture. Social Constructionism and Cultural Psychology as Post-Cognitivist Movements in Psychology, in: Straub, J.; Weidemann, D.; Kölbl, C. u. Zielke, B. (Hg.), Pursuit of Mea-

ning. Theoretical and Methodological Advances in Cultural and Cross-Cultural Psychology. Bielefeld, S. 21–43.
Zielke, B. (2006e): Practical knowledge and the participant's stake in social construction. Cognitivist and post-cognitivist accounts of knowledge and social practice. International Journal of Critical Psychology, S. 136–157.
Zielke, B. (2006f): Konstruktivismus oder Konstruktionismus? Personalführung, 3/2006: 73–74.
Zitterbarth, W.; Werbik, H. (1990): Subjektivität als methodisches Prinzip. In: Kriz, J.; Lück, H. E.; Heidbring, H.: Wissenschafts- und Erkenntnistheorie. Eine Einführung für Psychologen und Humanwissenschaftler. Opladen, S. 229–243.

Unter anderem in den folgenden internationalen Zeitschriften finden sich regelmäßig Beiträge konstruktionistisch orientierter Psychologen:

Theory & Psychology
Discourse & Society

In den folgenden deutschsprachigen Journalen finden sich Beiträge aus dem Bereich der konstruktionistischen Psychologien:

P&G – Psychologie und Gesellschaftskritik
Handlung Kultur Kritik. Bulletin für Psychologie und ihre Nachbardisziplinen
Journal für Psychologie (ab 2007 ebenfalls als Online-Journal): www.journal-fuer-psychologie.de
FQS – Forum Qualitative Sozialforschung (Online-Jounal, deutsch/englisch/spanisch: www.qualitative-research.net/fqs/)